欧诺弥亚译丛
不列颠古典法学丛编

审美、行动与乌托邦

——威廉·莫里斯的政治思想

William Morris and the Aesthetic Constitution of Politics

［美］麦克唐纳（Bradley J. Macdonald） 著
黄文娟 译

华东师范大学出版社

华东师范大学出版社六点分社　策划

欧诺弥亚译丛编委会成员（以姓氏笔画为序）

马华灵　王　涛　吴　彦

杨天江　徐震宇　黄　涛

欧诺弥亚译丛·总序

近十余年来，汉语学界政治法律哲学蔚然成风，学人开始崇尚对政治法律生活的理性思辨，以探究其内在机理与现实可能。迄今为止，著译繁多，意见与思想纷呈，学术积累逐渐呈现初步气象。然而，无论在政治学抑或法学研究界，崇尚实用实证，喜好技术建设之风气亦悄然流传，并有大占上风之势。

本译丛之发起，旨在为突破此等侧重技术与实用学问取向的重围贡献绵薄力量。本译丛发起者皆为立志探究政法之理的青年学人，我们认为当下的政法建设，关键处仍在于塑造根本原则之共识。若无此共识，则实用技术之构想便似空中楼阁。此处所谓根本原则，乃现代政法之道理。

现代政法之道理源于对现代人与社会之深入认识，而不单限于制度之塑造、技术之完美。现代政法世界之塑造，仍需重视现代人性之涵养、政道原则之普及。若要探究现代政法之道，勾画现代人性之轮廓，需依傍塑造现代政法思想之巨擘，阅读现代政法之经典。只有认真体察领悟这些经典，才能知晓现代政法原则之源流，了悟现代政法建设之内在机理。

欧诺弥亚（Εὐνομία）一词，系古希腊政治家梭伦用于描述理想政制的代名词，其着眼于整体福祉，而非个体利益。本译丛取其古意中关切整体命运之意，彰显发起者们探究良好秩序、美好生活之要旨。我们认为，对现代政治法律道理的探究，仍然不可放弃关照整体秩序，在整体秩序之下看待个体的命运，将个体命运同整体之存续勾连起来，是现代政法道理之要害。本译丛对现代政治法律之道保持乐观心态，但同样尊重对古典政法之道的探究。我们愿意怀抱对古典政法之道的崇敬，来沉思现代政法之理，展示与探究现代政法之理的过去与未来。

本译丛计划系统迻译、引介西方理性时代以降求索政法道理的经典作家、作品。考虑到目前已有不少经典作家之著述迻译为中文，我们在选题方面以解读类著作为主，辅以部分尚未译为中文的经典文本。如此设计的用意在于，我们希望借此倡导一种系统、细致解读经典政法思想之风气，反对仅停留在只言片语引用的层面，以期在当下政治法律论辩中，为健康之政法思想奠定良好基础。

译丛不受过于专门的政法学问所缚，无论历史、文学与哲学，抑或经济、地理及至其他，只要能为思考现代政法之道理提供启示的、能为思考现代人与现代社会命运有所启发的，皆可纳入选目。

本译丛诚挚邀请一切有志青年同我们一道沉思与实践。

欧诺弥亚译丛编委会
二零一八年元月

目 录

致谢 / i

引　言 / 1
第一章　文化政治的问题 / 14
第二章　博览会和艺术的阶级政治 / 46
第三章　向艺术政治经济学迈进：约翰·罗斯金和美学理论中劳动之表征 / 71
第四章　构建审美自我：中世纪主义、前拉斐尔主义与莫里斯的早期教育 / 115
第五章　美学理论与政治主体性：莫里斯的艺术演讲 / 155
第六章　威廉·莫里斯的政治理论：革命社会主义、乌托邦实践与生活之美 / 188
结　语　莫里斯与西方马克思主义 / 229

参考文献 / 240
索引 / 249

致　谢

诚然，一切学术著作皆有多种缘起，有各种不同却最终趋同的系谱。我这本关于莫里斯的著作也不例外。首先，我对莫里斯理论的兴趣源自我的博士论文指导老师——加州大学洛杉矶分校的理查德·阿什克拉夫特。他那可靠的历史意识迫使我去查阅资料，引导我审视这种方式，即理论总是一种与历史行动者相联系的、活的实践。他的"新历史主义"立场很清楚地表现在前面的研究中，尽管我确信，如果今天他还活着，他很可能不会同意我阐述他元理论的方式。在加州大学洛杉矶分校阿尔比恩·厄敦克和维克多·沃尔芬斯泰因进一步的帮助下，我能够对我的莫里斯论文进行最后修改润色。其次，在打磨该论文将之修改成观点前后一致的学术著作时，克雷格·卡尔霍恩给予了莫大的帮助。他阅读了我的书稿，促使我开始更加清晰地思考本学科之外的一些问题和莫里斯潜在地生活在现代理论世界中之方式。最近，切普·罗德的善意支持与敦促使我对书稿进行了大幅度修改。

我要同样感谢列克星敦出版社的罗宾·阿德勒对本书起初的兴趣和凯莉·考伯当下的支持。列克星敦出版社的林恩·韦伯、凯伦·约翰逊在出版编排方面给予莫大的帮助。感谢下列人士的支持、其学术友谊及其有益的评论，他们是：克莱德·巴罗、特瑞尔·卡弗、曼弗雷德·恩素、彼得·麦克拉伦、卡尔·施纽利斯、保罗·特姆巴斯。

感谢我的妹妹杰米·费切斯和我母亲苏珊·海曼一直为我提供学术支持和情感支持，没有她们，我不会取得今天的成就。

另外，感谢凯文·弗斯金的学术友情及其富有洞见的批判。最后，感谢苏珊娜在长达几个月的工作中为该书稿付出的耐心与热情。

本书第一章中的部分内容以《政治理论与文化批评：走向文化政治理论》为题目首次发表在《政治思想史》第14期第3卷（1990年秋季）509、514—524页，在这里稍作改动。经出版社同意，由印记学术出版社再版。感谢普林斯顿大学出版同意再版诺曼·凯尔文主编的《威廉·莫里斯书信集》（普林斯顿，新泽西：普林斯顿大学出版社，1984年和1987年）第1卷与第2卷中的部分内容。

引　言

> 莫里斯早我二十二年出生,我现在比莫里斯过世时的年龄还要长十八岁。我比其年幼许多,现在却作为其长者在写作。借着岁月的磨砺赋予我的智慧,我注意到当他越来越远离我们的个人关系之喧嚣而进入到非个人的历史视角,他就高高地矗立在地平线上,而其同时代最引人注目之人已经消失在地平线下。
>
> ——萧伯纳(G. B. Shaw)[1]

威廉·莫里斯(William Morris,1834—1896)经历了英国历史上最具活力的时期之一,各种不同而又相互联系的发展是该时期的特征。这些发展是:资本主义工业化的第一次持续繁荣、宪章起义和19世纪80年代的社会主义复兴、与后期浪漫主义相关的文化实践以及工艺美术运动。在这一时期的英国,莫里斯的地位如果说不是无可匹敌,也是里程碑式的。莫里斯在成年生活伊始,

---

[1] 萧伯纳(G. B. Shaw),《我所认识的威廉·莫里斯》("William Morris As I Knew Him"),收录于《威廉·莫里斯:艺术家、作家和社会主义者》(*William Morris: Artist, Writer, Socialist*),第2卷,梅·莫里斯(May Morris)主编(Oxford: Basil Blackwell,1936),xxxix—xl。

就是一位与前拉斐尔主义和浪漫主义相联系的颇有声誉的诗人。之后成为一名设计师兼手工艺者,在英国和美国掀起装饰艺术界全面复兴的浪潮。他极力反对对古建筑的疯狂摧毁,这期间,他发表演讲,有力地阐明艺术与社会的关系。在其垂暮之年,他参与到19世纪80年代蓬勃发展的社会主义运动中,成为这场政治斗争中最具影响力的人物之一。

鉴于莫里斯才华与成就的多样性,一些学者竭力发掘莫里斯思想中一种潜在的精神特质,这种特征将其生活中表面看来毫无关联的各个方面统一起来。例如,汤普森(E. P. Thompson)认为,要确立莫里斯在历史上的地位,最重要的是贯穿在其生活与工作各个方面的"道德实在论"特质:"正是其生活之实践道德榜样赢得了称赞,其政治与艺术著作的深刻道德洞见赋予了它们生命。"①莫里斯的同时代人也不乏汤普森谈到的这种特质。卡朋特(Edward Carpenter),一位在19世纪80年代转向社会主义的艺术家,清楚地看到莫里斯的生活作为一种道德榜样之重要性:

> 与其说莫里斯的伟大存在于其工作中,还不如说其伟大在于(更多地在于)他本身。因为,毕竟生活比艺术更伟大;所有最伟大的艺术作品皆是个人真实心灵之真情表达,个人出生于这样的时代,又从时代提供的素材中寻找、锻造这种真实的心灵。莫里斯从一开始就反对丑陋、肮脏的商业主义潮流,然而在这股潮流之中,他命运已经注定——正如一位站在溪流之中与溪流搏斗之人,又如一位手下溃败、意欲逃散而自己却竭力使手下们重返战场的船长。

---

① 汤普森(Thompson),《威廉·莫里斯:从浪漫主义者到革命者》(*William Morris: Romantic to Revolutionary*),第717页。

莫里斯极端憎恶所有的虚伪,然而其灵魂最最憎恶的,还是现代生活之丑陋与卑劣。我认为这是其生活中伟大而又最激励人心的憎恶。①

无论是作为一位"吟诵虚无日子的闲散诗人"(这是他用来定义其早期美学自我的一个短语),还是作为一位歌颂社会主义事业的行吟诗人,莫里斯都保留了他对"现代生活之丑陋与卑劣"的憎恶。卡朋特准确地发现隐含在莫里斯生活中的政治维度。莫里斯对维多利亚生活的道德愤怒建立在其早期美学教育基础上,又不断浮现在其各种活动中——要么间接地浮现在其唯美主义诗学实践中,要么直接地浮现在其支持古建筑保护协会(Anti-Scrape)②与社会主义的活动中。而且,这种潜在的精神特质有助于产生重要的概念洞见、关联与传播,而正是这些概念洞见、关联与传播,最终使得莫里斯成为西方马克思传统中的一位重要的创新者。

莫里斯在追溯自己作为一名社会主义者的发展时,清晰地辨别出自己生活中这个潜在的政治维度。在《我如何成为一名社会主义者》(How I Became a Socialist, 1894)一文中,他探寻了自己是如何提出一种理想的,这种理想最终在实践社会主义中得以完成。"除了对生产美之事物的渴望",莫里斯指出,"我生活的首要热情曾经是、现在仍然是对现代文明的憎恶。"③ 不应该认为生产"美之事物"与宣称"对现在文明的憎恶"对于莫里斯而言是两个独

---

① 爱德华·卡朋特(Edward Carpenter)《威廉·莫里斯》(William Morris),《自由》,第10卷(*Freedom X*),第111期(1896年12月)。
② [译注]Anti-Scrape,是保护古建筑物协会(SPAB,The Society for the Protection of Ancient Buildings)的简称,是由莫里斯和维布(Philip Webb)等人在1877年建立起来的一个协会,该协会反对维多利亚时期在英格兰对古建筑的破坏性修复。
③ 莫里斯(Morris),《我如何成为一名社会主义者》("How I Became a Socialist"),载于《正义》(*Justice*)(1894年6月16日),第6页。

立过程,因为他"对历史的研究及其对艺术的热爱与艺术实践,迫使[他]憎恶[这种]现代文明"。① 另外,如果人们认为,作为一名实践社会主义者,莫里斯将不会谈论使其得出政治结论的理想,那么,他们就大错特错了。莫里斯用艺术在工人阶级斗争中的作用这一非常有意思的呼吁,结束对自己政治发展的反思。他说:"正是艺术领域肩负着为人类树立一种真正理想的责任——一种完满、理性生活之理想。在这种生活中,感受美、创造美应该如同人们对面包的需求一样。"② 这不仅仅是一位终身酷爱美、追求美之艺术家的个人旁白,它更是莫里斯有关其早期美学生活对其后期社会主义活动之影响的一个生动表述。

鉴于莫里斯在 19 世纪文化与政治中的核心地位,围绕其生平与著作的出版业也由此而生。③ 然而,尽管市面上有关于他的书籍和文章,其中从新的视角出发提出的研究,尤其是澄清他的美学生涯与其政治活动之间关系的书籍与文章,却相对较少。有关莫里斯美学生涯与其整治活动之间关系的最重要的著作有两本:一本是麦凯尔(Mackail)的《莫里斯的生平》(*The life of William Morris*,1924 年),这本著作利用诸多原始资料,首次全面叙述了莫里斯的生平;另一本是汤普森的《莫里斯:从浪漫主义者到革命者》(*William Morris: Romantic to Revolutionary*,1976 年,修订版),该书首次详细阐述了莫里斯的浪漫主义与其革命政治之间更为紧密的关系,发掘出很多为麦凯尔忽略的原始资料,并阐述莫里斯作为一位重要领导者的社会主义运动史。这两部著作如今都已成为经典。自 1976 年起,有关莫里斯对艺术与政治之理论反思的

---

① 莫里斯,《我如何成为一名社会主义者》,第 6 页。
② 同上。
③ 要了解从 1896 年至 1985 年论莫里斯的著作清单,参见盖瑞·阿霍(Gary Aho),《威廉·莫里斯参考指南》(*William Morris: A Reference Guide*)(Boston: G. K. Hall & Co., 1985)。

著作已不多见，而论述其生活中艺术与政治之关系的著作更是少之又少。在这方面最重要的著作是被收录在《今日莫里斯》(William Morris today)中的文章；①凯斯门特(William Casement)讨论了莫里斯有关劳动与愉悦之间联系之表达，是一篇有趣的文章；②另一篇概述莫里斯"乌托邦共产主义"(utopian communism)的文章，试图展示"乌托邦共产主义"对他的后期社会主义思想的影响；③斯坦斯基(Peter Stansky)撰写的一部书，揭示了与英国工艺美术复兴运动相关的各种机构的丰富历史，莫里斯既是工艺美术运动的参与者，也是该运动中一位激励人心的人；④一部论文集，以一种富有争议的、多样性的方式探索了莫里斯的社会主义文学话语和著作；⑤最后是麦卡锡(Fiona MacCarthy)撰写的、备受欢迎的莫里斯新自传，书中揭示了有关莫里斯个人生活的新信息，并作出他关注女性问题的重要论断。⑥

本书不是另外一部叙述莫里斯生平的作品，不会将莫里斯人

---

① 《今日威廉·莫里斯》(William Morris Today)(London：Institute For Contemporary Art，1984)是一部作品集，为纪念现代艺术研究所做出的莫里斯生平与工作，它由不同作家撰写而成。
② 威廉·凯斯门特(William Casement)，《莫里斯论劳动与愉悦》("Morris on Labour and Pleasure")，载于《社会主义理论与实践》，第12卷(Social Theory and Practice 12)，第3期(1986年秋季刊)，第351—382页。
③ 弗洛伦斯(Florence)和威廉·布斯(William Boos)，《威廉·莫里斯的乌托邦共产主义》("The Utopian Communism of William Morris")，载于《政治思想史》(History of Political Thought)，第7期，第3卷(1986年冬季刊)，第489—510页。
④ 彼得·斯坦斯基(Peter Stansky)，《重新设计世界：威廉·莫里斯、19世纪80年代和工艺美术运动》(Redesigning The World：William Morris，the 1880s，and the Arts and Crafts)(Princeton：Princeton University Press，1985)。
⑤ 弗洛伦斯·布斯(Florence Boos)和卡罗尔·西尔弗(Carole Silver)主编《威廉·莫里斯的社会主义和文学艺术性》(Socialism and the Literary Artistry of William Morris)(Columbia，MO：University of Missouri Press，1990)。
⑥ 《威廉·莫里斯：我们时代的生活》(William Morris：A Life of Our Time)(New York：Alfred. A. Knopf，1995)。

生中的所有事件和其性情的错综复杂展示、回放给读者。本书的目的既宽广又受限。它是对莫里斯的一次理论与历史梳理,意在阐明这样一些重要的方式,即普通历史行动者如何通过美学话语实践与其对美学话语之质疑成为政治主体。就此而言,我视这部作品为一项关于英国历史上一个特殊时期的文化政治研究。[①] 本书关注的是莫里斯如何从艺术家转向革命者:莫里斯的这一发展的社会、文化与政治条件是什么?在其作为一位艺术家提出的观点中,哪些有助于其政治主体性之建构?他又如何在其著作中表现出这些观点?考虑到他的理论的系谱,他以何种方式开始这些重要的概念发展?又以何种方式开始获得对某种具体学术传统的洞见,尤其是西方马克思主义传统?

在从事这项工作的时候,我不得不就汤普森对莫里斯从浪漫主义转向社会主义的具体描述与其争论,也不得不就莫里斯给马克思主义传统的当代参与者留下的是什么进行商讨。汤普森称莫里斯的美学生活与其革命社会主义之间存在联系,这并非一种新的观点。汤普森的重要性在于他是唯一一个试图详细阐述此种联系的学者。而我认为,汤普森并没有很好地审视这种关系,他忽视了莫里斯发展成一名社会主义者的诸多重要方面,更不用说他忽视了该时期文化政治在英国历史上被表述之方式。这种忽视并源自非汤普森学术素养本身。正如汤普森自己指出的,他的著作是一个名副其实的"信息采石场"。[②] 这种忽视与其意欲解决的问题有关,也与为之写作的特定读者有关。

正如安德森(Perry Anderson)指出的,汤普森的目的在于指出莫里斯是"英国马克思主义传统"中的一个重要榜样,也是一位

---

① 我所认为的"文化政治"是文化(尤其是美学话语)与某些历史行动者之政治诉求密切相关的方式,以及/或者文化对建构政治主体之重要性的方式。
② 汤普森,《威廉·莫里斯:从浪漫主义者到革命者》,第 768 页。

有创见的理论家。莫里斯的浪漫主义道德洞见纠正了正统马克思传统的过度偏离。[①] 使莫里斯成为英国马克思主义传统的重要继承人,同时表达了他的浪漫主义对于马克思主义的创新性与重要性,这并非易事。汤普森在处理这个问题上的工作令人钦佩。而我认为,汤普森成功处理该问题之方式使他选择性地叙述了莫里斯浪漫主义的影响。在汤普森的叙述中,莫里斯的早期美学生活对待维多利亚生活的态度介于反对与默许之间:反对表现在他的早期诗歌中,默许则表现在他后期的唯美主义姿态中。这种描述带来两个问题:其一,从历史上看,无论是莫里斯还是他的同时代人都没有发现这种区别,第二,否认莫里斯唯美主义更加积极的作用,如此一来,便使人们看不到美的伦理概念对其政治发展的重要作用,也看不到这一伦理概念在其成为社会主义者时继续发挥的作用。正如我们前面所指出,即使在垂暮之年,莫里斯仍然宣称艺术代表"一种完满、理性生活之真正理想"。这不是否认莫里斯怀抱的社会改革希望——汤普森称之为"火之河流"[②]——不是以其不断增加的政治活动为前提。然而,如果我们要理解莫里斯后期的革命社会主义立场——更不用说理解他在马克思主义传统内发起的理论创新,那么就必须全面考察他的浪漫主义(它的现实主义和逃避现实主义)。

在这里,我们猜想汤普森的这种忽视,部分原因在于其写作对象为左翼读者,这些左翼读者认为莫里斯不过是位多愁善感的空

[①] 佩里・安德森(Perry Anderson),《英国马克思主义中的争论》(*Arguments Within English Marxism*)(London: Verso,1980),第158—159页。在试图为当代社会主义者挽救莫里斯时,汤普森澄清了,正是与莫里斯浪漫主义相关的道德洞见,才是莫里斯社会主义的区别性特征,它也是莫里斯思想中仍然为马克思主义所忽视的一个方面。要了解对这些问题的讨论,见汤普森著《后记:1976年》("Postscript:1976"),收录于《威廉・莫里斯:从浪漫主义者到革命者》,尤其是第778—779页。

[②] 汤普森,《威廉・莫里斯:从浪漫主义者到革命者》,第243—274页。

想家。① 既肯定莫里斯部分浪漫主义遗产的重要性,同时又不颂扬为马克思主义者视作艺术中"堕落的"和"乌托邦"的部分,这是一种非常巧妙的方式,使读者相信在社会主义传统中莫里斯思想的重要新与创新性。无论具体的争论理由是什么,现在的任务是继续汤普森已经开始的重要工作。然而,继续这项工作要求我们从汤普森关注的特殊问题中抽离出来,接受我们置身其中的截然不同的理论与政治语境。只有这样,我们才能完全进入与莫里斯作品的对话之中,使其与我们的文化发生关联。

当然,我也是从某个具体的理论语境和政治语境中开始工作,该语境从始至终贯穿在我对莫里斯的讨论之中。首先,正如经验丰富的教育者所熟知,大学里现今的潮流是远离知识传统界限的运动。学科界限是人为划分的,且一直在改变。正如一位论知识之学术语境的评论家所指出,如今有一种空前的跨学科研究趋势。② 这种趋势因致力于跨学科分析的学术空间(例如,杂志和学位课程)之增长而得以巩固。至少就政治学科(一个构建我学术身份的学科)而言,这种跨学科趋势表现在热切地从自然科学、哲学、社会学、经济学和历史学中借用工具与概念。③ 尽管我们的学科被迫通过与其他社会科学和自然科学的交涉来拓宽自己的政治领域,然而通常情况下它还未准备好从人文学科——尤其是从与艺术和文学研究相关的学科中获取发展动力。从历史层面讲,行动

---

① 这暗含在汤普森的这种讨论中,即其对"政治文本的虔诚和在'乌托邦'这个术语前的胆怯"的讨论,出自《后记:1976》,第792—793页。
② 见让·弗朗索瓦·利奥塔(Jean-Francois Lyotard),《后现代状况:关于知识的报告》(*The Postmodern Condition: A Report on Knowledge*)(Minneapolis: University of Minnesota Press, 1984),第52页。
③ 要了解这在政治理论子领域引起的问题,见约翰·G. 冈内尔(John. G. Gunnell)著《哲学与政治之间:政治理论的异化》(*Between Philosophy and Politics: The Alienation of Political Theories*)(Amherst: University of Massachusetts Press, 1986)。

者在历史中从事政治活动并与其所处的政治世界达成妥协,因此,个人不能如此轻易地忽视艺术与文学之作用与影响。研究威廉·莫里斯的生平与思想,为我们分析美学实践和美学话语建构政治主体性和行动之方式提供了一条重要的路径。因此,本研究是在生成一种文化政治研究之跨学科框架的指导下进行。

第二,20世纪晚期的政治发展与理论发展从根本上动摇了马克思主义传统的稳固地位,改变了其性质。所谓的"共产主义"政权的垮台、后福特时代全球资本主义的敌意及其稳固地位的建立、那些性质与目标都不可简化为生产问题的新的社会主义运动的发展,所有这些都促使人们彻底质疑马克思与当下的相关性。此外,后现代思想潮流和普遍的反基础主义理论潮流,似乎已将马克思思想扔到历史的垃圾桶中(一个目前装满"[与当代]毫无联系的"思想家——如柏拉图和托马斯·阿奎那——的垃圾桶)。毫无疑问,这些发展使许多人丢弃马克思主义传统,但这也同时引发人们对该传统本身的创建性思考。的确,这种语境使一些人热切地尝试使马克思主义成为一种活的传统,一种直接接受这些政治与理论新发展且与这些新发展相协商的传统。① 在这个方面,随着马克思主义传统日益从其传统之桎梏中解放出来,我们不必再担心顶礼膜拜的问题,如果我们曾经有这个担忧的话。在当代语境中,莫里斯的文化与政治理论在富有创见地与当代马克思主义重新协商之尝试方面,堪称是一位重要的先驱,它提出与生态和欲望政治学相关的问题,并使这些问题为人们所关注。

在第一章中,我探讨了文化政治概念,揭示它与重要的政策争论和理论发展的当下联系,由此引出为何对文化政治的分析是当

---

① 要了解以这种方式使马克思主义成为一种活的传统之重要尝试,见欧内斯特·拉克劳(Ernest Laclau)和尚塔尔·墨菲(Chantal Mouffe),《霸权与社会主义策略:一种激进的民主政治》(*Hegemony and Socialist Strategy: Towards a Radical Democratic Politics*)(London: Verso, 1985)。

代的一个重要问题。接下来,我具体审视了一些理论家表达艺术在社会、政治实践中之作用的方式。从马克思主义和后现代理论思潮吸取养分,我提出三种促进我们理解这些概念的观点——作为意识形态的艺术、作为批判意识的艺术和作为政治化实践的艺术。后面两种观点——我统称为"唯美主义"(aestheticist)观点——促进我们对文化政治的理解,因为它们认为:在不考虑艺术生产的意识形态语境时,艺术是获取政治知识和/或参与政治行动的一个重要途径。我不同意这种认为文化政治是超验的、超历史的主张,相反,我坚持认为有必要历史化这些主张,使其不仅包括广阔的美学现象,而且也与重要的历史行动者相联系。

如果说第一章为我们从当前的理论与概念关注出发提供了理由,那么第二章则揭示了莫里斯自身发展被赋予历史意义与重要性的第一个层面。本章中,我审视了与1851年大展览相关的话语和事件,对维多利亚时期英国的文化政治谱系进行批判。此番讨论很明显表明:在更宏大的历史层面上,社会与政治关注开始与美学和文化实践交织在一起,在意识形态与阶级话语层面产生了一种艺术与政治相联系的敏锐意识。根据这种观点,个人就对该时期的文化政治有了一种经验性奠基(empirical grounding),这种经验性奠基不仅暗示着莫里斯后期的美学与政治关注,而且也澄清了莫里斯对19世纪文化与政治思想之重要意义所在。当莫里斯于1881年宣称"不可能将社会-政治问题排除在美学考量之外"时,他就已明确承认这种渗透到维多利亚生活中的政治形式之存在。而莫里斯对这些问题富有洞见的理论探讨正是其对西方马克思主义传统所做的最重要贡献之一。

莫里斯对文化政治的反思受那个世纪最重要的文化理论家约翰·罗斯金(John Ruskin)影响。第三章转向罗斯金的思想,它不仅为理解莫里斯对艺术的考量奠定了基础,而且也阐明意识形态冲突如何在美学理论中产生回响,探寻在这一意识形态领域内迄今被忽视的新的联系与思考。罗斯金用政治上颇有争议的劳动范畴对哥特艺术之美做了精辟的分析。重要的是，罗斯金的喜悦劳动(joyful labor)之理想与工人阶级政治话语有明显的同源关系，这种关系达到了某种程度，甚至使罗斯金成为工人阶级事业的一个热心却具有家长式作风的支持者。罗斯金的理论很明显是这样一种重要方式的范例：政治诉求被文化话语盗用，［文化话语］反过来又影响个人的政治理解。

莫里斯阅读罗斯金的著作可以追溯到他在牛津大学的求学岁月，那时他便即刻被罗斯金笔下对维多利亚社会的道德谴责吸引。然而，在接触罗斯金思想时，莫里斯并非一位社会批评家，而是一名试图探究美之本质的虔诚艺术家。第四章探讨了莫里斯的早期美学教育，意在阐明奠定莫里斯转向社会主义学说基础的重要美学观点之发展情况。在19世纪50年代到70年代间，莫里斯开始了这些奠定其名声的美学实践，他不仅成为一名重要的装饰艺术设计者，而且还是唯美主义诗歌运动中的一位重要人物。正是我对莫里斯美学生活后一个维度的阐释使得我不同意汤普森的观点。莫里斯对独立于维多利亚社会的美之概念的偏爱提供了一种重要的方式，一种用以保留一种与维多利亚生活相敌对之生活理想的方式。我对其他艺术家与唯美主义运动相联系之方式的审视、对工人阶级激进分子参与到政治斗争之方式的审视，都支持了我对莫里斯唯美主义主张政治维度的诠释，其中用的是相同的美学观点。

由于莫里斯对这种既具批判性又具理想性的美之观点的喜爱，19世纪70年代后期，他开始从理论上审问艺术的历史与本质。第五章探讨了莫里斯对美之本质与特征的理论表述明确地将其引向社会主义方向的方式。这是一项重要的任务——也是一项以前从未被探讨过的任务，因为它阐明了美学思想导致政治关注的方式。就这方面而言，罗斯金是莫里斯的向导。虽然莫里斯早就认识罗斯金,但直到那时莫里斯才开始明确借用罗斯金的思想。重要的是,莫里斯的演讲表明他逐渐认识到维多利亚生活中美之重生之希望与工人阶级政治事业紧密相连,且这种希望最终与资本主义社会的彻底革新相关。

从 1881 年起,莫里斯革命社会主义之特征就已经显露。1883 年,莫里斯加入民主联盟,成为 19 世纪 80 年代社会主义复兴运动中一位重要的活动家。第六章探讨了莫里斯生命中的这段重要时期,意在显示莫里斯特殊的唯美主义理想与其革命社会主义策略和理想之间的关系。正如莫里斯指出,在他还不了解社会主义历史时,他就成了一名社会主义者。在论述莫里斯美学理论和社会主义理论之间联系的过程中,我认为描绘莫里斯社会主义的最佳词语就是"构建性的"(constructive)。这暗示着其社会主义概念的两个重要方面:一方面是,强调未来社会主义世界的想象性描绘,另一方面则暗示着一种认识,即这种"乌托邦"维度最终与政治行动之必要性紧密相连。此外,莫里斯的唯美主义背景确保其社会主义生活世界之概念中必然包含着愉悦、希望与自然之美,而这些反过来又会带来其长久渴望的艺术之重生。

结尾部分探讨了莫里斯在西方马克思主义传统内的地位问题。在对在一种活的传统内起作用意味着什么进行一般的元理论考察后,我指出了莫里斯在该传统内发起的三个重要领域——这些领域成为后来马克思主义者关注的焦点,分别为:莫里斯对文化政治的唯物主义美学立场、莫里对作为社会主义生活区别性特征的愉悦与渴望之关注和他对生态马克思主义/生态社会主义立场的表述。

在对维多利亚时期英国的文化政治做如此描述时,特别是在对莫里斯的生平与工作做如此描述时,毫无疑问,我的工作中也包括一些其他莫里斯研究者已经探讨过的内容。对于一个被充分挖掘的采石场而言,且在采石场中人物生平这一地形特征相同的情况下,我的这种工作不可避免。如果我探讨的内容是某位作者专长的领域,我确保会提前在正文中或在脚注中说明。否则,我对这些问题的表述源自我阅读的原始资料及我本人对社会与历史现实的理解。

然而,在讨论维多利亚时期英国的文化政治过程中,我希望带来对莫里斯政治发展及其理论地位的重新评价,这是有必要的。如果说莫里斯学术研究中的第一个较量是围绕着作为艺术家的莫里斯与作为社会主义者的莫里斯之间的冲突,那么第二个较量便围绕着莫里斯的社会主义特征,而第三个较量的领域则在于显示莫里斯对美的不惧热情与其革命社会主义之间的联系。至少,我希望我已经完成的任务是清楚地展示莫里斯为何能既是一位艺术家同时又是一位革命者。从这种诠释学视角出发,便有可能用一种既与莫里斯自身历史性相关又与我们自己的历史性相关之方式去重现莫里斯。

第一章 文化政治的问题

> 不可能将艺术与道德[和]政治分开……蕴含在这些伟大原则中的真理是同一的,只是在形式化的论文中,它才能被撕裂。
>
> ——威廉·莫里斯,《人民的艺术》①

写一部论艺术与政治关系的著作,尤其是讨论在我们社会中产生政治判断与政治行为之美学话语的建构作用,这既寻常同时又很新颖。任何人只要想想发生于里根/布什时期美国的全国艺术基金会资助辩论事件,就不会在听到艺术之政治力量的故事时感到惊讶。新保守主义者抨击全国艺术基金会,认为基金会不应该资助诸如塞拉诺(Andres Serrano)的看似亵渎的画作《尿中基督》(Piss Christ)和梅普尔索普(Robert Mapplethorpe)的同性恋摄影作品,这种抨击与西方政治思想传统研究者熟知的西方著名辩论有惊人的相似之处。一些保守主义者打着"民主责任"的旗

---

① 莫里斯,《人民的艺术》("The Art of the People"),收录于梅·莫里斯主编《威廉·莫里斯作品集》(*Collected Works of William Morris*)(London: Longman and Green and Co.,1914),第22卷,第47页。

号,声称我们不应将税收花在被我们社会中一些成员视为"道德情趣低下"的实践上,另一些人则聚焦于这些作品给我们这个动荡时代带来的道德伤害。

对于后一种观点,我们只需想想柏拉图在《理想国》中的论点,就可为当今艺术政治问题找到一种早期预兆。在讨论守护者的教育问题时,柏拉图认为需要对某些美学实践进行审查,理由是某些作品会灌输错误的伦理德行(例如以各种道德模糊的方式描绘神灵);某些艺术形式事实上会激起一些有害于护卫者履行其统治职责的情感。暗含在柏拉图论点中的是:艺术有一种特殊的力量,必须予以管制,尤其是当政治共同体(对柏拉图而言,一个"正义"体系就是,在这个体制之内,所有人从事适合其本性的工作,而不干涉其他人的事情)理想受到威胁时。因此,艺术并非一项中立的实践,而是人类一项对人性有显著影响且产生重要政治共鸣的事业。

当然,在当代美国,新保守主义理想用以评判艺术的标准并非"正义"之理想,而是对基督教右派而言非常重要的道德体面和道德生活。然而,隐含之意却是相同的:隐含在大众话语中有关艺术资助的是这样一种观点,即艺术具有如此重要的道德与政治力量——事实上它能够转变人关于世界的意识,并影响人的道德、社会与政治行为。的确,与此政策问题相关的双方似乎都承认艺术在人类事务中的重要作用:支持全国艺术委员会无限制地对艺术提供资助者声称艺术对人类与社会发展的重要性,而那些希望限制甚至取消全国艺术委员会资助之人则谴责这种艺术给道德和政治带来的不稳定影响。从表面看,这个问题似乎陷入二元对立的论战中,然而这里隐含着一种共识——尽管在多数情况下它没有被意识到,这就是承认文化政治的存在。

或许更加异乎寻常的是,对政治之审美本质的理解在当代理论中——尤其是在被我们统称为"后现代主义理论"的智识轨迹中——变得日益重要。① 正如梅吉尔（Alan Megill）睿智地声称，人们能从浪漫主义到尼采、海德格尔、福柯和德里达的思想中发现一种唯美主义倾向，也即"一种将美学原则扩展到整个现实的企图"②。正如梅吉尔进一步指出，我们在近代先锋思想中观察到的是"一种将'艺术'或'语言'或'话语'或'文本'视为构成人类经验之首要领域的倾向"。③ 对梅吉尔而言，这使我们能理解后现代思想家强调的知识之构成主义基础之重要性。这种立场首先源自尼采的思想，后在德里达"文本之外别无他物"这一宣称中变得著名。如果所有的人类现实与经验都是文本——一个被建构的人造物——那么那些显然是文本的审美实践就暗示着其他的人类活动，包括政治。的确，正如近来一位支持该立场的人士所称，文学本质上是一项"政治化实践"。④ 文学以一种自我指涉的方式阐明这个事实：所有人类现实都是文本。如此，文学产生了政治知识和政治行为：文学中单一意义之展示暗示权力关系的在场，而与美学实践紧密相关的文本游戏之凸显——至少以某种形式凸显——则

---

① 要了解对该传统中主要人物的简要批评性讨论，见斯蒂芬·贝斯特（Stephen Best）和道格拉斯·凯尔纳（Douglas Kellner）著《后现代理论：批判的质疑》(*Postmodern Theory: Critical Interrogations*)（New York: Guilford Press, 1992）。我用这个术语来简要表述"家族相似性"，我非常清楚地知道这些与本标题相关理论家在理论与政治方面的差异。
② 艾伦·梅吉尔（Allan Megill），《极端的提倡者：尼采、海德格尔、福柯、德里达》(*Prophets of Extremity: Nietzsche, Heidegger, Foucault, Derrida*)（Berkeley: University of California Press, 1985），第 2 页。最近，乔纳森·雷斯伯格（Jonathan Loesberg）在《美学主义与解构主义：佩特、德里达和德曼》(*Aesthetics and Deconstruction: Pater, Derrida and De Man*)（Princeton: Princeton University Press, 1991）中，就美学主义与后现代思想之间的联系做出了类似的陈述，他先梅吉尔一步，称美学主义（以及解构主义）拥有一种内在的历史、政治维度。
③ 艾伦·梅吉尔，《极端的提倡者》，第 41 页。
④ 迈克尔·夏皮罗（Michael Shapiro），《作为政治化实践的文学生产》(*Literary Production as a Politicizing Practice*)，载于《政治理论》，第 12 卷（*Political Theory* 12），第 3 期（1984 年 8 月）。

引发"为抵抗[该]权利提供场所的敌对意象"。①

尽管在本章后面的内容中,我们会详细探讨这些文化政治概念,然而,作为后现代主义理论中一个经常出现的结构性特征,我们至少应该反思这些文化政治概念的隐含意义是如何增加讨论难度的。我们理解艺术与政治关系的方式与我们在当下理论争辩中的定位有重要关系。的确,梅吉尔认为,后现代思想为反对启蒙运动工具理性和科学理性之主导地位提供了一种更现代的浪漫主义美学辩护形式。早先,浪漫主义者认为艺术自主性表现为艺术与其他人类生活形式的疏离与差异,在此过程中带来一种抵达人类理解和人类价值观的更好方式,而这样的人类理解和人类价值观对解放性政治行动非常重要。作为该传统后来的一个典型,后现代思想接受这种假设:美学的首要性不仅意味着美学之优越性,更重要的是意味着美学与其他人类经验模式相比在本体论上的优先性。康德将人类生活划分为科学生活、道德生活和审美生活三个方面(梅吉尔正确地注意到康德的这划分并非像人们起初思索康德思想那样严密),后现代思想摆脱了康德思想的诱惑,认为美学界定了科学、道德——更不用说政治——之可能性与局限性。

关于这种后现代思想中极端审美立场所提出的问题,可以在利奥塔(Jean-Francois Lyotard)的著作中找到一个很好却未必很明显的例子。暂且将其对艺术作品与艺术家的具体分析搁置一旁(奥利塔在分析中,似乎将解放的可能性置于对崇高事物的美学表达中,崇高事物也即存在于所有美好艺术作品中不可言说、"不可表达"的部分),②利奥塔认为正义之潜在性在于承认与接受"正

---

① 迈克尔·夏皮罗,《作为政治化实践的文学生产》,第 410 页。
② 见利奥塔,《回答这个问题:什么是后现代主义?》("Answering the Question: What is Postmodernism?"),收录于《后现代状况》中,第 78 页。利奥塔的早期著作,似乎同意阿多诺的观点,认为艺术之解放本性在于,艺术打碎其表征中的秩序与形式特性。见利奥塔,《论理论:一次访谈》("On Theory: An Interview"),收(转下页注)

义"游戏中多样性的、相互竞争的规定性语言——其可能性源自利奥塔后来称为"延异"(differend)①的话语裂隙。利奥塔的这种观点暗示着一种有关正义的话语/语言协商,没有任何管制性理想之"恐怖主义"对这些相互竞争的协商主张做出决断。② 在《公正游戏》(Just Gaming)中,利奥塔事实上提出了一些他认为与"美学政治"——一种基于美学判断的政治——相关的问题,他声称这种立场事实上向"非正义"敞开:

> 有人认为人们能进行美学政治,这是不对的。人们认为追寻强烈的情感或诸如此类的东西能成为政治之基础,这也是不对的,因为有非正义问题的存在……美学判断可以使人们区分使人愉悦之物与使人不快之物。而就正义而言,我们在施行正义时,必须对其他事物进行监管。③

尽管我认为利奥塔强调艺术与政治话语各自不同的特征是有必要的——如果原因并非是这种强调帮助我们克服一些认为艺术本质上是政治性的过分简化主张——那么很显然,利奥塔使美学

(接上页注)录于《漂移之作》(Driftworks)(New York: Semiotext[e],1984),第28—29页。另外,也可参见安德鲁·本杰明(Andrew Benjamin)主编《利奥塔读本》(Lyotard Reader)(Cambridge: Basil Blackwell,1989)中探讨当代艺术的论文。

① 利奥塔著,Georges Van Den Abbeele 译,《差异:争辩的不同阶段》(Differend: Phrases in Dispute)(Minneapolis: University of Minnesota Press,1988)。
② 见利奥塔和特博(Thebaud),《公正游戏》(Just Gaming)(Minneapolis: University of Minnesota Press,1985),第100页。
③ 见利奥塔和特博,《公正游戏》,第90页。彼得·迪尤斯(Peter Dews)著《瓦解的逻辑:后结构主义思想与批评理论的诉求》(Logics of Disintegration: Post-Structuralist Thought and the Claims of Critical Theory)(London: Verso,1987),第138—143页中声称,这种评论实际上是一种自我批判,是对其早期支持的欲望与烈度政治(a politics of desire and intensities)的一种自我批判,这种支持的态度在《力比多经济》(Libidinal Economy)第1卷中最清晰地表现出来,Hamilton Grant 译,(Bloomington: Indiana University Press,1993)。

领域陷入了一种除了拥有唤起感觉、欲望与情感的能力,就别无用处的境况。在这个意义上,利奥塔将"美学"隔离在一个本质主义的、超历史的角落,将其简化为一种没有认知特征——更不用说没有相关的政治特征——之话语实践。佩斯·利奥塔(Pace Lyotard)认为,可能有各种各样、与文化政治相关的历史"语言游戏",但这并非意味着某种文化政治话语能够裁定其他语言游戏之间的争执,而是说这可能意味着人们能够提出一些问题,这些问题帮助我们理解行动者如何使用这些美学概念,这些美学概念又如何与政治生活相关联。

然而,即使利奥塔声称其支持艺术语言与正义语言的彻底分离,但他的总体立场仍然源自其对正义本质的"审美主义"(aestheticist)诠释。的确,对于这些认为有必要依据普遍主义和/或实在论来探讨正义的左派人士,利奥塔接受正义概念多样性之警告非常接近于接受不同派别认为的不同的"愉悦"之物(一种政治净化?),却忽略了建立一种为集体利益而超越利己主义的正义标准之必要性。[①] 似乎是在其立场内暗示一种被压抑之物的回归,利奥塔认为,在愉悦感情方面我们必须尊重美学的局限性,这种观点实际上基于一种对社会现实进行话语解释的、更深层次的"唯美主义"观念。这就意味着,尽管具有矛盾意味,利奥塔仍否认艺术与政治之经验领域的彻底分离(因为从这个更深的层次上讲,二者都是审美解释)。虽然具有矛盾意味,但要更加深刻地理解审美与政治之间的联系,我们必须接受二者在话语上与在政治上的分离,不仅从二者与我们生活中不同方面打交道之方式方面,而且还要从二者为这些领域提供评判标准之不同方式方面。然而,在这里,我们并非暗示着回归到利奥塔式本质主义的某种形式,而是,我们倾向于接受一种历史偶然性方式——艺术在其特性内以这种方式与其他社会

[①] 见贝斯特和凯尔纳著《后现代理论》第 160—179 页对利奥塔后期著作的批判。

实践相交。的确，正是因为艺术理解、参与到不同政治实践中的不同方式——它不仅引发政治冲突，且表述超越权力关系之社会生活理想——因而使得它能为社会与政治改革提供推动力。

文化政治的本质问题——文化政治的历史表述模式及与其有关的社会与政治实践——本质上是历史的。我这样说时，并非试图回避对该问题进行更加概括的理论考量。甚至正好相反，本书是对文化政治的偏理论的历史审视，它将有助于审视这些现存的各种理论，以便了解与当前文化政治概念表述有关的局限性与可能性。然而，在提出文化政治之历史性（也即，其历史偶然性表述）之重要性问题时，我试图避免采用一种以历史为导向的实践倾向，而是采用一种与艺术本质相关的本体论主张。正如我们将看到，这种理论举措会立即使人接受文化政治——正如一部政变剧，它为这部即将上演的理论戏剧营造了一种忠诚的幻觉——然而它同时也关闭了人们理解艺术与政治相互交织方式之潜在多样性的大门。

作为伟大艺术品的政治：迈向文化政治之概念化

在柏拉图的《理想国》中，政治科学家和政治理论家通常将诗人排除在其政治行动与政治知识之理想社会外。然而，与柏拉图之设想不同的是，他们审查艺术，将艺术排除在其学术共和国之外，并非出于对艺术在政治与教育方面破坏性效果的敬畏；而这正是问题所在。[①] 取而代之的是，这种排除主要是政治学术话语界

[①] 鉴于苏格拉底以前的希腊传统将诗歌建构为一种伦理、政治话语，我倾向于同意伽达默尔（Hans-Georg Gadamer）的观点，即认为"与诗人的争论"基于伦理、教育与政治原因。见《柏拉图与诗人》（Plato and the Poets），收录于《对话与辩证法：关于柏拉图的八个解释学研究》（*Dialogue and Dialectic*: *Eight Hermeneutical Studies on Plato*），P. 克里斯多夫 • 史密斯（P. Christopher Smith）译，（New Haven：Yale University Press，1980）。

定"政治"范围之方式带来的结果。政治学术话语界定"政治"范围之方式,也即提议哪些体系、价值观、知识形式等被认为与"政治"相关。这种学科态度可以被理解为一位政治理论家称之为"政治理论异化"的结果。政治理论,作为一种学术话语形式,在"经历过与理论、传统、科学以及政治相关的哲学迷雾"后,不仅与政治之特性相疏离,而且与分析政治现象之本质的重要理论相疏离。① 因此,尽管柏拉图——甚至亚里士多德——在政治思想"传统"内召唤我们认真对待艺术,而且历史上"政治之特性"也为我们提供了许多有关审美作品及审美话语如何支撑、改变甚至建构政治的例子,②然而暗含在政治研究者方法论实践下的认识论与本体论假设,似乎将人们的视线从这些重要迹象上转移开来。③

如果说文化政治问题在政治学与政治理论这两门学科中备受冷落,那么在当代理论中,有许多其他的声音——尤其是来自人文学科的声音——试图打破这种沉默。人文学科研究习惯倾向于淡化或忽视艺术与较广大社会和政治进程之间的关系。正如沃尔夫

---

① 冈内尔,《哲学与政治之间》,第41页。
② 要了解对西欧激进社会主义传统中美学著作与话语之重要性的概述,参见唐纳德·德鲁·埃格伯特(Donald Drew Egbert),《激进社会主义与艺术:西欧》(*Social Radicalism and the Arts: Western Europe*)(New York: New York: Alfred · A. Knopf,1970)。最近,文化、艺术与政治之间的关系成为学术史上的一个重要话题。例如,林恩·亨特(Lynn Hunt),《法国大革命中的政治、文化和阶级》(*Politics, Culture and Class in the French Revolution*)(Berkeley: University of California Press,1984)以一种引起争论地方式尝试论述美学与文化实践(修辞、雕塑、服装和视觉艺术)在建构法国大革命政治进程中的重要性。另外 爱丽丝·卡普兰(Alice Yaeger Kaplan),《陈腐的再现:法西斯主义、文学与法国学术生活》(*Reproductions of Banality: Fascism, Literature and French Intellectual Life*)(Minneapolis: University of Minnesota Press,1986)很有意思地讨论了文学(例如席琳[Celine])在法国法西斯主义兴起中的作用。
③ 要了解政治学和政治理论学科对这些局限的批判讨论,参见布拉德利·麦克唐纳(Bradley. J. Macdonald),《政治理论与文化批评:迈向一种文化政治理论》("Political Theory and Cultural Criticism: Towards a Theory of Culture Politics")载于《政治思想史》,第21卷,第3期(1990年秋季刊),第510—514页。

(Janet Wolff)所说,文化批评仍然依赖于艺术是个人"天赋"的产物这些"神秘主义"概念,认为它"超越存在、社会与时间"。① 这种人文学科内将艺术与社会实践和政治实践分离的认识会使人们更加看不到社会科学对文化政治之重要分析。然而,至少在过去二十年里,对艺术之物质、社会与政治实践的表述日渐增长,甚至到了这种程度:你拿起一本杂志就一定会在醒目位置看到有关艺术之"政治"问题的文字。当詹姆逊(Fredric Jameson)声称:在文化文本中,人们将看到"没有什么不是社会的和历史的——甚至,任何事物'在做最后分析时'都是政治性的",他显然注意到文化政治问题的中心地位。② 暂且不谈詹姆逊有关此话题立场的合理性,在马克思文化批评的悠久历史中,詹姆逊是为讨论政治与艺术联系提供推动力的最重要的近代思想家之一。③

---

① 珍妮特·沃尔夫(Jenet Wolff),《艺术的社会生产》(*The Social Production of Art*)(New York: New York University Press, 1984),第1页。要了解美国文学研究中这种方法论预设的复兴状况,参见弗兰克·兰特里夏(Frank Lentricchia),《新批评之后》(*After the New Criticism*)(Chicago: University of Chicago Press, 1980)。

② 弗雷德里克·詹姆逊(Fredric Jameson),《政治无意识:作为社会象征行为的叙述》(*The Political Unconscious: Narrative as a Socially Symbolic Act*)(Ithaca, New York: Cornell University Press, 1981),第20页。

③ 当然,詹姆逊在复兴这种传统并将之带给当代学者方面起着重要作用。参见其学术权威著作《马克思与形式:20世纪的文学辩证理论》(*Marxism and Form: Twentieth-century Dialectical Theory of Literature*)(Princeton: Princeton University Press, 1971)。要了解该传统内诸多立场的代表性观点,参见梅纳德·所罗门(Maynard Solomon)主编《马克思与艺术:古今文集》(*Marxism and Art: Essays Classic and Contemporary*)(Detroit: Wayne State University Press, 1979)。贝雷尔·兰(Berel Lang)和弗瑞斯特·威廉姆斯(Forrest Williams)主编《马克思主义与艺术:美学与批评论集》(*Marxism and Art: Writings in Aesthetics and Criticism*)(New York: David McKay Co., 1972);以及克里斯·布洛克(Chris Bullock)和戴维·佩克(David Peck),《马克思文学批评导读》(*Guide to Marxist Literary Criticism*)(Bloomington: Indiana University Press, 1980)。另外,我们当然不能遗漏伊格尔顿(Terry Eagleton)的著作,尤其是其对马克思主义文化批评传统的批判性概述之作《马克思主义与文学批评》(*Marxism and Literary Criticism*)(Berkeley: University of California Press, 1976)。

鉴于马克思主义传统的重要性以及关注点为艺术政治的某些后现代理论思潮,在这些传统内仔细审视各种不同的立场,将会为文化政治实践之概念化提供一个重要理论语境。我不会宣称我将穷尽所有这些立场,而只是列出三种大大有益于将美学实践与政治话语联系起来的立场。重要的是——正如我们将看到的——我们将从政治建构美学实践之方式的最初洞见进入到审美话语如何建构政治这种更加吸引人的概念中。尽管认识到艺术内嵌于意识形态实践中——因此向一种可行的文化政治概念迈进了一步,然而,我认为,第一种立场并不能使人们看见这种方式:艺术能表述一些对政治行为施加某些独立影响的话语转变。也就是说,借用社会科学中通用语,这种观点认识到美学生产之"结构"维度,却没有认识到艺术潜在的"中介"特性。因此,我将考察产生于马克思主义传统中的"新浪漫主义"方法,这种方法讨论了美学中介的中心性(centrality)问题。接下来,我们将讨论这些受后现代理论启发之人表述文化政治的方式。尽管后两种概念化——我们一并称作"唯美主义"立场——明确宣称艺术是政治知识和/或政治行为的一个重要的、必要的场所,且在超验主义和本质主义框架内的确如此,并因此最终回避了对文化政治在历史中显现自身之各种方式的分析。

艺术作为意识形态实践

尽管这些受马克思主义激发的文化理论传统引发了一种揭示社会和经济结构中文化内嵌性的敏感意识,然而,美学话语在产生政治世界之意识形态概念时所起的建构作用,以及正是在美学话语建构意识形态概念之过程中,政治行动才得以建立,这些在该传统中却没有得到充分表述。也正是在该建构过程中,建构了政治行为。尤其是,传统马克思主义文化批评——尤其是在艺术领域内为获取权力而斗争之阶层——一直按照马克思审视艺术与经济生产方式之间关系的方法，将焦点放在艺术之政治特性上。在这方面，马克思及其追随者在表达艺术与意识形态之关系方面具有重要作用。这种概念认为，艺术反映产生于经济领域中的意识形态话语，并重申了这种话语，因此艺术是政治性的。传统马克思主义观点认为，艺术基本上再次被移除出相关的政治行动领域，这里政治行动被严格定义为经济领域的阶级斗争。然而，这并非意味着各阶级不会在经济领域"斗争到底"（正如马克思在1859年那篇著名的《序言》[Preface]中指出的），①而是说，文化总是深层次经济动机的反映。更为重要的是——正如暗含在马克思多部著作中、后来被许多马克思主义批评家所借用的——艺术反映这些更为重要的斗争，它最终成为社会中根本经济冲突之难解的社会象形文字表征。

现在，我非常清楚地意识到在展示这一特殊模型以代表传统的马克思主义观点时，我正在进入一个富有争议的领域，这一富有争议的领域在过去30年里极大地影响了许多学者的学术生涯，它就是马克思实际上是如何理解"意识形态"之特征这个问题的。②

---

① 马克思(Marx)，《〈政治经济学批判〉序言》，收录于T. 卡弗(T. Carver)主编《马克思晚期政治著作集》(*Marx: Later Political Writings*)(Cambridge: University of Cambridge,1996)，第160页。

② 要了解对该问题的一种代表性讨论及对该问题不同立场的看法，参见弗朗茨·贾库包斯基(Franz Jakubowski)，《意识形态与上层建筑》(*Ideology and Superstructure*)(London: Allison Busby,1976)；路易·阿尔都塞(Louis Althusser)，《意识形态和意识形态国家机器》("Ideology and Ideological State Apparatuses")，收录于《列宁与哲学》(*Lenin and Philosophy*)(New York: Monthly Review Press,1971)，第127—186页；约翰·米弗姆(John. Mepham)，《〈资本论〉中的意识形态理论》("The Theory of Ideology in Capital")，收录于约翰·米弗姆和戴维·鲁本(David Hillel Ruben)主编《马克思主义哲学中的问题》，第3卷《认识论、科学、意识形态》(*Marxist Philosophy，Volume III: Epistemology, Science, Ideology*)(London: Harverster Press,1979)第141—173页；斯图亚特·霍尔(Stuart Hall)《意识形态问题——没有担保的马克思主义》("The Problem of Ideology—Marxism Without Guarentees")，载于《传播探究杂志》(*Journal of Communication Inquiry*)10：2，(1986夏季刊)，第28—60页，和米歇尔·巴雷特(Michele Barrett)，《真理政治学：从马克思到福柯》(*The Politics of Truth: From Marx to Foucault*)(Stanford: Stanford University Press,1991)。

无需进入这个重要问题之错综复杂中,我们就能很清楚地看到马克思对将文化置于"意识形态上层建筑"领域内的评价,催生了一种文化分析,这种文化分析将文化视为经济斗争之反映,或将文化视为普通资本主义生产方式之再生产整体的一部分。①

从马克思文化与意识形态关系概念中产生了艺术社会学现代传统,此传统认为,艺术不仅受经济因素制约,而且受广泛意义上的"社会条件"的制约。这种社会学立场的一个典型例子就是阿诺德·霍瑟(Arnold Hauser)的著作。② 霍瑟显然承认马克思对"作为意识形态之艺术"这种认识的重要性,但他以一种更加普遍的方式来表达这种关系。③ 更为重要的是,这种社会学传统在话语方面所受的限制,正好含蓄地遵守了一种公然地反映论与客观主义观念。这种观念认为:尽管艺术作品或文化实践是各种相互冲突之社会力量的复杂表现(也即,艺术作品或文化实践并非这样一种统一体,它只反映社会主体的某个方面),然而,它作为一种文化实践之中介作用就丢失了。正如其他社会科学,它不认为艺术是一种能影响判断、观点、甚至历史行动者之实践的活的力量,而是认为艺术是一种死的造物,只在文化造物之外向有预见性的观察者诉说社会力量之特征,正如古墓上的碑文试图隐秘地反映埋葬在坟墓中的生命残骸一样。

毫无疑问,这种传统马克思主义/社会学视角方面的概念盲点

---

① 沃尔夫,《艺术的社会生产》,第80—86页。
② 要了解霍瑟的代表性分析,参见阿诺德·霍瑟(Arnold Hauser),《艺术社会史》(4卷本)(*The Social History of Art*)(4 vols.)(New York: Vintage Books, 1951)与《艺术史的哲学》(*The Philosophy of Art History*)(Evanston: Northwestern University Press, 1985)。也可参见雷蒙德·威廉斯(Raymond Williams),《文化社会学》(*The Sociology of Culture*)(New York: Schocken Books, 1981)。
③ 正如霍瑟在《艺术史中的意识形态》("Ideology in The History of Art")(收录于《艺术史的哲学》中)中指出的:"……我们经常遇到这种境况,即精神倾向更多地被深层次的对立倾向而不是被经济所纠缠、所充斥,以启蒙运动时代为例,尽管统治阶级在经济上维持一种统一的假象,然而在精神层面它已经划分为两个对立的阵营"(33)。

与这一事实相关,即马克思理论是在反对唯心主义中提出来的,唯心主义是一种哲学立场,它明确关注在人类历史中作为原动力的精神与文化因素之中介作用(agency)。正如马克思在《费尔巴哈论纲》中所说:

> 从前的一切唯物主义(包括费尔巴哈的唯物主义)的主要缺点是:对对象、现实、感性,只是从客体的或者直观的形式去理解,而不是把它们当作感性的人的活动,当作实践去理解,不是从主体方面去理解。因此,和唯物主义相反,能动的方面却被唯心主义抽象地发展了,当然,唯心主义是不知道现实的、感性的活动本身。①

当人们注意到该传统中更加复杂、更有意思的表述方式——这些出现在布迪厄(Pierre Bourdieu)著作中的表达方式和受阿尔都塞(Louis Althusser)著作启发的表达方式——时,人们就开始看到机会,去寻找艺术并非只是社会与政治进程之反映的方式。布迪厄试图通过表述他称之为"场域"(代表行动者在权利与资本网格内的结构"位置")与"惯习"(habitus)(行为者的内在的、受社会结构制约的主观"倾向")之间的相互关系来超越社会学理论中主观与客观、结构与能动性(structure/agency)之间的二元对立,这就为认识政治话语中文化之功效提供了可能性。②

---

① 马克思,《费尔巴哈论纲》(Theses on Feuerbach),收录于 R. 塔克(R. Tucker)主编《马克思、恩格斯读本》(The Marx-Engels Reader)(New York: W. W. Norton, 1978),第 143 页。
② 要了解对布迪厄的"场域"(field)和"惯习"(habitus)概念,参见皮埃尔·布迪厄(Pierre Bourdieu)和卢瓦克·华康德(Loic J. D. Wacquant),《反思社会学之目的》("The Purpose of Reflective Sociology")(芝加哥研讨会),收录于《反思社会学导引》(An Invitation to Reflective Sociology)(Chicago: Chicago University Press, 1992),第 94—104 页。

然而,正如我们在其论艺术鉴赏的著作《区隔》(*Distinctions*)中看到的,布迪厄对这些概念表示高度怀疑,这些概念假定艺术的自主功效(艺术之自主功效就是布迪厄认为与"唯美主义"相关之物),却不理解这样一种复杂的理解方式,即艺术产生于与其他社会领域、并且最终与权力与统治关系有着某些特殊关系的美学领域内。①

毫无疑问,布迪厄的上述观点有着其特殊的理论倾向与美学自我概念,也即假定艺术的激进潜能(radical potential),认为其远离各种社会关系。而不仅忽略了这种艺术产生于特定的社会场域(并因此并非自主性的),也忽略了对艺术的全然接受(radical reception)最终在权力与支配地位这些结构中维护了某些位置。从这个意义上讲,布迪厄希望我们认识到:艺术,在带来解放与自由之改变方面,并非天生就是"激进的"和"政治性的",而是由"统治阶级中占支配地位的少数人"在社会中产生出来的,②这些站支配地位的少数人,在某个特定的历史时刻,可能会为反抗权利与统治地位之斗争提供动力。

一些受阿尔都塞影响的文化批评对审美文本与意识形态实践之间的关系作出了最为有趣的分析。与阿尔都塞提出的理论创新(例如,结构因果观、多元决定论和意识形态国家机器)相呼应,③审美实践最终被视为与意识形态有关,但在其特殊的生产力方面,它

---

① 布迪厄,《区隔:判断力的社会批判》(*Distinctions: A Social Critique The Judgments of Taste*)(Cambridge, Mass.: Harvard University Press, 1984),特别是第44—50页。
② 布迪厄,《反思社会学之目的》(芝加哥研讨会),第104—105页。
③ 参见 D. 罗科(D. Ruccio)和 A. 卡洛瑞(A. Callari)主编《后现代唯物主义与马克思主义理论的未来:阿尔都塞传统论文集》(*Postmodern Materialism and the Future of Marxist Theory: Essays in the Althusserian Tradition*)(Hanover: Wesleyan University Press, 1996),这部近代的论文集以多种不同方式探索了阿尔都塞在处理当下理论与政治问题时的理论创新。

又是完全独立的。也就是说，审美文本从来都不是单纯地反映意识形态，"[审美]①文本自身之物质性"总是作用于、改变着、生产着意识形态。② 这就提出了有关审美文本的政治学之重要问题。在审美文本中，意识形态并非被反映，而是从现象学上被展示（display）：观众和/或读者在文本中经历意识形态，但是以一种距离化（distantiation）的方式去经历（并因此感受意识形态的"界限"③），并且获得一种对意识形态之"本质、范围与起源"的政治理解。④

就我们的主题而言，产生了两种对阿尔都塞观点的具体批判，它们是相关的（尽管并不是结论性的）。首先，尽管认识到审美实践作为一种政治知识形式的特殊性，然而审美实践的自主性似乎因为对经济决定作用的强调而"最终"被忽略。⑤ 正如马舍雷（Pierre Macherey）和巴利巴尔（Etieene Balibar）所说，"文学的审美效果"最终总是与"意识形态的统治效果"密切相关。⑥ 因此，至少在此立场内，审美文本的中介潜能（agential potentials）似乎是有限的，这种有限性不仅表现在审美文本对政治实践的自主性影响方面，还表现在建构与反抗霸权关系相关的实践方面。其次，当审美文本的中介效能（agential efficacy）在这种传统中产生时，它就被视为文本自身一个永恒不变的、超历史的部分。⑦ 也就是

---

① [译注]原文如此。
② 皮埃尔·马舍雷（Pierre Macherey）和艾蒂安·巴利巴尔（Etienne Balibar），《作为意识形态实践的文学：一些马克思主义预设》（"Literature as an Ideological Practice: Some Marxist Propositions"），刊载于《实践：文化批评杂志》（*Praxis: A Journal of Cultural Criticism*），第5期（1981），第50页。
③ 皮埃尔·马舍雷和艾蒂安·巴利巴尔，《作为意识形态实践的文学》，第50页。
④ 迈克尔·斯普林格（Michael Sprinker），《想象的关系：历史唯物主义理论中的美学与意识形态》（*Imaginary Relations: Aesthetics and Ideology in the Theory of Historical Materialism*）（London: Verso, 1987），第282页。
⑤ 沃尔夫，《艺术的社会生产》，第80—86页。
⑥ 皮埃尔·马舍雷和艾蒂安·巴利巴尔，《作为意识形态实践的文学》，第54—58页。
⑦ 见托尼·班尼特（Tony Bennett），《形式主义与马克思主义》（*Formalism and Marxism*）（London: Routledge, 1979），第127—142页。

说——至少根据一些批评家的观点,忽略了引发文化政治的历史偶然因素。

艺术、自主性与批判意识

安德森认为,西方马克思主义传统的显著特征是远离20世纪激进社会主义政治的实际运作方式以及随之而来的对哲学与文化的关注。① 尽管安德森的这种控告的确有点太过激烈,然而安德森认为与该传统相关之困境的一个范例就是法兰克福学派的著作。在法兰克福学派成员的著作中(尤其是在阿多诺[Theodor Adorno]和马尔库塞[Herbert Marcuse]的著作中),人们发现一种对社会主义政治行动之可能性的悲观评价,这种评价从新浪漫主义视角强调艺术与文化的政治潜能。更加具体地说,法兰克福学派成员认为,鉴于无产阶级政治革命机会的减少和随之而来的单向度社会的发展,人们必须开始为批评之可能性寻找更多的个人领域。艺术被认为与政治密切相关,因为艺术中蕴含着一种带来政治变革所必需的批判意识。这种概念认为,艺术家与更广泛的政治力量——更不用说与某些意识形态话语——之间的联系,并非将美学作品视为政治性的必要条件。无论艺术生产背后是何种"政治",艺术都将会有一些可辨识的——或者至少是可理解的——政治效果。

在法兰克福学派成员有关艺术之政治潜能的主张中,核心就是:正是因为艺术脱离于社会与传统政治(无论是"传统的"马克思主义还是自由政治)而获得了一种自主性,因而艺术是最具"政治性"——甚至是革命性的。要理解这种看似矛盾的主张,我们

---

① 佩里·安德森,《西方马克思主义探讨》(*Considerations on Western Marxism*) (London: Routledge, 1976)。

需要考虑其预设,即晚期资本主义社会要么是"单向度的"(马尔库塞),要么是"被管理的"(阿多诺):先进资本主义制度下技术手段与生产手段的发展几乎根除了激进实践之可能性,更更不用说判性性思考之可能性。正如阿多诺所说:"哲学家们曾经认识的生活已经变成了个人生存的领域,如今又变成单纯的消费领域,这样的生活,作为一种物质生产过程的附属,拖着沉重的脚步行走着,无自主性可言,也无足轻重"。[1]

对于阿多诺与马尔库塞而言,人们生活的资本主义商品化因渗入到主体领域中而得以强化:个人的本能动力———一种抵抗自身被统治、唤起自由幸福新生活的力量———在"科技理性"的掩护下,被强制性地剥夺了升华的能力。[2] 随着进一步将批判主体融合到后期资本主义商品生产中,解放的机会就只能依赖于这种看似最遥远的、与政治最无关联的美学领域。马尔库塞以一种比较乐观的姿态,仍然在这些还未被占支配地位之技术理性隔离的边缘群体(学生、被边缘化的文化)中感知到一种政治可能性,并因此仍然构想一种更加传统的解放"政治"。然而阿多诺却总是对现实的政治选择持一种失望的态度,他只在这些"以智慧胜过历史发展动力"的"废品与盲点"[3]———也即批判哲学和艺术作品———中看到现实政治行动之可能性。

在这种对文化政治的描绘中,我们看到阿多诺和马尔库塞都认为应该将政治从历史和社会行为之领域迁移到或者升华到艺术领

---

[1] 阿多诺,E. 杰夫科特(E. F. N. Jephcott)译,《最低限度的道德:对被损害生活的反思》(*Minima Moralia: Reflections From Damaged Life*)(London: Routledge, 1974),第 15 页。另外,马尔库塞(Marcuse),《单向度的人:发达工业社会意识形态研究》(*One-Dimensional Man: A Study of ideology in the developed industrial society*)(Boston: Beacon Press, 1964)以相同但更加详细的方式讨论了个体性清算与激进潜能的基础。
[2] 马尔库塞,《单向度的人》,第 78 页。
[3] 阿多诺,《最低限度的道德》,第 151 页。

域中。另外,因为二者对先进资本主义社会之复原过程的消极评价——在先进资本主义社会中,"非同一性"、个体性和爱欲(Eros)之可能性都减少,那么即使是最"不忠"(政治意义上的)的审美作品,也生来就具有中介属性。这种由艺术疏离被物化的个人感官所引发的政治希望,因此就"打开了改变(解放)①的视界"。② 这种立场在马尔库塞与传统马克思主义美学的论战中被清晰地表达出来:

> 文学是革命性的,并非因为其写作对象是工人阶级或者是"革命"。文学只有在与自身相关时、在内容也成为一种形式时,才是革命的。艺术的政治潜能只存在于艺术自身的美学维度中……艺术作品越是直接与政治相关,它就越发弱化疏离之力量和激进的、先验的变革目标之力量。从这个意义上讲,或许波德莱尔(Baudelaire)与兰波(Limbaud)的诗歌比布莱希特(Brecht)的说教性戏剧更具颠覆性。③

正如上述引文表明的,艺术的政治特征在于艺术自身将一种特定社会内容(特定的社会内容是物化社会之现实条件或历史条件的表达)转化为美学形式的能力。艺术是"政治性的",正是因为它成为一个由戏剧、诗歌、小说等组成的自足整体这个事实。如

---

① [译注]原文如此。
② 马尔库塞,《审美之维:马克思主义美学批判》(*The Aesthetic Dimension: Towards a Critique of Marxist Aesthetics*)(Boston: Beacon Press, 1977), xi。
③ 马尔库塞,《审美之维》, xxi—xxii。阿多诺的论文《忠诚》("Commitment")以一种类似于马尔库塞却不那么欣喜若狂的方式赞扬一种为政治目的而保存自主艺术的做法,该论文收录于安德鲁·阿拉托(Andrew Arato)和艾克·格布哈特(Eike Gebhardt)主编《法兰克福学派重要读本》(*The Essential Frankfurt School Reader*)(New York: Urizen Books, 1978),第 300—318 页。要更加详细了解该问题,见阿多诺身后出版的美学专著《美学理论》(*Aesthetic Theory*)(London: Routledge and Kegan Paul, 1986), C. 纶德哈特(C. Lendhardt)译,尤其是该书第十二章《社会》("Society"),第 320—369 页。

此,马尔库塞坚称,艺术作品有其独特的意义与"真理"。艺术作品不仅在其自主性(阿多诺也持这种立场)中反映了社会支配地位之"真理",而且,它还重塑了"语言、感知、理解,因此,这些语言、感知、理解在各自的表象中揭示现实的本质:人与自然被压抑的潜能。因此,尽管艺术作品谴责现实,它同时也是现实的再现。"①

在马尔库塞的理论中,艺术打破了个人的标准化感知,并因此"公然对抗占统治地位的社会制度中的理性与感性",②艺术的这种能力为解放政治行动奠定了初始基础。最起码它重新开启了"记忆"的可能性——"记忆"是一种为被管理世界所否定的经验,因此"激励了征服痛苦与获取永恒快乐的动力"。③ 同样地,艺术作品不愿成为"由实践活动与从事实践之人类构成的体系中的一部分",并谴责"实践生活的狭隘性和非真理性",阿多诺由此看到艺术作品的政治与激进潜能。④ 然而,尽管艺术的这种自主性是其进行社会批判的一个必要前提,然而它却不可避免地将自己阻拦在变革的现实政治进程之外。正如阿多诺进一步指出:"艺术作品的影响在记忆层面起着作用;这种影响与这种活动——即将艺术作品之隐性实践转变为显性实践——没有任何关系,自主性成长得太快,它已使任何类型的直接关联成为不可能"。⑤

对于马尔库塞和阿多诺而言,鉴于政治空间的封闭性,艺术就具有某些中介潜能。政治认知本质上被定义为对自由、幸福和喜悦这些"现实的"、超验的人类利益的一种认知理解。鉴于正常的日常生活世界已经被先进资本主义物化,那么这种政治认知只能产生于从美学作品中获得的经验。同时,这两位思想家都不愿进

---

① 《审美之维》,第 8 页。
② 马尔库塞,《审美之维》,第 7 页。
③ 同上书,第 73 页。
④ 阿多诺,《美学理论》,第 342—343 页。
⑤ 同上书,第 343 页。

一步宣称美学作品是切实可行的政治行动。在这种不愿将政治完全移入到美学领域的犹豫中,毫无疑问,我们遭遇到二者思想中的马克思主义传统,也即——借用马克思《费尔巴哈论纲》第十一条——尽管对于获取我们被压抑需求之政治认知而言,艺术可能是必要的,然而真正的问题是用这种洞见来改变世界。艺术所能做的——以其自身的远离实践的方式,就是引出未来自由生活的图画、意象和经验,从而开启这种变革的政治过程。

那么,非常明显的是,马尔库塞和阿多诺都认为政治和艺术仍然有着某些差异。这种看法部分源于这个事实,即有意义政治行动被理解为一种无所不包的、一体化行为,这种行为必须——也必然会——推翻先进资本主义制度下的整个商品生产体系,以此获得自己的"政治"相关性。因此,就总是存在一种有关二者美学立场局限性的自我意识,即尽管艺术是现代政治的一个必要领域,然而事实上,它永远都不能代替社会变革(甚至无产阶级革命)这个"失去的"政治领域。正如阿多诺如此富有洞见地揭示其理论化:"在面对极权主义和谐(totalitarian unison)时——极权主义和谐宣称消除差异为其终极目的,即使是解放之社会力量的一部分也可能会暂时地撤回到个人领域中。如果说批判理论只是在那里徘徊,那么它不过是昧着良心罢了。"[1]

作为政治化实践的美学文本

当我们将目光移到这些美学立场——这些受结构主义理论与后结构主义理论启发——的近代表述上,我们就为成功打消法兰克福学派在概念上与政治上之犹豫的方式所震惊。正如我们前面指出的,后现代理论赋予美学领域一种概念上的优先性。因此,尽

---

[1] 阿多诺,《最低限度的道德》,第18页。

管我们仍然能够谈论阿多诺和马尔库塞的政治"审美维度"——在这种"审美维度"中,艺术的"政治性"正在于社会中现实政治行为的延迟(deferral),然而现在我们要际遇的是审美的"政治维度"——在这种"政治维度"中,政治只是因为人类现实的文学与形象本质才成为可能。

以这种方式来理解艺术政治的最重要干涉措施之一,便是夏皮罗(Michael Shapiro)的作品。在《作为政治化实践的文学生产》("Literary Production as a Politicizing Practice")一文中,夏皮罗很好地概述了后结构主义解读文化政治的方式。在批判性地解释其立场时,我们能够觉察到一些潜在的预设,这些预设始终是后现代思想中美学主义倾向的一部分。

夏皮罗从海德格尔和福柯的主张出发,他宣称:如果认为主体交织于历史、社会和语言中,那么就可以克服这种隐含于启蒙思想中的认识论困境。这就意味着在文本生产中主体与客体相互建构。如果说政治与社会事件被视为"文本",被视为一个用隐喻、转喻等文学表达方式构成的产品,那么我们将不能再谈论政治"客体"之独立世界(后结构主义认为,社会理论中的所有政治客体都由某些叙事建构而成,社会科学家借助这种叙事进入政治世界,这种叙事也是认知主体之生活世界的一部分)。

后结构主义"文本性"(textuality)概念为夏皮罗认识文化政治之本质提供了两个重要因素。第一个因素为,"文本"是主体与客体被建构的主要场所这种假设指向权力置换之可能性。夏皮罗接受索绪尔的观点——即意义源自能指之间的关系,而非源自能指表达世界中所指或世界中客体之特性,因此,夏皮罗认为:"文本主义既否认了陈述之客体或所指的认知特权,也否定了该陈述之主体/作者的认知特权。文本替代了所指与主体的意向性意识。"[①]这

---

① 夏皮罗,《作为政治化实践的文学生产》,第338页。

就意味着"文本"以多种方式被建构的可能性,这种可能性与能指之间多种组合之可能性相关。那么,正是隐藏于文本中的权利关系与价值体系使得"神话"和"神物"(fetishes)——在这方面指某种特殊认知主体的产物以及我们经验中的某种客体或所指的产物——沉积下来。在这个意义上,当"文本"展示出某种单一意义,它就是潜在权力集合体或政治关系的一种反映。而且,在运用一些企图把握客观事实或普遍真理的方法时,诠释者实际上在无意识地支持"统治"之固有格局。

第二个因素是,文本性概念打开了一种可能性,即认识到艺术的重要抵抗性维度。从这个意义上说,夏皮罗既认识到文学生产的认知属性又认识到其中介属性。如果说文本是潜在开放的,不被某种意义或世界上某种客体所束缚,那么,当意义被物化时,我们就直接体验到某种权力关系或者支配关系。根据夏皮罗的观点,文学作为一种建立在形象之上的话语实践,为理解或者"体验"这种方式——即话语建构"主体与客体世界"之方式——提供了一个重要场所。而且,因为文学的确展现了其文本特性,因此文学生产阐明了文本"开放"之可能性,这就既批判了与"神话"和"神物"相关的、普遍流行的政治封闭性,同时又指向新的创造性潜能与政治潜能。①

但是,更为重要的是,夏皮罗视文学生产为一种直接对抗话语中权力关系的方式。如果说权力在我们话语实践中意义与"事物"之凝固中显现出来,那么文学创造新隐喻、新"事物"、新主体等的

---

① 夏皮罗,《作为政治化实践的文学生产》,第394—396页。夏皮罗,继承了罗兰·巴特(Roland Barthes)的思想,他视"神话"为这些普遍的、平常的意义,这些意义是统治集团意识形态实践的一部分。见《今日的神话》("Myth Today"),收录于《神话学》(Mythologies)(New York: Hill and Wang, 1985),安妮特·洛弗(Annette Lover)译,第109—159页。夏皮罗,并没有完全随从马克思的观点,他将"神物(fetishes)"描述为拥有独立生命的物体(似乎它们的存在不受人类干涉),这就掩盖了它们事实上是人类建构物这一事实。

能力,正是形象生产借以与政治领域抗争的手段;也就是说,对于夏皮罗而言,被视作"文本"的文学变成政治行动的场所。夏皮罗非常详细地审视了曼(Mann)与贝克特(Beckett)的政治话语,然后,他这样描述文学生产的双重政治特性:

> 文学话语——尤其是伪装成现代主义的文学话语——是过度政治化的。通过用语言生产不同的思想形式,它表明一种政治立场。借助对语言常规的偏离,它指向机构将个人控制于一种语言网络中的方式。然而,它超越了这种展示。它破坏意象,以显示这些被普遍接受的现实之模式如何被语法和修辞所建构,而且,它还形成敌对意象——这些意象为抵抗统治提供场所。因此,不能使用文学自我意识,就等同于采取一种去政治化的姿态,等同于接受一种机构性律令。①

从新马克思主义视角看文化政治,文学话语能打破被物化的、习以为常的思想形式,能破坏意象;此外,文学话语催生"抵抗统治的场所"。利奥塔也宣称文化政治存在于艺术家们的这些尝试之中——他们尝试"解构绘画、摄影或者电影中有秩序的、已被塑造的、最具人工合成痕迹的部分",以"表明这种'秩序'隐藏着其他东西——被其压制的东西"。② 因此,正是在文学中和在对符号的形式解构中——无论是文字符号、绘画符号还是摄影符号,后结构主义才找到政治行动的基础。

这种立场与法兰克福学派立场的不同之处在于,它认为政治行为内在于美学作品或美学文本。由于我们内嵌于意指系统中,那么,质疑内在于物化符号中的权力,就意味着一种"政治"行为。

---

① 夏皮罗,《作为政治化实践的文学生产》,第 410 页。
② 利奥塔,《论理论》("On Theory"),收录于《漂移之作》,第 28—29 页。

如果说阿多诺和马尔库塞将艺术作品视为一种政治认知场所——这种政治认知为批判性政治行为提供可能性,但并非等同于真实的政治变革,那么,后结构主义则将比喻和文学生产这种行为视作对政治的一种"抵抗"。也就是说——如果我们借用福柯的概念——后结构主义者认为美学生产是一种反对权力关系的"地方性的、特殊的斗争"。①

正是在这些"抵抗"和"地方性的、特殊的斗争"概念中,人们发现了切实可行政治行动的范围:对于后结构主义者而言,不可能有一种总体化的政治行为——比如革命,因为所有这些行为不仅为社会统治预设了一个具体中心,认为这个中心能够被攻击(这就忽略了——尤其是对福柯而言——权力是广泛而隐秘地散布于社会中),而且还预设有可能以某种方式将我们自身从权力关系中解放出来(这就回避了这样一个事实,即从历史上看,所有的"解放"事实上不过是"权力的实定性"[positivity of power]的表现)。② 鉴于对权力普遍性的这种解释,后结构主义认为唯一可能的政治策略是以一种地方性的方式去抵抗它。在这方面,某些美学生产形式,就如同其他的地方性策略一样,也是重要的政治行为。

---

① 参见福柯(Foucault),科林·戈登(Colin Gordon)译《真理与权力》("Truth and Power"),收录于《权力/知识:1972—1977 年访谈选集及其他》(*The Power/Knowledge: Selected Interviews and Other Essays, 1972—1977*)(New York: Pantheon Books, 1980),第 130 页。也可参见《知识分子与权力》("Intellectuals and Power"),收录于《语言、反记忆与实践:论文与访谈选集》(*Language, Anti-memory and Practice: Selected Essays and Interviews*),唐纳德·博加德(Donald Bouchard)和雪莉·西蒙(Sherry Simon)译,(Ithaca, New York: Cornell University Press, 1977),福柯认为知识分子的首要作用就是在其独特的领域内与这些权力形式抗争,这些权力即"将知识分子变为权力之对象与工具"的形式,第 208 页。
② 也可参见福柯在《性史第一卷:引言》(*History of Sexuality, Volume One: An Introduction*)中对权力问题的讨论,罗伯特·赫尔利(Robert Hurley)译(New York: Vintage Books, 1980),第 123—143 页。

从唯美主义立场中学习:问题和可能性

　　这种掩盖在新马克思主义和后现代主义中的美学主义立场之理论重要性在于它将我们的注意力转到这种方式上,即美学作品与话语积极参与到社会与政治改革过程中。因此,这种美学立场就提出一些方法,这些方法根据艺术作品或文本的特殊性而非根据一种已经被界定的、外在的政治领域去认识政治认知和政治行为。因此,无论我们将艺术理解为"美学形式"或者理解为"文本",这种立场至少激励我们超越马克思主义文化分析的某些形式中的简化主义,去认真对待文化政治问题。

　　然而,尽管这些理论立场的确为艺术分析提供了动力,它们同时也暴露出许多局限与问题。首先,正如我们在法兰克福学派的观点中看到的,美学作品因为远离政治与社会实践而获得其"政治性",如此,美学作品就为认识这些人类普遍价值观提供了基础,这些普遍价值观能够质疑被物化的社会世界。暗含在这种描绘中的消极与"忧郁"情绪在这里无需详细说明。① 就我们目的而言,最明显的是,它重现了一种对待艺术政治的普遍哲学倾向,它现在宣称,与批判哲学一起,真正的艺术作品本身会产生重要的人类真理,这些真理为开明的、解放性的政治行动提供了基础。对于马尔库塞而言,这些美学真理必然是超历史的,因为,正是在这些真理"从话语与行为之特定世界中"解放出来的过程中,它们唤起了"在特定实在中被压抑、被扭曲之实在"。② 尽管马尔库塞——甚至是阿多诺有时候也——认为从这个意义上说现实主义艺术是颠覆性

---

① 见吉莉安·罗斯(Gillian Rose)《忧郁的科学:西奥多·阿多诺思想导读》(*The Melancholy Science : An Introduction to the Thought of Theodor Adorno*)(New York:Columbia University Press,1978)中对阿多诺的这种倾向的讨论。
② 马尔库塞,《美学之维》,第 6 页。

的,然而,正是在最反对现实主义、最具反对性的艺术作品中,他们发现这种批判性认知维度。同样地,后结构主义立场歌颂最具现代主义与后现代主义特征的文本,认为这些文本为理解实在之形象本质提供了场所,也为参与政治抵抗提供了平台。尽管后面一种视角的确希望回避任何先验真理概念,然而,正是在(用德里达的术语来说)"延异"(différance)这种本质主义主张中,或者在符号系统内意义的永恒延迟中,才成为预示这些文本政治特性的超验视界。①

尽管美学主义正确地将焦点放在艺术作品认知维度的特殊性上,以便找出这些艺术作品中内在的政治属性,然而,它却将这些特殊的事实或经验置于一种超历史的、超验的框架内进行。在将这些彻底疏离先进资本主义社会压迫性话语的艺术作品与文本(无论被视为单维的或是充斥着权力的)规定为最易引发批判认知之物时,它就被迫将艺术之政治诉求置于某种有限的形式领域。如此做,他们就限制了我们理解这样的一些方式,即其他"美学意识形态"——借用伊格尔顿(Terry Eagleton)的术语——提供政治认知基础的方式。② 的确,即使在美学主义假设的这种社会条件下,这样的美学形式是否为批判力量还未可知。詹姆逊认为后结构主义将对多价或者明显矛盾的(schizophrenic)文本之政治潜能的强调,只是复制了这种断裂和物化,而这种断裂和物化是后期资本主义下我们被统治的预兆。③ 因此,进一步推进通过文学生产来"打破"语言"神话",可能只会巩固这些权力实践。以同样的方式,葛拉夫(Gerald Graff)宣称"反现实主义政治"——他认为是马尔库塞和后结构主义者(我们无疑要将阿多诺列入到后结构主

---

① 要了解德里达思想中这种超验的视界,见迪尤斯,《分裂的逻辑》,第1—44页。
② 伊格尔顿,《批评与意识形态》(*Criticism and Ideology*)(London:New Left Books, 1976),第44—101页。
③ 詹姆逊,《政治无意识》,第42页。

义群体中)在其著作中提出这种概念,帮助重申由消费社会带来的政治无能:它进一步边缘化艺术之政治潜能(通过进一步恶化艺术之疏离)并边缘化这些作品,这些作品反对于彻底改革所必须之政治话语中的术语(因为,在攻击共享的语言实践、视其为简单的意识形态或者视其为充斥着简单的权力时,它就移除了政治去神秘化的基础,政治去神秘化最终将"依赖于一种对由语言外事物、关系与过程组成的现实世界的吸引")。① 所有艺术作品——无论是自主性的还是忠于政治的、无论是现实主义的还是反现实主义的、无论以文学形式呈现还是以建筑的形式呈现——都可能提供,在某些特殊的社会、历史条件下,一种获取——或者事实上是建构——政治认识的空间。

其次,我们从后结构主义观点中发掘出一种将文学生产描绘成一种政治行为的企图。这种概念化不仅源自其潜在预设,这种预设与他们认为权力出现在所有话语中稳定的、物化的意义中(因此某些形式的美学生产,在打破意义与建构新意义时,就是一种政治行为),而且也源自这种理解,即政治行为必须是一种地方性的、特殊的斗争。这种政治概念,通过聚焦于权力与政治与其中被表述的多种领域,的确帮助打破政治学中一些早期的政治观念,它却过分扩展了政治学概念。作为一个暂时的定义,我们说,美学生产只有在它自己以某种方式与重要历史行动者之政治诉求及行为相联系时,我们才认为它是一种政治行为。那么,关键就是努力找出多种方式,多种美学生产调节这些更广泛政治进程、与其交涉、建构这些政治过程的方式。

用美学主义立场来解决这些问题的第一步就是将我们关于政

---

① 杰拉尔德·格拉夫(Gerald Graff),《反对自我的文学:现代社会中的文学观》(*Literature Against Itself:Literary Ideas in Modern Society*)(Chicago:Chicago University Press,1979),第 90 页。

治认知和政治行为的概念历史化。至少在政治理论这个学科中，这种方法论上的举措清楚地出现在波考克(J. G. A. Pocock)、斯金纳(Quentin Skinner)、阿什克拉夫特(Richard Ashcraft)的作品中。① 政治理论中这种"新历史主义"路径宣称所有的政治理论都是理论家与其中写作和行动的政治与意识形态话语之一部分，因此明显试图与处理政治思想历史的哲学路径分道扬镳。因此，例如，阿什克拉夫特认为政治理论"既是一种社会意识形式，这种社会意识形式——用黑格尔的话说——使个人在自己创造的世界中有一种家的感觉，但同时它又根据社会行动提供适合改变这个世界的标准，且这种方式被认为是有意义的。"② 重要的是，一旦政治认知和政治理论被视为为我们所审视的某个历史时期之社会生活世界的不可或缺的一部分，政治理论不再存在于形式化的哲学论文中，它就在各种不同的"范式的结构"中生长，③ 这不仅暗示着政治语言本质上是一种多价的、由多因素决定的话语行为，而且也意味着它被多种媒介建构，美学作品与话语是这些媒介中一种重要

---

① 这种方法论举措的一个最重要特征，也即在政治理论领域我们称为的"新历史主义"，就是重新用政治历史与意识形态历史，并结合基于语言研究新发现上的一些分析方法来解释政治理论。这些后期新发展源自分析哲学（塞尔的言语行为理论）、社会学理论或者结构主义/后结构主义思想中的新关注点。上面提到的三位理论家都以某种方式参与到这种方法论举措中。要了解对他们方法的代表性讨论，参见昆廷·斯金纳(Quentin Skinner)，《前言》，收录于《现代政治思想的基础上卷：文艺复兴》(*The Foundations of Modern Political Thought*, Volume One: *The Renaissance*)(Cambridge: Cambridge University Press, 1978), x—xv; J. 波考克(J. G. A. Pocock)，《前言：艺术的状态》("Introduction: The State of the Art")，收录于《美德、商业与历史：18世纪政治思想与历史论文集》(*Virtue, Commerce and History: Essays on Political Thought and History, Chiefly in the Eighteenth Century*)(Cambridge: Cambridge University Press, 1985)，第1—34页；理查德·阿什克拉夫特(Richard Ashcraft)，《序言》("Introduction")，收录于《革命政治学与洛克的〈政府论〉》(*Revolutionary Politics and Locke's Two Treatises on Government*), Princeton: Princeton University Press, 1986，第3—16页。
② 阿什克拉夫特，《革命政治学与洛克的〈政府论〉》，第5页。
③ 波考克，《美德、商业与历史》，第8页。

的形式。

因此，政治理论不仅被理解为这些文本——这些系统讨论"正义"或者"政治结构"的文本，而且也被理解为文化构建物或文化话语，这些文化构建物或文化话语是意识形态过程的一部分，在这个过程中，历史行动者建构其政治兴趣、发展其政治主观思想。顺着这些思路，阿什克拉夫特认为，如果政治理论是这种过程，即某些个人与社会团体合理化、系统化其兴趣，甚至是理解他们所处的社会生活世界的一种过程，那么，人们就不仅应该转向传统的哲学经典文本（人们通常认为的"传统"），而且也应该转向"报纸、政治宣传册、阔面报纸（broadsides）和各种文学形式（戏剧、小说、诗歌）。作为一种社会语言的政治理论在所有这些媒介中流动。"① 我们还要说，如果政治理论与这些文学媒介相关，那么，政治理论也被视觉艺术、造型艺术和装饰艺术的象征性语言所建构。因此，绘画、雕塑和建筑也成为产生政治冲突、建构政治主体的场所。如果说我们从政治与政治认知概念开始——这种政治与政治认知是与历史行动者的政治主张与政治实践相联系之话语的一种积极多变的形式，那么我们就能够认为美学作品是人类活动的这个维度的一个重要方面。

在以这种方式成为政治话语一个方面的过程中，可以看出美学作品与斯金纳所称的"规范词汇"有关，规范词汇也即一些必然会限制政治行为各种可能性路径的话语。② 正是在这方面我们才能够谈论艺术与政治行为的关系。同时，美学作品与文本也可能与为历史行动者建构其他政治实践之可能性相关。这的确是从美学主义轨迹中获得的一种重要洞见。但是，阐述其他政治策略的这种潜能并非美学作品或美学文本的一个首要任务；这种潜能不

---

① 阿什克拉夫特，《革命政治学与洛克的〈政府论〉》，第7页。
② 斯金纳，《现代政治思想的基础》，xiii。

是存在于——正如美学主义认为的——美学真理或美学经验这个超验领域中,而是存在于特殊的历史条件中,这些历史条件在美学与政治话语间产生一种趋同和/或争论。

那么,需要的就是一种文化政治理论——一种从历史角度定位美学作品与话语建构政治认知与政治行为之多样性方式的文化政治理论。我们从美学主义立场学到的一个重要功课,一个的确克服了政治学科中简化主义分析之弊病的功课,就是艺术拥有使自己获得潜在政治性的、特殊的形式与话语属性。艺术有自己的特殊性,正是由于这种特殊性,它才有一种独特的"政治"维度。此外,美学主义立场同时也提醒我们,不要将美学领域仅仅理解为社会政治斗争中某些根本的、原始领域之反映。而是,它要我们认识到美学领域的特殊性,以更加间接而不是更加直接的方式去表述美学领域与政治条件之间的关系。正如前面指出的,如果说有什么一直困扰马克思主义传统和社会学传统的东西,那就是这种倾向,也即认为所有文化现象不过是社会条件的一种反映。[①] 因此,重要的是,我们要继续小心,不要抹去美学领域在这种关系中特殊的、独一无二的功效。

然而,如果说它强化了我们对文化政治中美学领域之特殊性的认识,那么,它其实抹去了政治领域的重要性且没有将政治领域之条件考虑在内。因此,尽管它克服了传统文化政治分析中内在的简化论倾向,然而,它完全根据超验的"美学作品"或"美学文本"来表述政治的做法,其实开始了自己理论恐怖主义。这种新历史主义教给我们的是,要理解艺术的一些特殊维度是否是实际上具

[①] 要了解该问题与马克思主义传统相关的具有洞见的讨论,见雷蒙德·威廉斯,《马克思文化理论中的底层基础与上层建筑》("Base and Superstructure in Marxist Cultural Theory"),收录于《唯物主义和文化中的问题》(*Problems in Materialism and Culture*)(London: Verso Press, 1980),第 31—49 页。在这方面,阿尔都塞传统最大的优势在于其对美学文本在生产方面特殊性的强调。

有政治性而不是潜在的具有政治性,需要我们走出"美学作品"或"美学文本"的形式界限,注目在它们与社会政治斗争之相互关系上。这种历史研究不仅提供了一个有利视角,从这个视角我们能够分析美学作品和话语参与政治领域的各种方式与手段,而且它还为建立了一个管道,通过这种管道来吸收利用社会科学中已经分析过政治运动和政治变革的那部分工作。

我想说这种分析带来一种必要的跨学科辩证法:它使讲论政治之文化批评这块有时显得贫瘠的论述之土地变得肥沃。在这方面,"政治学"获得其应得的、实质的与历史的分量。然而,另外,它又拓宽了政治学和政治理论这两门学科,使其获得一种更加充分的历史"政治特殊性",在这种更加充分的历史"政治特殊性"中,地缘政治本体论(regional ontology of politics)似乎被转移到不同的生活领域中———一些初看似乎与个人的最初关注没什么关系的领域。重要的是,如果说政治理论要涉及政治之实践与历史维度,那么它就必须有时成为一种文化批评。借用前面我们引用过的阿多诺的一个陈述,一个人只能希望人们凭着良心这么做。

莫里斯、文化政治和唯物主义美学立场

当莫里斯宣称"不可能将艺术与道德[和]政治分开"时,他是作为一位艺术家在写作,那时,他已认识到一种真正的活的艺术只有在彻底改变英国工人工作条件时才可能存在。后来,作为一名革命社会主义者,莫里斯的关注点从建构美上完全转移到工人阶级的困苦与工人阶级拥有的机会上。那么,一位从前为美学改革者、后于19世纪末期转变为革命者的人士,他的话对我们理解文化政治——更不用说对我们理解这些后现代概念(如利奥塔的后现代概念)之可行性——有何帮助呢? 如果有什么区别的话,那就是莫里斯的预示性讨论将我们带到文化政治的零度区域(degree zero)——美学主义与革命政治最初的交叉路口。然而,莫里斯文化政治概念之原创性很容易为人们忽略,因为很容易从莫里斯的生平细节中发现:一位从不关心政治的艺术家转变成的革命社会主义者,他别无选择,只能在自己的社会主义概念中讨论美。至少从表面看,没有什么能很容易地描绘美学与政治间的相互关系。更为重要的是,莫里斯痛苦地意识到这些生活领域——这些莫里斯认为"有着相同真理的伟大事物"——之间的分离。而且,正是因为这种特有的本体论上的距离感,莫里斯的文化政治概念纠正了为美学方面而放弃政治方面的意愿倾向,这非常重要。我希望变得很明显的是,莫里斯将为美学政治之当下各种形式之可行性提供一种迫切需要的重新评估,并表达一种最终能够认识到艺术与政治之间联系与局限性的立场。

莫里斯呈现给我们的是一种唯物主义美学立场。这种立场明显赞同"美"及其他美学标准在带来政治行为方面的重要作用,但它也看到政治需要一种不同的逻辑和一套不同的机构体系,它也看到政治牵涉到集体斗争与机构权力。基于这种认识,我认为"唯物主义"以两种密切相关的方式表现出来:第一,它并未将艺术体系与政治体系混为一团,因此避免落入认为艺术领域中的理解能够立即转变成政治改革的陷阱。尽管文化理论中的美学主义立场凸显了艺术的重要性,但这种美学主义立场并未从一种更广泛的政治集体行为之重要性的框架下理解它。第二,它的唯物主义表现在它坚定地在社会、经济生活世界的结构纬度中探讨艺术。

带着对这些概念的考量分析,下一章我们将开始对19世纪的英国进行历史发掘,审视一个代表维多利亚时期英国文化、政治与经济发展的文化事件。1851年大展览为我们讨论莫里斯提供了一个切入点:它是一种奇观,这种奇观不仅为我们打开了了解该时期典型社会状况的窗口,同时也显示了政治意愿与文化实践如何相互被表述的方式。

第二章 博览会和艺术的阶级政治

1851年的博览会似乎与我们开始莫里斯的研究写作相距遥远。博览会发生的时间比莫里斯发表其第一组诗《为桂妮维亚辩护》(The defense of Guenevere)早七年,比他开始装饰艺术这一商业事业早十年,比他的社会主义活动早三十多年。因此,这些与"1851年伟大事实"相关的诸多实践似乎与莫里斯的成年生活——作为诗人、装饰艺术家和政治理论家的生活——完全没有交集。然而,清晰呈现在这次盛大展览中的经济、政治与文化进程——这些将开始拥有特定形式与定义的实践——就是激发莫里斯从事美学改革与社会主义革命活动的经济、政治与文化进程。这些进程包括:从经济层面说,资本主义的进一步稳固和工人阶级持续的困苦;在政治领域,自由主义改革派在各种示威运动中的成长;在艺术与文化领域,大规模生产的艺术商品数量的激增——博览会组织者之一科尔(Henry Cole)称这些大规模生产的艺术商品为"艺术工业品"。[①] 重要的是,作为一个文化政治事件,博览会表明资本主义运动已进入文化领域,结果就是文化实践的政治化。

---

① 见《索斯比的艺术制造品》(Southeby's Art Manufactures),收录于《共和工作五十年》(Fifty Years of Public Work),(London:George Bell and Sons,1884),第2卷。

在这次事件中,建筑基址与被陈列的装饰艺术品成为阶级认同与构建政治主体性的象征性行为。的确,作为展示世界各国工业制成品奇迹的一个宏大场所,博览会引人注目地提出了这个问题,即这些工业艺术品与工人阶级利益及幸福之间关系的问题,这一问题以前从未被公开提出过,但它在莫里斯思想中变得非常重要。

莫里斯参观了在水晶宫举办的博览会,尽管他被景象的壮观触动,但他却评论说这是"美妙的丑陋"。[①] 有意思的是,莫里斯的这个短语具有一定的历史真实性:它暗示着一种潜在的政治冲突——一种该事件试图超越的政治冲突,结果却只能表现其被预想的宏大。因为,尽管博览会"完美地"展现了英国的建筑智慧与工业霸权,但它也展现了该时期工业与艺术中极其丑陋、浮华的状况,这是一种将经济与政治实践嵌刻于奢华的装饰中的状况,而从工人阶级激进分子与工人阶级社会主义者视角看,这些经济与政治实践可能或的确曾被视为是"丑陋的"。

阶级冲突与劳动话语:博览会

正如许多评论家和历史学家指出的,对维多利亚时期的英国来说,1851年是一个极其乐观的年份。它引领了一个相对富裕、相对"均衡"的时期,这一时期持续了十五到二十年。直到1879年大萧条开始,经济的确一直在持续、快速增长,期间只发生过"两次经济危机",分别发生于1857年和1866年。[②] 英国成为世界上最

[①] 阿萨·布里格斯(Asa Briggs),《维多利亚时期的人民:1851—1867年人与主题的重新评估》(Victorian People: A Reassessment of Persons and Themes, 1851—1867)(New York: Harper and Row Publisher, 1963),第一章《水晶宫与1851年的人们》("Crystal Palace and The Men of 1851"),第40页。

[②] G. 科尔(G. D. H. Cole)和理查德·波斯特盖特(Richard Postgate),《英国普通民众:1746—1946年》(The British Common People: 1746—1946)(London: Metheun and Co. 1961),第348—349页。

富裕的国家，它是世界上最重要的银行家、航运商、工业制成品供应商。有大量表明经济普遍繁荣的物质指标：英国出口品市值在1842年到1870年间翻了两番；进出英国港口的船舶吨位在1853到1873年间增加了两倍；同时期国民总收入翻了一番，而工人实际工资增长近百分之三十。①

尽管人们很熟悉这些乐观的统计数字，且这些统计数字是许多探讨维多利亚时期英国的著作的重要组成部分，但这种繁荣背后还有另外一个方面——这个方面很显然帮助我们理解这种证据充分之自信的普遍本质：资产阶级在这一时期占据统治地位。这是这样一个时代：在这个时代，资产阶级的经济利益随着"资本时代"的发展而稳固，资产阶级的政治权力——尽管最终没能确立，但至少开始正式地被建构——这种建构过程比1832年第一次改革法案早19年。② 尽管这一时期资产阶级没有获得很多议会席

---

① 对该时期总体经济趋势的详细讨论，参阅弗朗索瓦·克鲁泽（Francois Crouzet），《维多利亚时期的经济》（*Victorian Economy*）（New York：Columbia University Press，1982）。另外，也可参阅戴维·托马斯（David Thomas），《19世纪的英国》（*England in the Nineteenth Century*）（Middlesex：Penguin，1985），第99—168页、E·霍布斯鲍姆（E. J. Hobsbawm），《资本时代：1848—1875年》（*The Age of Capital*：1848—1875）（New York：New American Library，1975），第27—47页，科尔和理查德·波斯特盖特，《英国普通民众》，第328—366页，理查德·奥尔蒂克（Richard Altick），《维多利亚时期的人民与观念》（*Victorian People and Ideas*）（New York：W. W. Norton，1972），第73—106页。
② 奥尔蒂克，《维多利亚时期的人民与观念》，第88页，正确指出第一次改革法案决并未影响到工人阶级的选举权，而实际上却使半数中产阶级得到了选举权："人们从前宣称第一次改革法案将使中产阶级获得权力，如今这一宣称遭到了普遍怀疑。1832年发生的事情是，商业的、'城镇'利益开始在政治中发挥有效作用，这就打破了迄今为止为大地主的垄断"。另外，见J. 丁威迪（J. R. Dinwiddy），《从卢德主义到第一次改革法案：英国1810—1832年间的改革》（*Luddism From luddism to the First Reform Bill*：1810—1832）（London：Basil Blackwell，1986），第55—56页，在这里他得出结论说：尽管经过改革法案，"地产利益继续——甚至在某种程度上说——加强了其对大部分选举过程的控制"，但它的确给资产阶级提供了一种"在政治体系内部的合适地位和反对更民主计划的保障"。

位——他们直到1867年第二次改革法案才获得很多议会席位,但他们却获得了经济霸权:鉴于没有替代资本主义经济发展体系的其他可行方案,就只有继续执行资产阶级的经济与体制计划,资产阶级在国家机器中的地位与重要性也与日俱增。①

与资产阶级在政治与经济方面日益增长之重要性一起、且的确与这些年暴涨的自信密切相关的是,使英国饱受困扰的工人阶级骚动得到平息,这些工人阶级骚动包括18世纪晚期的雅各宾暴乱(Jacobin agitations)以及与宪章运动相关的各种起义和运动。工业发展带来的转变使得从1790年到1850年这六十年间工人阶级的社会、经济与文化条件动荡不安,它产生一些新的关系,这些关系既推动了工人阶级意识的增强,也激起了众多的人民起义。②我们发现在19世纪前十年与19世纪后四十年发生的工人阶级骚动多得令人惊讶——1811年至1813年间的卢德危机;1817年的彭特里奇起义;1819年的彼得卢惨案,接下来的十年是工会运动的激增,欧文主义宣传运动、激进新闻运动、十小时运动、支持第一次改革法案运动和构成宪章运动的其他诸多运动。1848年宪章运动彻底谢幕后,工人阶级骚动似乎采取了一种"不那么革命"的路线,要么因为经济条件的改善而选择安静漠视,要么采取与工会运动和合作运动相关的"改革主义"行动或"实践"行动。工人阶级这种政治上的"沉默"将在19世纪80年代到19世纪90年代间被打破,这种爆裂与持续的经济萧条同时发生,且表现在"社会主义复兴"、新工会运动及遍布英国的许多罢工中。

---

① 霍布斯鲍姆,《资本时代》,第275页。
② 见E. P. 汤普森,《英国工人阶级的形成》(The Making of the English Working Class)(New York: Vintage Books, 1996)。另外,参阅R. 莫里斯(R. J. Morris),《1780年至1850年工业革命中的阶级与阶级意识》(Class and Class Consciousness in the Industrial Revolution: 1780—1850)(London: Macmillan, 1979)对与该话题相关问题的批评性评价。

与这种不断增长的资产阶级霸权相关,从18世纪晚期到19世纪50年,人们觉察到期刊杂志上阶级语言的出现。正如阿萨·布里格斯所说,"中产阶级"这一术语不仅成为英国制造商中表达一种阶级团结感的重要工具,而且它与一种更广泛的文化话语相连,这种文化话语将资产阶级宣传为19世纪重要的"战略、进步团体"。① "中产阶级"日益被视为这样一个由英国最稳定、最见多识广、最开明的市民组成的团体,而19世纪20年代晚期到30年代的反谷物法运动很大程度上强化了这个术语在政治上的运用,反谷物法运动这种持久的冲突——用该运动其中一位组织者的话来说——显然使"来自我们制造业和商业人口的大部分代表"与地产阶级利益相竞争。② 这种语言的使用——尤其是在这些骚动之后,不仅对产生一种有别于英国其他社会阶级的团结感与重要性有重要意义,而且在宣告资产阶级更广泛的政治与经济目标方面同样意义重大。这些理想与阶级语言之间的联系见诸谷物法案废除后理查德·科布登对皮尔的评论:

> 你要借中产阶级的诚实代表来逃避统治职位吗?看看事实,国家还能以其他方式被统治吗?必须结束政党的把戏、结束由代表传统之人掌权的局面,一些人也必须凭借自己所在的掌权的阶级来统治国家。改革法案规定了它,《反谷物法案》的通过则实现了它。③

---

① 阿萨·布里格斯,《19世纪早期英国的"阶级"语言》("The Language of 'Class' in Early Nineteenth Century England"),收录于R·尼尔(R. S. Neal)主编《历史与阶级:理论与诠释必读》(*History and Class: Essential Readings in Theory and Interpretation*)(Oxford: Oxford University Press, 1983),第12页。
② 转引自汤普森,《19世纪的英国》,第80页。
③ 转引自布里格斯,《"阶级"的语言》,第16页。

第二章 博览会和艺术的阶级政治

这些19世纪40年代晚期的话语描绘了资产阶级仍然没有能在由"传统之代表"掌控的政治领域获取到明显的权力。但不能否认的,资产阶级越发意识到,如今交托在他们手里的是如下历史使命:谷物法案的废除和其他"事实"都表明他们在政治领域中获取最终霸权的必要性,尤其是在一个资产阶级利益代表着工业资本主义之下国家利益的时代。

这种阶级重要性意识与阶级团结意识也出现在这个历史时期一些更为人所知的文化价值观中。在这些与"维多利亚思维方式"紧密相关的价值观中,最重要的一种就是"工作"或"劳动"。[①] 我们发现卡莱尔极力宣称一种与"工作"的尊严与必要性相关的、普遍持有的信念:

> 工作中有持久的高贵、甚至神圣。倘若一个人不是如此愚昧,倘若他没有忘记自己的崇高使命,他心中就总是存在真实的、恳切工作的希望:只有在懒惰中才有永恒的绝望。工作,从来不以金钱为目的,从来就不是卑贱的,工作是与大自然的交流;意欲完成工作的恳切愿望本身就会带领他越来越接近真理……[②]

这种有关工作或劳动崇高性的价值观,不仅是中产阶级中清教传统的体现,显然也与迅速发展的商业社会中的世俗需求相关——因为只有努力工作才能使资本主义这台引擎保持运转。但我们也应认识到其政治价值:它表达了一种对"不工作"贵族的含

[①] 见沃尔特·霍顿(Walter. E. Houghton),《1830—1870年维多利亚时期的思维构架》(The Victotian Frame of Mind:1830—1870)(New Haven:Yale University Press,1957),第242—262页,讨论了这个概念对维多利亚时期人们的重要性。

[②] 卡莱尔,《过去与现在》(Past and Present)(New York:New York University Press,1965),第196页。

蓄批判，这些贵族——用卡莱尔隐晦的话来说——"除了在屋子里吃煮熟了的食物这种负担，就没有任何其他的负担"。① 工作福音(The Gospel of Work)就以这种方式成为发起政治运动和挑战的一种重要文化话语；它赋予商业中心里努力为金钱与地位工作之阶级一种举足轻重感，同时，它也猛烈抨击了地产贵族，这些贵族的财富源自先祖的工作或源自"非生产性的"土地租赁。

同时，表述"工人阶级"的话语开始逐渐形成，这种话语与地产贵族和中产阶级的话语针锋相对。从19世纪初到宪章起义，工人阶级杂志与宣传册开始明确表达这种迅速增长的工人阶级团结感，这种团结感反映在上文提到过的诸多政治抵抗与叛乱事件中。在这一政治进程中出现的最重要概念之一，就是工人阶级拥有享有"其劳动成果"的权利。② 布朗德尔·奥布赖恩于1833年在《穷人的守护者》中写道：

> 工人阶级中产生了一种联合精神，这史无前例……联合之目的无比崇高——使生产性阶级完全享有自己辛勤劳动之成果……报道显示工人阶级筹划彻底改变社会，这种改变无异于对现存"世界秩序"的彻底颠覆。他们渴望成为社会的顶层而不是处在社会的底层——或者说根本就不应该有顶层与底层之分。③

工人阶级将自己定义为"生产性阶级"，并因此享有支配"自己辛勤劳动成果的权利"，这种自我定义是其利益区别于资产阶级与地产贵族利益的一个重要话语表现，它是工人阶级独特经济、政治

---

① 卡莱尔，《过去与现在》，第180页。
② 布里格斯，《"阶级"的语言》，第22页。很显然，这一概念得益于对洛克财产权劳动理论的批判性借用。
③ 转引自布里格斯，《"阶级"的语言》，第24—25页。

经历的概念化。当然,中产阶级也会强调其在生产性与"工作"倾向方面的重要性。的确,正如布里格斯所指出,在《反谷物法》骚动期间,有许多人试图从修辞上将工人阶级(受"非生产性资产阶级"剥削的同胞)的利益与资产阶级的政治、经济目的联系起来,①这是一种象征性姿态,它反对将工作福音重写成一种仅仅内在于工人阶级的价值观。

尽管有关劳动尊严的话语为工人阶级和中产阶级提供了一种如此丰盛的文化武器,但这两个阶级对它的表述却各不相同。工人阶级激进分子将工人阶级定义为唯一的生产性阶级,这就赋予他们"享有自己辛勤劳动成果"的权利。中产阶级同样视自己为生产性阶级,尽管这里的"生产性"涵义更宽泛,指的是通过劳动赚钱。而且,对工人阶级激进分子而言,"劳动尊严"指的是一种条件,在这种条件下,不存在劳动者的堕落,且所有人享有支配其劳动成果的权利,也就是说,存在一种超越资本主义的社会生活条件。而中产阶级话语则认为,不管劳动条件如何,尊严总是存在。正如卡莱尔如此雄辩地说道:

> 想一想:即使从事最卑微的*劳动*,在一个人开始工作的那一瞬间,他的整个灵魂就被融入一种真正的和谐之中!这多么奇妙!怀疑、欲望、悲伤、懊悔、愤怒、绝望,所有这些像地狱的疯狗一样围攻可怜工人的灵魂,正如其围攻每个人的灵魂一样;但是,他却专注于自由与英勇,他用这种专注去工作,然后,所有这些都安静下来,这些疯狗就害怕起来,低声嚎叫着逃回自己的洞中。这时人才成为人。②

---

① 布里格斯,《"阶级"的语言》,第 17 页。
② 卡莱尔,《过去与现在》,第 196 页。

这种劳动话语提供了一座丰富的文化宝库，在面对经济、社会的迅速变化时，各种阶级都能利用这座宝库获得自我肯定，各个不同阶级也能从这座宝库中发掘出不同的政治自我理解——一种关于各阶级社会地位之必然性或关于一个更美好世界之愿景的理解。

伴随着这些发展，也就是伴随着资产阶级在经济与政治方面的兴起与巩固、工人阶级骚动，以及这工人阶级与中产阶级阶级话语权的增长，1851年博览会得以出现。博览会作为一个文化盛宴，利用了所有这些发展，它用各种不同的方式催生了阶级自我理解之文化母体，也催生了阶级斗争。

博览会（Ⅰ）：资产阶级梦想与科技乌托邦

1851年博览会是世界上第一次国际性"全球工业产品"博览会。这次展览大获成功，超过六百万游客参观了展览，这些游客来自世界各地，出自各个社会阶层。展览地点在约瑟夫·帕克斯顿（Joseph Paxton）位于海德公园的大厦，该大厦用钢铁和玻璃建成，人们贴切地称之为"水晶宫"。该建筑物的设计、建材和建造模式，都赋予此次展览一种庄重感，同时也使人们感受到工业与科技的潜力。水晶宫长1848英尺，宽408英尺，高66英尺，袖廊高108英尺，将袖廊建得如此之高，是为了将海德公园中最秀美的榆树囊括在该建筑物内。水晶宫内陈列了近一万五千参展者的展品，整个展馆的一半被英国及其殖民国家占据，另一半则陈列着其他国家的展品。展会上的展品分为四类——原材料、机械产品、工业制品和艺术品（艺术品仅限于雕塑作品和造型艺术作品，因为它们是最不具个人特点的艺术形式，且受到了新的生产工艺的影响。）

然而，相比此次展览会的规模与展品的数量，更加重要的是它表达出来的、明确的道德与政治意义。博览会举办于《谷物法案》废除五年后，《航海法》废除两年后，很显然，它是在庆祝自由贸易的硕果,庆祝发源于英国并迅速传遍世界各地的资本主义经济过程的成果。此次盛会的主要组织者阿尔伯特亲王(Prince Albert)在伦敦发表了宣告即将到来之展览的庆祝性演讲,在演讲中,他说到,在一个新的时期里,

> 世界上各个国家的产品都摆在我们面前,随我们挑选,我们只需根据自己的目的选择最好、最便宜的,生产之力量被交托给竞争与资本这两个刺激因素……1851年博览会给了我们一次真正的挑战,也为我们形象地描绘了人类发展已经达到的高度……以及一个新的起点,它指明所有国家未来的努力方向。①

暗含在亲王庆祝词中的是一种信念,即人能通过"竞争与资本"之自由体系而改善自身,这也是此次展览意欲宣扬的。的确,此次展览所有主要组织者的著作都认识到这一重要的象征意义,即它引领了一个商业自由发展、经济繁荣昌盛、甚至国际和平友好的时代。例如,在科尔的著作中,非常明显地呈现出一种由自由贸易与资本主义发展所带来的乌托邦式的政治重要性意识。将这些理想考虑在内,我们就不会对科尔在博览会上着手组织国际和平会议感到奇怪了。② 而且,如果说博览会是"竞争与资本"的里程碑,那么,它也是英国在这些政治经济发展中之领导地位的里程碑。在《1851年博览会目录前言》(Preface to the Catalogue of the Exihibition of 1851)中,科尔说道:

> 当前的活动主要源自商业领域的活动,世界各国现在将

---

① 转引自科尔,《共和工作五十年》,第2卷,第212—213页。
② 见科尔,《论1851年大展览的国际影响》,收录于《共和工作五十年》,第2卷,第233—256页。

自己物美价廉的产品汇聚一堂,这正与时代精神相吻合。毫无疑问,可以说像博览会这样的事件,绝不可能发生在更早的时期,也不可能发生在其他国家中。其他国家对我们体制给予的善意的信心、可靠的财产保障措施、商业自由与便利的交通,英国拥有的所有这些卓越条件,都成为博览会得以在英国举行的原因。①

对博览会的组织者来说,博览会将会是一个灯塔,向世界显明英国在经济上与政治上的进步。它展示了英国作为工业中心的成果,展示了自由贸易对经济繁荣与和平的重要性,也展示了英国体制结构的稳定。与西欧大陆不同,英国幸免于1848年的政治暴动,这得益于能包容改革与不断增长社会变革的英国体制结构。因此,博览会是一场国家主义的盛会,它强调并巩固了英国的经济繁荣(受自由贸易驱动,由水晶宫之宏伟与英国展品之优越性表现出来),同时也展示了其政治结构的正确性(这一事实由展览会上英国"两个民族"之轻而易举的合并得到确证)。

需要强调的是,1851年仍然与宪章运动带来的工人阶级骚动这个时期距离很近。尽管这些运动并未像西欧大陆的农民与手工业者运动一样推翻政府,但它们确实打破了统治阶级生活的宁静。它向统治阶级展示了工人阶级需要的潜在坚韧性与力量。的确,据称举办博览会的最初想法源自一种想要找到宪章运动解药的需要。② 正如我们将要看到的,博览会的组织者开始将工人阶级利益与此次盛会联系在一起,使其不仅成为资本家的狂欢,而且也向劳动者表达敬意。如果说这些就是博览会组织者希望向全世界宣

---

① 转引自《共和工作五十年》,第2卷,第208页。
② 见埃格伯特,《社会激进主义与艺术》,第407页,作者指出"在英国举办大展览、使其成为宪章主义之解药这个想法最初由一位苏格兰中士于1848年提出"。

扬的理想，那么，他们不可能找到一个比容纳博览会展品之结构更有意思的象征了。正是在经济、政治理想与建筑物的关系中，才能为际遇这种游客体验的文化政治找到一个最初的切入点。

作为一件建筑作品，水晶宫体现了对飞速发展的生产方式的纯粹乐观，这些生产方式在很大程度上为英国掌控。令当代观察者着迷的，是帕克斯顿水晶宫的庞大与创新性。预先制成的钢铁与玻璃的使用、对称的箱状结构和高度统一性，全都指向这些20世纪才矗立在几乎所有大城市中的现代主义大厦。正如佩夫斯纳（Nikolaus Pevsner 是否需要该英文）所说，水晶宫显然是土木工程与建筑设计两个行业结合的一个范例，在此之前，这两个行业是分离且各自独立的。这种话语的联合就成为20世纪格罗皮乌斯（Walter Gropius）的现代主义事业与包豪斯运动（Bauhaus movement）的重要基础。① 对包豪斯运动而言，运用的材料和采用的建造方法，都限制了结构设计本身，这就显示了对科技与工业生产的考量已潜入到纷繁复杂的美学形式中。的确，建筑材料的使用量使那个时代的人大为吃惊：两万三千根铁梁、三千三百根铁柱、三十英里排水管、二百二十英里窗框条和九十万块十二分之一英寸厚的玻璃片。一年要将所有这些材料安装完成，需要建筑工人大量的技术才能。正如一位评论家在《泰晤士报》上指出：

> 建造[水晶宫]的特征就是无需石头或灰浆。建筑物的所有部分——大梁、柱子、排水管，皆可替换使用。屋顶窗框和立柱窗框由机器制作，快速组装并装上玻璃，大多数的窗框在运到建筑场地以前就已经做好，因此在建筑现场除了完成组

---

① 见尼古拉·佩夫斯纳（Nikolaus Pevsner）,《现代设计的先驱：从威廉·莫里斯到沃尔特·格罗皮乌斯》(*Pioneers of Modern Design: From William Morris to Walter Gropius*)(London: Penguin, 1960)，特别是第五章《19世纪的工程学与建筑》("Engineering and Architecture in the Nineteenth Century")，第118—147页。

装材料的工作,就没有什么要做的。①

这种创新结构不仅需要大量的技术才能举起铁梁与窗框,也需要劳动阶级的辛勤劳动。随着建筑慢慢成形,来自英国各地的劳动者和手工业者奔赴此地参与建造工作,到1850年12月,有2000多人员被雇佣。发生的唯一一次劳动纠纷是1850年11月下旬玻璃安装工人的短暂罢工,此次罢工以警察镇压并聘请新工人宣告结束。② 很明显,劳动阶级被吸引到海德公园不是仅仅为了获得工作机会,他们也希望成为树立一个新时代、一个更好时代之建筑标杆的参与者。

在这个建筑物中,我们发现工业生产技术对美学形式的侵入式影响。这两种因素的相互融合很显然在水晶宫公司主席拉宁(Samuel Laing)的演讲中表达出来,他说"一种全新的建筑秩序,由无与伦比的机械工艺建造,最令人惊叹、最美丽的效果,自发地存在以形成一座建筑"。③ 应该指出的是,帕克斯顿建造水晶宫的想法并非完全源自这种预想性的估计,即哪种建筑形式最能表达维多利亚时代人们正在经历的经济与社会进步感。正如在其他地方详细记载的,帕克斯顿曾作德文郡公爵(Duke of Devonshire)查茨沃斯庄园(Chatsworth)的首席园艺师,他曾于1828年在该庄园中试着用铁制窗框条和大块玻璃建造维多利亚王莲温室,因而从这种经历中吸取经验。④ 当然,"新

---

① 《泰晤士报》(The Times)(1850年8月2日),第5页。
② 奥德丽·肖特(Audrey Short),《1851年大展览》("The Great Exhibition:1851")(历史学博士论文,University of Cincinnati,1968),第113页。
③ 《泰晤士报》(1851年6月12日)。
④ 伊冯·法兰芝(Yvonne Ffrench),《1851年大展览》(The Great Exhibition:1851)(London:Harvill Press,1950),特别是第二部分《水晶宫》("Crystal Palace"),第89—93页;和C·费伊(C. R. Fay),《1851年的工业宫殿:大展览及其成果研究》(Palace of industry, 1851:A Study of the Great Exhibition and its Fruits)(London:Cambridge University Press,1951),第26—31页。

颖"之处在于,预先制成的钢铁和玻璃地大规模使用。所有建筑材料(主梁、柱子、排水管、窗框条、玻璃块)皆为同一规格,因此,是可替换的,这种标准化生产在19世纪初期简直闻所未闻。① 这些新的技术因素使人们能够理解为什么大多数观看这个建筑"奇迹"的人不仅被其美学的壮丽吸引(这一点仍有争议),也被能生产出如此令人赏心悦目之建筑的"机械技术"吸引,即被与技术生产这一新体系相连的艺术形式吸引。

本雅明(Walter Benjamin)讨论了这些19世纪建筑物引发的相互矛盾的政治意义:用钢铁和玻璃建造拱廊和展厅产生了这样一种乌托邦式的感觉,即认为不断发展的资本主义生产方式可能战胜社会的缺陷,甚至能战胜阶级冲突。至少对本雅明而言,政治意义的多样性最终产生于这样一种意识,也即意识到"新事物"带来的社会成果与"旧事物"带来的社会损失,"新事物"带来的社会成果与"旧事物"带来的社会损失交织于观察者与建筑物之间的体验空间之中:

在集体无意识中,与这些新的生产形式[表现为钢铁与玻璃的使用]相一致的——这些新生产形式起初仍为旧的事物(马克思)所主宰——是这些新旧交织的意象。这些意象是一些充满希望的想象,并且在这些想象中,人们既努力保存也努力美化这些不成熟的社会产品与社会生产体系的缺陷……这些倾向引导着由新事物激发的视觉想象回到远古的过去。人们幻想后来的时代会以意象的形式出现在每个时代的眼前,且后来之时代与前历史中的因素相关,也即与无阶级社会中的因素相关。那么,这种沉淀在集体无意识中的想象就与新事物一起制造了一种乌托邦,这种乌托邦在人们几千年的生

---

① 费伊,《1851年的工业宫殿》,第16页。

活结构——从永恒的建筑物到稍纵即逝的时尚——中留下自己的痕迹。①

水晶宫作为一种乌托邦意象，代表了一种政治空间，一种鲜活的意识形态在这种政治空间中得到体验：通过渗透出的乌托邦式的进步感觉，水晶宫掩盖了"新事物"中一些真正的矛盾和缺陷（剥削等），同时，这些新事物的缺陷被过去之幽灵所经验，唤起了有关更好过去的一些意象（也就是本雅明认为的"无阶级社会"）。重要的是，这种与该建筑场相关的"旧事物"与"新事物"之间的辩证冲突，至少在历史层面上，暗示着它不可能只产生一种政治意义，也暗示着它因而是一个政治竞争的角斗场。对资产阶级而言，水晶宫反应了资产阶级的阶级重要感，也反应了该阶级的正面形象，即该阶级作为未来经济发展守护者的乌托邦式使命。这的确似乎是该时期著作中出现的主流形象。但在另一方面，这一时期两位重要的哥特艺术推崇者罗斯金(John Ruskin)和普金(Augustus Pugin)转向封建主义之"远古过去"（它与本雅明的"无阶级社会"之过去不同，是一个贵族阶级拥有特权的等级社会），揭示社会中对共产主义理想和基督教道德的逐步破坏，这些破坏都反映在海德公园这座庞大的钢铁与玻璃建筑物中。② 工人阶级体验这个场所，不仅认为它是自己阶级精湛技艺的标志（正是他们建成这个建筑物），也认为它是一座堡垒，保障他们"持续地屈服"在"一群篡夺

---

① 本杰明，《19世纪的都会——巴黎》("Paris, Capital of the Nineteenth Century")，埃德蒙·杰夫科特(Edmund Jemphcott)译，收录于《反思》(*Reflections*)(New York: Harcourt Brace Jovanovich, 1978年)，第148页。
② 普金(Pugin)对水晶宫的蔑视基于这种概念之上，即建筑的道德教化作用，其中，哥特风格提供了最具基督教特性的建筑形式。罗斯金的厌恶同样在于他对哥特形式的分析，他视这种"野性和野性之个性化为喜悦劳动之表达——使用钢铁并不能产生美的效果，因为钢铁绝不能反映劳动者的创造性。见第三章对罗斯金思想的讨论。

者、游手好闲者和骄奢淫逸者"手中,表明这群人想要"保持与扩张"对工人阶级的"邪恶权势"。①

尽管水晶宫想要为所有人创造一个奇迹的美学空间——一个所有阶级、所有国家都能够庆祝资产阶级梦想与资本主义技术进步的空间,但它也是一个政治竞争的角斗场,在这个角斗场中,不同的社会群体在与相互对比中获取自己的政治身份与定义。

如果说水晶宫本身既流露出这些由资本主义体系带来的科技力量的潜能,又流露出其缺点,那么这个用钢铁与玻璃建成的大厦内展示的实物则是新事物与旧事物的有趣结合。巴塞罗那精美的黑丝绸旁边陈列着美国制造的缝纫机和英国奥尔德姆产的纺织机。然而,正如该时期的有关报道证实的,大多数游客都被机械展馆里的新机器吸引,都对由新生产工艺生产的装饰艺术品惊叹不已。只要看一看这些装饰艺术品,就会给人一种冗余的奢华感——大多数物品都有典型的高级维多利亚特征:大量的曲线、轮廓模糊不清或损毁、普遍倾向于上重下轻。在这样的设计中,人们也会发现一种利用所有可用面进行装饰的倾向,而所有这些装饰都倾向于讲述叙事性故事。② 正如当今一位观察者所说,这样的装饰品是"这个时代的产物,在这个时代里,艺术设计全部倾向于

---

① G. 哈尼(G. Julian Harney),《人民的朋友》(*The Friend of the People*),第 22 卷(1851 年 5 月 10 日),第 189 页。哈尼的报纸是 1851 年继欧内斯特·琼斯(Ernest Jones)的《人民日报》(*The People's Paper*)和奥康纳(O'Connor)的《北部之星》(*Northern Star*)之后唯一幸存下来的宪章派刊物。很明显,哈尼在 1848 年之后开始偏左,他看到处政治改革之外的其他社会改革对改善工人阶级境况的重要作用。对于这些发展的讨论,参见约翰·萨维尔(John Saville),《〈红色共和党人〉和〈人民的朋友〉》(*The Red Republican* & *The Friend of the People*)(London: Merlin Press,1966),i—xv。

② 关于大展览上设计的最富有洞见的讨论,参见尼古拉·佩夫斯纳,《高级维多利亚风格设计》("High Victorian Design"),载于《艺术、建筑与设计研究:维多利亚及以后》(*Studies in Art, Architecture and Design: Victorian and After*)(Princeton: Princeton University Press,1968),第 38—96 页。也可参见法兰芝《大展览》第八章,第 211—256 页。

通过增加多余的、隐喻的或毫无意义的装饰来掩盖功能价值",这就表现了与寻求利益、"以机器为主导"之阶级相关的一种理想审美。①

强调这种过度装饰与发生在英国的更广阔社会实践之间的复杂关系非常重要;这种机器带来的繁荣是一个世纪的资本主义扩张的结果,而且,正如佩夫斯纳所说,它"吸引着"一个有权势的"自信的阶级"。② 但这些装饰品不仅反映出这些阶级特征,而且也是这种更广泛文化进程的一部分,这种更广泛文化进程,就是这些个人制造一种"阶级"感。这些装饰品在产生与构建文化身份方面的重要性,在前面已经指出过,有关这方面的研究,最杰出的是亨特(Lynn Hunt)对法国大革命政治进程的研究。③ 而鲍德里亚(Jean Baudrillard)则从更理论化的视角认为文化客体总是"一种保存努力的场所、一个不受干扰之表演的场所、一个推动成就的场所,总是旨在为社会价值提供持续的、有形的证据"。④ 从这一点看,博览会上的过度装饰至少有两个意识形态方面的功能:对中产阶级而言,它巩固了一种阶级重要感(尤其是与贵族阶级相对),增加了经济财富,而对并未拥有这种经济地位的工人阶级而言,它使工人阶级在艺术领域中体验到一种更美好存在的可能性——甚至一种阶级流动的幻想,这些都在当下的经济秩序中等候着他们。

然而,这里也出现了另外一种重要的政治意义,一种对莫里斯的审美来说至关重要的政治意义。掩藏在这些机器制成品过度装

---

① 法兰芝,《大展览》,第231页。
② 佩夫斯纳,《高级维多利亚风格的设计》,第52—53、79页。
③ 亨特,《法国大革命中的政治、文化和阶级》。
④ 鲍德里亚(Baudrillard),《符号功能与阶级逻辑》("Sign Function and Class Logic"),收录于《符号政治经济学批判》(*For a Critique of the Political Economy of the Sign*)(St. Louis: Telos Press, 1981),第33页。鲍德里亚称这种消费过程为"社会表征"。我们甚至可以说大展览提供了一个所有人能够消费资本主义奇迹的盛会。

饰背后的，是机器对人类劳动的劳役。在博览会开幕前两年，罗斯金就提出过美和装饰品与人类劳动状况之间关系的问题，他称"关于所有装饰品，只需问一个问题，那就是：它是否在愉悦中完成？雕刻工工作时是否幸福？"①正如我们将看到的，正是莫里斯充分发掘出罗斯金话语中的社会意义，他清楚地看到这种丑陋装饰物背后工人的贫困。

博览会（Ⅱ）：资产阶级霸权与工人阶级斗争

> 这些振奋人心的改变，
> 这华丽的展览、这宏伟的场面，
> 对我，意味着什么？
> 我的劳动，与我的贫穷结盟，
> 将我与我们时代的智力奇迹隔离。
> 我不能分享这个胜利，也无法参与这次盛会，
> 我，一个可怜的裁缝，手中的轮子飞速旋转
> 我是这笨重机器
> ——有着跳动的蒸汽脉搏和钢铁臂膀的机器，
> 我是它的奴隶，而非奴仆。
>
> ——托马斯·胡德②（Thomas Hood）

尽管我们已经展示了博览会是如何成为资产阶级梦想的物质体现，这些资产阶级梦想为资本主义发展和技术进步所驱动，但我们只是暗示了它也是一个政治竞争的角斗场。很显然，有关工人

---

① 罗斯金，《建筑的七盏明灯》（*The Seven Lamps of Architecture*）（New York: Farrar, Straus and Giroux），第 165 页。
② 转引自费伊，《1851 年的工业宫殿》，第 42 页。

阶级与博览会之间关系的问题在博览会组织者中产生了许多担忧。工人有可能大批出现在水晶宫使他们回想起宪章运动时期的恐惧，这种可能性也唤醒了社会动荡之幽灵，社会动荡之幽灵搅乱博览会组织者希望倡导的经济和谐与制度秩序的大好局面。① 而工人们漠不关心的缺席，也会意味着资产阶级提议之庆祝的虚伪。考虑到这些因素，组织者开始抓住机会，使工人阶级远离这次盛会。他们建立工人阶级中心委员会，专门就博览会事宜与工人阶级交涉。该委员会包括牛津大主教（主席）狄更斯（Charles Dickens）、萨克雷（William Thackerey）、宪章主义者洛维特（William Lovett）、普莱斯（Francis Place）和文森特（Henry Vincent）和其他人。尽管该委员会意味着一种让工人阶级参与协商的积极尝试，但由于皇家委员会拒绝正式使该委员会成为自己的附属机构，仅仅三个月之后，该机构便宣告解散。② 皇家委员会做出这个决定的原因似乎是它害怕为一个由杰出宪章运动者组成的机构提供官方许可。但皇家委员会中的一位成员认为，显然有必要拥有这种占支配地位的机构："要想不让劳动阶级认为……殿下对他们的利益漠不关心，那么规划一些有共同目的的新机构是很理想的"。③尽管这样的机构从未再次出现，但皇家委员会的确试图用许多实用奖励来吸引工人阶级观众参与到该事件中，这些奖励包括：优惠的火车票、持续数周的优惠入场券；在这些考虑中，或许最有名的便是在海德公园旁建造技工之家，为参观博览会的工匠和操作工

---

① 见科尔在《共和工作五十年》第1卷第188页中的讨论。外国革命者大量涌入引起诸多恐惧。见肖特，《1851年大展览》，第86、101—110页对这些事件的讨论。
② 见科尔在《共和工作五十年》第1卷第188—193页中对该委员会的叙述。洛维特（Lovett）在其自传《威廉·洛维特的生平和斗争》(*Life and Struggles of William Lovett*)(London: Macmillan & Kee, 1967)，第304页，洛维特隐地指出这种拒绝的原因："似乎……总委员会中有些人持有一种贵族式偏见"。
③ 格雷上校给科尔的信(Colonel Grey to Cole)，1850年6月7日，转引自肖特，《1851年大展览》，第82页。

提供便宜的住宿。

这些考虑也渗入到一种更为普遍的话语,它们出现在这一时期的许多演讲和著作中,它们象征性地且从修辞上将这次对工业家及其商品的庆祝转变为对劳动者自身的歌颂。在孔索尔特亲王①的激励下,牛津大主教发表了题为《劳动的尊严》("Dignity of Labour")的演讲。他宣称,博览会"宣扬各国的工业,是一项伟大的、崇高的事业。它使人们关注劳动的尊严——它真正阐明工人阶级的尊严,且它试图使他人感受到与这些物品生产者相关的尊严"。②《折衷评论》(*The Eclectic Review*)的一位评论家回应了这些观点:"向工人致敬,这就是博览会所要传递的信息。这个伟博览会要引导人们去关注这些物品的制造者。"③同样的主题也出现在沃特利夫人(Lady Emmeline Stuart Wortley)的《向劳动致敬》(Honour to Labour)这首广为流传的诗歌中。总之,有无数声音高度赞扬这次盛会在尊崇工人阶级方面的重要性。

这一文化发展的重要之处在于,它在尝试描绘博览会对工人阶级的重要性的同时,也提出了这样一个问题,即英国社会中可能存在阶级差异,甚至是阶级对立,这种认知自宪章运动以来一直为英国统治者所觉察,却从未给予这样一种公共的空间。因此,在将工人阶级利益与博览会之理想联系起来的同时,它也质疑了它本应庆祝的经济结构。对一些博览会的支持者来说,博览会甚至提供了一个资本家与工人和解的机会。Lansdowne 协会的艾伯特先生(Mr. Abbott)说,在尝试为工人阶级争取利益时,他坚持认为工人阶级应支持这个事件,鉴于它"向资本家展示了技工和工匠的重要性",④言下之意就是这个时期人们还没有这种认识。

---

① [译注]也即上文中提到的阿尔伯特亲王。
② 转引自肖特,《1851年大展览》,第82页。
③ 《折衷评论》,第1卷(*Eclectic Review I*)(1851年),第739页。
④ 《每日新闻》,(*Daily News*)(1850年12月7日),第4页。

这种话语并没有随着博览会的准备工作结束而结束；它从博览会开始到结束的这一年里一直流传。在对该权力状况的所有象征性表达中，其中一个有意思的表达就是铭刻在颁给参展者的奖牌上的信息。Pulcher et ille palma decorare laborem——"在这样的盛会上，工业界巨头和手工劳动者都应被铭记"。① 颁奖仪式和奖牌上的文字都以自己的方式阐明了"劳动的尊严"这种话语的虚伪：奖牌不是颁给实际生产这些物品的工人，而是颁给企业家们。而且，奖牌上的文字，只有受过良好教育的经济精英才会读、才能理解，因此，奖牌上的信息被铭刻的形式，描绘了这些信息更多地诉说着他们自己作为一个阶级的利益，而不是诉说着手工劳动者的经验。

我们看到的铭刻在这些奖牌上的信息的虚伪，也没有逃过对此次盛会更富洞见的观察者们的眼睛。《笨拙周报》(*Punch*)的一位评论家说，这次事件中缺少的是对"辛勤"工作之人的展示。然而，

> 只要有一丁点儿保障措施，缝纫女工就不会饿死，裁缝也不需"汗流浃背"，矿工也不会丧生于矿难中，因此建议在描绘工作在各自普通岗位上的各种工匠时，也应同时展示我们亏欠各种阶级之辛勤劳动或智慧的内容与结构……难道我们应该公然炫耀各种各样的奢侈品和使我们生活更加舒适的物品，却羞于揭露我们必须感谢为我们生产这些物品之人的状况吗？②

---

① 见布里格斯，《维多利亚时期的人们》，第 42 页。布里格斯指出，继"和平福音"之后，大展览希望给工人以荣誉。
② 《笨拙画报》(*Punch*)第 20 期(1—6月,1851),第 42 页。

第二章 博览会和艺术的阶级政治

暗含在这个观察之中的也是关于劳动崇高性这整个话语的局限性。尽管这种话语宣称博览会庆祝的是工人的诚实劳动，但它这样做的目的也只是希望掩藏资本主义制度下工人劳动的真实状况。如果这种观点也只是想重申博览会中的中产阶级理想，那么，从某种程度上说，这就是一个必要的话语缺失。在这个事件上，我们同意本雅明的观点，他说"世界展览会吹捧商品的交换价值。它们创造了一个框架，在这个框架中，商品的内在价值已经黯然失色"。① 很显然，如果劳动在博览会上得到尊崇，它就应该以商品的形式得到尊崇，从字面意思上讲，应该是劳动的客体得到尊重。而如果说对劳动的庆祝并不意味着对劳动者生产之产品的庆祝，那么它就是一种资本主义制度下工人阶级幸福生活的意象，一种无"内在价值"的梦幻，一种与该时期资本主义制度下工人阶级之现实需要和痛苦无关的文化的"交换价值"。

之前是宪章主义者，后来转变为社会主义者的哈尼（G. Julian Harney）以最极端的方式描绘了博览会中的工人阶级。他看到官方将博览会宣称为"劳动盛宴"背后的虚伪："该建筑中展出的艺术品与工业品可被视为战利品，它们由这些胜利者——嗜血的、拥有特权与资本之人——从世界各地掳掠而来。"② 很明显，哈尼的焦点似乎放在这种话语的意识形态特征上：对"劳动尊严"的谈论实际上掩盖了展现在那里的真正剥削。但是，对于我们的目的而言同样重要的是哈尼的这种方式，即它认为博览会的理想是值得赞赏的目标，但这个目标却最终指向一个超越当前政治与社会结构的方向。"我能想象出一个能与工业博览会相媲美的盛会"，哈尼陷入深思：

---

① 本杰明,《19世纪的都会——巴黎》,第152页。
② 哈尼,《人民的朋友》,第22卷(1851年5月10日),第189页。作为一个有趣的历史注释：哈尼的早期杂志《红色共和党人》于1849—1850年第一个刊登马克思和恩格斯《共产党宣言》首个英译本。

人人都应参与这个盛会。我们想象艺术家与手工艺人、农民、工厂的工人、矿工和船员都受召成为劳动联盟中的一分子,联合组成工业、艺术与科学[联盟]……我能现象一系列丰富的物质财富,这些财富见证了工人的喜悦、技能与勤劳;他们的技能与勤劳带来的好处与荣耀应该归给他们,而不应为毫无意义的分配干涉,也不应为剥削成性的资本家干涉。最后,我能想象这种盛会、这种博览会,只有当工人阶级首先替代主人的统治、替代对一个堕落君主政体的忠诚时,才会有"劳动的至高无上与国家的主权"。①

哈尼的见解指向了几个重要的问题:首先,在这种见解中,我们认识到利用有关"劳动尊严"的话语以形成一种政治认同感,且发展出与掩藏在博览会背后之资产阶级意识形态相对立的目的(的确,最好说,我们看到为工人阶级利益而对这种"阶级语言"进行的一种重新表述)。即使这些观点在这个时候的功能是掩藏此次庆祝的阶级本质、忽略工人阶级的真实状况,然而它们却成为哈尼批判阶级霸权的重要工具。其次,这第二个问题与第一个问题相关,即博览会的目的与理想引发了一种对真实的、"值得庆贺"之盛会的想象。也就是说,博览会作为一个文化盛况唤起一种乌托邦意象,这种文化意象不仅清楚说明当下展览之缺陷和建立在资本主义剥削上的浮华与炫耀,而且还阐明资本主义剥削转变之可能性愿景,也即"劳动的至高无上性与国家的主权"。

与哈尼观察相关的后两个问题,为我们后面讨论莫里斯的美学理论提供了一个开始的契机。首先,哈尼认为其未来举办的展览会上的展品不仅会反映工人阶级的"技能和勤劳",而且也会反映他们劳动中的"喜悦"。这个"愉悦劳动"(pleasurable labour)概

---

① 哈尼,《人民的朋友》,第 22 卷(1851 年 5 月 10 日),第 189—190 页。

念(这个概念实际上是莫里斯的)为批判资本主义制度下劳动组织方式的一个重要概念——尽管在资本主义制度下,会有"技能和勤劳",然而工人阶级激进分子认为,作为"一台笨重机器的奴隶",是不可能有"喜悦"(引用胡德的话)的。其次,哈尼触及到了美与愉悦劳动的关系——在其想象中,真正的展览应该展示建立在劳动中"喜悦"基础上的"一系列丰富的物质财富"。

博览会与文化政治

从博览会衍生出的文化与政治话语使我们获得两种重要的洞见:第一,作为一种意在宣扬商业发展好处的盛会,它用一种启发性的方式阐明了文化(表现为建筑和装饰艺术)与资本主义生产原则的交织。这样一来,博览会也显示出这种感觉,即文化能拥有清晰的政治影响和政治特征。如果艺术变成经济进程的俘虏,而经济进程自身又在政治行为领域中遭遇挑战,那么,艺术将获得重要的政治共鸣。然而,我描绘的是这样一种方式,即这种俘获性从来都不是绝对的方式,也即水晶宫这座建筑物和该大厦内展出的由机器制造的装饰艺术品,无论其建造与生产的最初目的为何,它们都能产生完全不同的、甚至是敌对的政治身份。

第二,博览会提出了工人阶级利益与艺术之间关系的全部问题。这源自有关"劳动尊严"的话语。在这个文化进程中,很明显,试图从象征性方面和修辞方面将工人阶级与该事件之理想联系起来。尽管这种话语的确与资产阶级相关,但它也允许这样一种机会,即使用该话语作为促进工人阶级阶级意识感的手段;正如我们在哈尼的观点中看到的,这种话语提供了批判博览会的基础,也为将展出的艺术作品视作"战利品"提供了认知基础。因此,艺术与劳动的关系就在这个政治进程中被规定下来。

需要指出的重要一点就是,艺术与劳动的联系是"工人阶级审美"中的一条重要的基本原则，原因在于它允许对审美生产和审美价值理论进行分析，并且最终与"阶级语言"之传统紧密相连，这种阶级语言出现在本世纪之交的工人阶级文化中。但不应该感到奇怪的是，工人阶级运动中的活动家们并未花费很多时间阐述这种美学原则，因为他们参与到政治与经济改革的具体活动中。这种美学原则的发展将留给那些与艺术紧密交往的个人。的确，正如我们将在下一章看到的，"艺术劳动理论"首次出现在极端保守主义者罗斯金的美学理论中。尽管罗斯金因其美学理论而被卷入到工人阶级改革中，但他尽力避免走向这种激进的方向，这种暗含在该概念之中的激进方向。而正是在莫里斯的思想中，人们才发现这种审美关注与工人阶级之政治、社会见解的交汇。

第三章　向艺术政治经济学迈进：
约翰·罗斯金和美学理论中劳动之表征

博览会盛况三年后，罗斯金发表演讲，言辞激烈地批判这些称赞水晶宫，并认为它是一种新颖、进步建筑形式的人。① 在对欧洲丰富的建筑形式进行深思熟虑地考察后，罗斯金宣称：

> 我们以为我们发明了一种新的建筑样式，而我们不过是将一个玻璃温室扩大了而已。而我们引以为豪的多利安式建筑风格与帕拉第奥式建筑风格现在却沦落至此。我们夸耀希腊理想的神圣性，我们为我们意大利品味的纯正而自豪，我们将我们的整个灵魂注入到柱子的比例与秩序的关系中——然后，看看最后的结果！我们如此推崇、如此训练有素的品味，却被几排玻璃块的光彩弄得头晕目眩，而且，我们到目前为止所寻求的建筑崇高性之首要原则，一直只存在于火花与空间之中。②

---

① 罗斯金，《水晶宫的开放与艺术前景的关系》("The Open of the Crystal Palace Considered in Some of its Relations to the Prospects of Art")，收录于《约翰·罗斯金作品集》(*Works of John Ruskin*)(London: George Allen, 1904)，第12卷，第417—432页。这里的"开放"并非指水晶宫于1851年在海德公园的首次开放，而是指它在西德纳姆的再次开放。水晶宫一直位于西德纳姆直至20世纪30年代末期毁于大火。
② 罗斯金，《水晶宫的开放与艺术前景的关系》，第419页。

在这篇论说文中,罗斯金谈到他厌恶这种现代建筑形式的原因以及这种建筑形式对 19 世纪人们思想的影响:使这一建筑物得以建成的潜在技术进步树立了一种"机械智慧"的偶像。然而,对于罗斯金而言,在我们观看"一艘螺旋护卫舰或一座管桥"时,这种对工业资本主义普罗米修斯式卓越技能之敬畏便显得恰到好处,但它"既不可能是绘画不可能是建筑的本质";而且,"设计之庞大并不必然涉及设计之崇高"①,这一点在水晶宫中很好地体现出来。美学价值从来都不仅是技术或机械智慧的产物;它也必须是人在工作中愉悦的表达,并且,它通常是表达上帝意志之人类"生命能量"的一种流露。的确,对罗斯金而言,技术或机械智慧——尤其是表现为工业机器形式的技术或机械智慧,与真正的艺术生命相对立。②

由于这篇论说文的篇幅有限,罗斯金并未详述他这种厌恶的潜在预设——这些预设在《建筑的七盏明灯》(*The Seven Lamps of Architecture*)(1849 年)和《威尼斯的石头》(*The Stones of Venice*)(1851 年、1853 年)中更清晰地表达出来——而是直接转向对这种"机械智慧"偶像带来的实践的、甚至是政治影响的讨论。

这种对水晶宫的赞扬不仅将人们的注意力从对欧洲最伟大艺术之无趣的破坏上转移开来,尤其是从其"真正的、崇高的基督教建筑"上转移开来,③而且正是隐含在这种敬畏态度中的机械论话语有助于人们从最好的古文物研究目标上转移开来。当下用"数

---

① 罗斯金,《水晶宫的开放与艺术前景的关系》,第 419—420 页。
② 这些主题罗斯金研究者都非常熟悉,它们也贯穿在罗斯金的著作中。参见格雷厄姆·霍夫(Graham Hough)《已逝的浪漫主义者》(*The Late Romantics*)(London: Methuen,1974),第 1—39 页,和雷蒙德·威廉斯,《文化与社会:1780—1950 年》(*Culture and Society*:1780—1950)(New York: Columbia University, 1983),第 130—158 页,以了解对这些主题的讨论。我自己对这些问题的看法将在本章稍后部分阐明。
③ 罗斯金,《水晶宫的开放与艺术前景的关系》,第 421 页。

学的精确性"来修复古建筑物之企图:

> 对于其意欲保护的建筑物而言,甚至比火灾、战争与革命更具破坏力。因为,大多数情况下,这些进行修复工作之人都带着这样一种认识,即他们认为恢复过去时代遭破坏雕塑的原初之美是可能的,而这种认识,无论真正的古文物研究者如何努力,至今都无法消除。①

罗斯金告诫人们勿要以修复古建筑之名义机械性地复制古建筑物,显然与当时对工具理性之普遍性批判相关,许多其他浪漫主义作家也批判这种工具理性。这种与工业资本主义相关的广泛的机械论实践——海德格尔称之为座架(Ge-stell)②,法兰克福学派称之为技术理性③——于罗斯金而言,显然对生产一种活的艺术具有极大的破坏作用,这些机械论实践不仅反映在预先制造的钢

---

① 罗斯金,《水晶宫的开放与艺术前景的关系》,第422页。
② 参见《技术的追问》("The Question Concerning Technology"),收威廉·洛维特(William Lovitt)译,录于《技术的追问及其他论文》(*The Question Concerning Technology and Other Essays*),(New York:Harper and Row, 1977),第3—35页。在这篇文章中,海德格尔认为技术的"本质"(他称之为座架[Ge-stell])就在于将自然与所有工作"解蔽——解蔽"(challenging-revealing)为"储备物"("standing-reserve"),也就是说,作为一种能够充分控制和计算的人类产品。尽管在这里不能充分展开,然而,有意思的是这样一种相似性,即罗斯金对(基于社会生产文化框架上的)现代修复技术之虔诚控诉与海德格尔对座架之"危险"的警戒之间的相似。海德格尔认为,技术的本质代表着一种存在的方式,这种方式不仅表现在人类使用的技术产品中,而且也表现在我们对待世界(过去、现在和未来)的方式中。要进一步了解海德格尔的技术概念,参见《诗人何为》("What are Poets For"),阿尔佛雷德·霍夫施塔特(Alfred Hofstadter)译,收录于《诗、语言、思》(*Poetry, Language, Thought*)(New:Harper and Row, 1971),第91—142页。
③ 参见赫伯特·马尔库塞,《单向度的人》;西奥多·阿多诺和马克斯·霍克海默(Max Horkheimer),《启蒙辩证法》(*Dialectic of Enlightenment*)(New York:Continuum Publishing, 1972);和霍克海默,《理性的消逝》(*Eclipse Of Reason*)(New York:Continuum Publishing, 1974)对该问题的讨论。

铁与玻璃之使用上,也反映在人们对待美之过去形式的典型方式上。重要的是,工业资本主义下的工作条件与过去截然不同,因此,复制成为一种徒劳:过去截然不同的社会条件下产生的高贵设计绝不可能在不同的社会条件下被复制。

罗斯金的思想是从博览会文化与政治盛况过渡到莫里斯文化与政治理论的一个重要基石。莫里斯承认罗斯金在自己思想发展中的重要作用,这是众所周知的。罗斯金《威尼斯的石头》中的《哥特式的本质》(The Nature of Gothic)一章为莫里斯批判美学生产的社会基础提供了最初的洞见,同时也使其明白何种条件才能带来真正艺术的繁荣(也即——正如莫里斯所言——艺术是"所有人日常生活中的帮助与慰藉")。① 莫里斯建立的凯姆斯各特出版社(Kelmscott Press)(1890年至1891年)出版的第一本书籍就是罗斯金的《哥特式的本质》,他对罗斯金的持续感激之情由此可见一斑。重要的是,罗斯金为莫里斯提供了理论营养,他为莫里斯的政治与美学直觉提供了"形式",尤其是在莫里斯在实践上与理论上投入到19世纪80年代社会主义运动实践之前。莫里斯在反思自己的理论与政治系谱时,指出在心满意足中产阶级旁边,

> 有一些公开反对上述辉格党实践之人,的确有这么一些人,例如卡莱尔与罗斯金。罗斯金,在我的实践社会主义岁月之前,他是我的导师,他引领我走向上述理想。现在回想过去,我不禁要说,倘若没有罗斯金,二十年前的世界该是多么暗淡! 正是通过他我才学会了给予我的不满一种形式,而且我必须说这种形式绝不是含糊的。②

---

① 莫里斯,《财阀统治下的艺术》("Art Under Plutocracy"),收录于《威廉·莫里斯作品集》,第23卷,第164页。
② 莫里斯,《我如何成为一名社会主义者》,第6页。

尽管莫里斯在这里只提到了其后来的政治自我理解之发展，然而他的陈述也指向该时期英国文化中一个更普遍的问题：文化批评开始成为表述、灌输政治认知与政治理论的角斗场。因此，罗斯金是一座通往莫里斯政治理论的重要桥梁，不仅因为莫里斯受罗斯金美学洞见的影响，还因为罗斯金阐述了美学问题与政治问题紧密联系的有趣方式，这种耦合我们可以从历史上的博览会之文化盛况中清楚看出。

本章有两个目的：第一，作为有关理论史的一个章节，本章将阐明罗斯金艺术与劳动关系概念的具体特征。这很重要，正如我们前面提到过的，它使我们能够理解莫里斯将要面对的理论问题与理论困境。第二，我认为更大的社会动力——阶级语言与话语的特殊形式——在罗斯金的独特理论见解中得到表达与表述，这就使我们理解为什么我们会发现罗斯金在讨论艺术与劳动的联系。在这一论证内涵的关照下，我将揭露我认为以前学者在讨论罗斯金时忽略的东西；也即，在罗斯金理论中，艺术与劳动概念的政治逻辑与他明确的政治与社会理想，存在明显矛盾。带着这两个目的，我将首先讨论自 18 世纪至罗斯金时代英国文化批评中的一般变化与发展。

定位罗斯金（Ⅰ）：变幻的文化批评政治

如果我们考察英国文化批评先前的作用与功能，就能更清晰地把握罗斯金文化批评的重要性。在这些有关文化批评之发展的著作中，一部引起争议又富有洞见的著作就是伊格尔顿的《批评的功能：从旁观者到后结构主义》（*The Function of Criticism: From The Spectator to Post-Structuralism*），他声称，在 19 世纪之前，文化批评是一种"反对专制主义国家"的斗争策略，资产阶级用这种策略建构了"一个独特的话语空间，一种理性判断与启蒙批判的话语空间,而非一种独裁政治之粗暴命令的话语空间"。① 这种发展与新兴资产阶级的政治目的直接相关,因为,它提供了一个文化空间,资产阶级在这个空间内构建一种与以前霸权阶级相对的重要感与政治效能。正如伊格尔顿指出的:"一种谦恭、开明的公众意见与贵族阶层的独裁命令相竞争;在这个透明的公共领域空间里,不再是社会权力、特权和传统,而是在共享一种普遍理性的共识中人们被建构成话语主体的程度,授予个人说话与判断的权利。"②通过俱乐部、咖啡馆、期刊和报纸——对后者来说,斯蒂尔(Steele)的《闲话报》(*Tatler*)和艾迪生(Addison)的《观察家》(Spectator)是范例,资产阶级推动对重要公共事件的讨论,并从这些观点的交锋中产生一种普遍舆论。这种舆论"公共领域"与新兴资产阶级的需要紧密相连;它使资产阶级文化空间得以产生与巩固,而这反过来又促进了该阶级政治与经济目标的表达与传播。但同时,正如反映在该时期迫切的政治与策略需要中的,它不是一个为资产阶级独享的领域。而是,伊格尔顿说它为"英国社会中一个新统治集团的诞生"提供了催化剂,它"培育了商人阶级,提升了挥霍无度之贵族阶级的地位"。③

对于伊格尔顿而言,正是在 19 世纪,这种典型的资产阶级公共领域才开始瓦解。19 世纪文化批评的突出特征,不仅在于它祈求普遍理性作为一种文化交换的原则,还在于这种文化批评中没有政治辱骂。这是一个寻求联合而非图谋疏离的领域。它唯一的目的就是达成一致意见,尽管这是一种有利于资产阶级的目的一

---

① 伊格尔顿,《批判的功能:从旁观者到后结构主义》(*The Function of Criticism: From The Spectator to Poststructuralism*)(London: Verso Press, 1984),第 9 页。在表述这个概念时,伊格尔顿参考了尤尔根·哈贝马斯(Jürgen Habermas)早期讨论资产阶级公共领域的著作。
② 伊格尔顿,《批判的功能》,第 9 页。
③ 同上书,第 11 页。

致意见。19世纪文化批评很明显变得更具"政治性"。掩藏在文化话语之内容与特征转变下的,是与资本主义工业化发展相关的政治、社会与经济转变。尽管这些发展表明资产阶级地位与权力的增长,然而它们同时也带来工人阶级作为一种政治力量的崛起。从文化层面看,这意味着许多反霸权话语的建立。正如伊格尔顿指出,很明显,继汤普森的巨著《英国工人阶级的形成》(*The Making of the English Working Class*)之后,"在新闻界,激进的出版社、欧文主义、柯贝特(William Cobbett)的《政治纪事报》(*Political Register*)、潘恩(Thomas Paine)的《论人的权利》(*Rights of Man*)、女权主义和持不同政见的教会,一个由杂志、俱乐部、辩论与机构组成的反对网络涌入主流关注之中,威胁着要从内部瓦解它"。①

在这样一种背景下,正如伊格尔顿所说,"批评……成为政治争论的场所,而非达成文化共识的场所"。② 伊格尔顿这么说,显然他不是说以前的文化批评不受政治影响,而是说以前的文化批评政治中缺乏明确的政治争论。19世纪早期的阶级冲突与争论凸显出统治集团内部的意识形态分歧,使得统治集团的报纸和杂志上呈现一种由政治主题、争论、抨击与反抨击组成的嘈杂声。要指出的一件有趣事情是,伊格尔顿认为政治主题的激增是该时期广泛政治斗争的最明显结果。③ 尽管他认为这些杂志会把工人阶级政治诉求拆分成一些防御性政治姿态(压迫或者自由),但他并不认为这些反霸权诉求已巧妙地进入到更加明显的美学语言之

---

① 伊格尔顿,《批判的功能》,第36页。
② 同上书,第37页。
③ 同上书,第37页。对于伊格尔顿而言,工人阶级真正的转变发生在统治集团杂志内明显的政治反抗中。伊格尔顿称,"社会阶级斗争并不是直接反映在各文学报刊之间的唇枪舌战中;这些不合宜的较量将这些更广大之冲突折射进统治阶级文化中,反映出统治阶级内部在这个问题上的分歧,这个问题也即在何种程度上压迫工人阶级是可容忍而又不会引起暴动"。

中，也就是说，他并不认为这些诉求正在改变着有关文学、艺术与美的概念。

伊格尔顿似乎忽略了美学与文化语言中政治表征的多样性，这种忽略源自他的某种简化论观点，即过分强调文化批评的资产阶级本质。文化批评史是一部统治阶级话语史，但这种话语史并不排除其他的政治声音。19世纪的话语史尤其如此。诚然，对高雅文化的讨论一般局限于这些受过良好教育的阶层（这些阶层有财产、有闲暇）；鉴于更加"重要的"政治与社会话题之紧迫性，即使是自学成才的工匠和工人，在这些严格意义上的美学问题上，最终也只会授予极少的话语空间。然而，这并不是说，工人阶级回避文学和其他形式的高雅文化。工人阶级杂志不仅经常刊载诗歌，而且某些文学作品为工人阶级自我理解提供了重要工具。① 此外，

---

① 见汤普森著《英国工人阶级的形成》，第31页。作者在这里指出文学作品在早期工人阶级运动中的重要作用："……我们首先在班扬那里找到这种沉睡的激进主义，这种激进主义在18世纪中被保存下来，且在19世纪不断显现。《天路历程》(*Pilgrims Progress*)与《论人的权利》(*Rights of Man*)是英国工人阶级运动中的两部奠基之作；班扬和潘恩，与科贝特和欧文一起，在构成1750—1830年间运动之原材料的观念与态度方面做出了巨大贡献。"

只要随意一瞥19世纪的工人阶级杂志，就会看到诗歌和文学无处不在，它们是激励其观众与读者获取政治主体性、采取政治行动的重要因素。一个有趣的探究线路，一条至今在次等文学中从未被尝试的线路，就是分析这些杂志中的这种文学"传统"。尽管在这里不便详细探讨这条探究线路，然而我们可以根据作者与相应的功能来对文学暂时归类：第一类，该运动中当前活动家所写的诗歌与系列小说，其中最著名的是这些刊载于欧内斯特·琼斯《人民日报》与威廉·莫里斯《共和国》(Commonweal)上的作品。第二类，该运动中早期的活动家或国外活动家所写的文学作品（例如，弗赖利格拉特的诗歌经常见诸威廉·莫里斯的《共和国》）。第三类，该时期重要文学人物的著作——这些文学人物尽管经常写一些对该运动具有重要作用的主题，然而，他们自己却不是该运动中的一员，例如雪莱、布莱克和班扬等。无论是该运动中当前的、过去的还是国外的活动家，其所写的著作通常会叙述工人在其政治事业中面临的具体斗争和问题。使用过去活动家所写的诗歌为全世界工人阶级斗争提供了一种兄弟般的情谊。在第三类文学中，产生了一种有趣的功能。这些诗人不仅更多地处理人类斗争中的普遍问题（例如，雪莱的诗歌《自由》），而且使用更加主流的文学作品有助于为整个斗争增添一种权威感和信任感。

第三章 向艺术政治经济学迈进

工人阶级要求带来的更广泛文化影响,也改变着艺术在该文化领域内被认识的方式。正如我们已经指出的,对于伊格尔顿而言,工人阶级的社会诉求轻易地反映在统治集团杂志上政治主题的激增。他正确地指出,与工人阶级斗争相关的某些政治诉求,不能直接被包含在这个文化领域内;这些政治诉求必须通过统治集团的政治利益折射出来(作为需要为其辩护和争论的问题或理想)。然而,工人阶级理想并非只是与民主概念相关,因此在有意识的政治层面,它并非必然具有可争辩性,而且,工人阶级理想也与某些劳动观念以及随之而来的经济权利相关。的确,工人阶级活动家为阐述其理想而经常广泛借用各种资源(边沁的实用主义、洛克的自由主义、欧文的社会主义、浪漫主义和马克思的共产主义,不胜枚举),将其融合成一个理论大杂烩,这个大杂烩"从实践行动角度看、从动员个人努力争取其权利与利益角度看,都富有意义"。[1]尽管劳动的文化价值为各个阶级所共享,然而各阶级将这种劳动文化价值包含在自己政治目的内的方式却不相同。我们际遇过这些有关博览会盛况的不同政治表述。如果说工人阶级活动家称工人阶级有享有"其劳动成果"的"天赋权利"[2]——一种为资本家的垄断所阻碍的权利,那么,用哈尼的话说,他们也倾向于宣扬一种"喜悦"劳动之理想。"喜悦"劳动概念,作为一种更加普遍的生活方式概念,与工人阶级政治话语中的其他概念一样,也是一种批判

---

[1] 理查德·阿什克拉夫特,《维多利亚工人阶级眼中的自由主义与道德生活》("A Victorian Working Class View of Liberalism and the Moral Life"),该文在纽约举办的政治思想研究会议上宣读,却未出版,1988年4月8—10日,第29页。要了解英国社会主义不同的根源,参见斯坦利·皮尔森(Stanley Pierson),《马克思主义与英国社会主义的起源:为新意识而战》(*Marxism and the Origins of British Socialism: The Struggle for a New Consciousness*)(Ithaca: Cornell University Press, 1973),第3—55页。

[2] 理查德·阿什克拉夫特,《维多利亚工人阶级眼中的自由主义与道德生活》,第29页。

的政治概念。

在雷蒙德·威廉斯(Raymond Williams)的文化概念史中,我们发现一种对英国文化批评的更加精妙的解读,这种解读聚焦于文化批评的多价政治本质。正如雷蒙德在其权威著作《文化与社会:1750—1950》(Culture and Society:1750—1950)结尾指出的:

> 脑力与想象工作的主体部分——每代人都接受其作为自己的传统文化,总是、也必然是,超越单个阶级的产物……即使在某个阶层占统治地位的社会中,显然存在以下两种可能性:其他阶级成员为一般储备物(the common stock)做出贡献;这些贡献不受统治阶级观点与价值观的影响,或与统治阶级的观点与价值观相对立。文化领域似乎通常与语言领域、而不是与阶级领域相称。①

威廉斯认为,这一时期英国文化批评的特征对其他阶级的"语言"与话语更加开放。尽管伊格尔顿认为批评政治为所谓的话语之阶级附属性所束缚(因此,其政治必然是一种霸权与反动的政治),然而威廉斯却更愿意赋予这些文化话语以一种自主性——或者更确切地说一种他律性。这就使威廉斯能认识到罗斯金独一无二的重要性,伊格尔顿却未认识到。② 始于普金和罗斯金的思想,

---

① 威廉斯,《文化与社会》,第 320 页。
② 的确,在伊格尔顿著《批评的功能》第 39—40 页中,他倾向于将罗斯金与其他 19 世纪早期的浪漫主义者混为一谈,这些 19 世纪早期的浪漫主义者推崇伊格尔顿所称的"哲人"(Sage)之作用。"哲人"指的是这些试图将文学与艺术从变幻莫测的政治媒介中解救出来并将其置于超验知识领域的文人。
  当然,伊格尔顿的确认为浪漫主义运动的确批判了工业资本主义带来的侵入式的机械化与理性化(rationalization),但其批判的方式有些模棱两可且自相矛盾。一方面,浪漫主义的想象概念极力歌颂具有创造力的主体,这为批判资本主义市场交换提供了一个据点。在这个过程中,诗人成为机械主义猛攻击下真理的仲裁人;此外,诗人成为社会改革的中心。引用雪莱的话:"诗人是不可领会之 (转下页注)

威廉斯正确地看到,有关艺术理解之难题发生了转变,而这个难题在莫里斯思想中在逻辑上得以终结。的确,明显的是,罗斯金从社会与政治视角来讨论美学问题,而在该话语传统中迄今为止从未有人从这些视角进行讨论。① 威廉斯认为,罗斯金对艺术与社会物质实践之间关系的强调,是对工业资本主义攻击的回应。工业资本主义产生了一种文化概念,在这种文化概念中,"一个时期的艺术必然与[该时期]普遍流行的'生活方式'紧密相关,并且,其结果是,美学、道德与社会判断密切相关"。② 尽管威廉斯指出罗斯金方法的新颖性,但很明显,他只是将这种新颖性视为自伯克(Edmund Burke)以来的批评传统之延续,这种传统宣扬一种与摧

（接上页注）灵感的祭司,是未来投射于现在之上之大片阴影的镜子；……诗人是不被承认的世界的立法者"(参见《为诗辩护》,收录于《雪莱散文》,D. Clark 主编[London:Fourth Estate, 1988]第 297 页)。

然而,另一方面,这种创造主体性实体化(hypostatization of creative subjectivity)同样使诗人的话语脱离变化不定的社会政治生活,这样就提供了这种理解,即只是从无与伦比的创造性天才这个方面去理解美学生产。这并非宣称浪漫主义者是远离政治的；完全不是这样,一些浪漫主义者非常关心政治,他们用自己的诗人天赋来为各种不同的政治意识形态服务(参见 Crane Brinton 著《英国浪漫主义作家的政治观》[*The Political Ideas of the English Romanticists*, Ann Arbor:University of Michigan Press,1966],以了解对这些人不同政治意识形态的深刻、详尽的讨论。要了解对雪莱政治思想的谈论,参见约翰·吉恩[John Pollard Guinn],《雪莱的政治思想》[*Shelly's Political thought*, The Hague: Mouton and Co., 1969]。)毋宁说,他们明确的美学生产概念将艺术从现实斗争世界移到一个超验主体性领域,这个领域能为批判机械主义与资本主义生产之侵入式的、消耗一切的影响提供一个有利位置,然而在这个领域中,批判最终屈服于想象之非理性主义。

① 威廉斯,《文化与社会》,第 130 页。正如威廉斯指出:"作为一种概念,艺术时期与社会时期之间的关系,更早地在欧洲被发现……英国在 19 世纪 30 年代才开始明确强调这种关系,这种强调既新奇又颇受欢迎"。也可参见肯尼思·克拉克(Kenneth Clark),《哥特式复兴:品味史随笔》(*The Gothic Revival: An Essay in the History of Taste*, London:John Murray, 1962),第 139 页,作者在该处指出"艺术批评著名作家亚里士多德、朗吉努斯与贺拉斯,全部将艺术描述为某种从外部强加的东西。据我所知,18 世纪中还没有这种概念,即样式与社会有机地联系在一起且样式源自一种生活方式"。

② 威廉斯,《文化与社会》,第 130 页。

毁一切之工业资本主义相敌对的文化观。

虽然伊格尔顿将文化讨论简化为统治阶级霸权利益这一做法是错误的，但威廉斯的分析似乎有时脱离该时期的政治话语——每位理论家都在这种政治话语中行动与写作。[①] 正如上面指出的，威廉斯的强调重点是，文化概念的发展直接与工业资本主义社会发展冲突。然而，这种话语发展却从未被置于某个社会阶层或社会团体的社会与政治发展中——鉴于其社会学意图，这多少有些奇怪。这也就是说，我们不能明白这种概念是否与重要社会行动者的一些尝试密切相关，这些尝试也即社会行动者理解自己的生活世界，并在其中行动的尝试。因此，威廉斯研究的真正焦点并非社会使用中的文化概念(conceptions of culture *in social use*)，甚至不是作为相互冲突社会意义之表征的文化观念，而是作为一种与"整个生活方式"(这种生活方式中似乎没有相冲突的语言和意义)相关的批判文化概念。因为我们永远不可能理解构成文化概念各种演变与发展的政治调解，所以，这些意识形态发展似乎是对概念的必然揭露，而非是政治斗争的产物，也非社会竞争的角斗场。该描述的意义在于，我们绝不可能真正际遇这种解释，即为什么一种艺术概念——一种与社会、尤其是与劳动条件紧密相连的艺术概念，会在历史上的此刻出现。

定位罗斯金(Ⅱ)：工人阶级政治话语中的愉悦劳动概念

作为迈向这种解释的第一步，我认为，罗斯金的文化批评是因为该时期正在发生的广泛政治与经济斗争，才呈现它已呈现出的

[①] 有关《文化与社会》中政治问题的这一点在《新左评论》(*New Left Review*)编辑委员会采访威廉斯的一系列问题中明显地表现出来。参见《政治与书信》(*Politics and Letters*)(London: Verso, 1979)，第97—132页。

这种形式。罗斯金采用这种政治上备受争论的劳动范畴,是因为劳动范畴在社会与政治中的广泛使用;正如我们看到的,它是一个被19世纪各阶级使用的一种在社会使用中的概念。而且对于艺术爱好者而言,变得更加明显的是,资本主义发展正在彻底改变着艺术的条件与美之可能性。在这方面,艺术不再被认为是一个具有永恒不变特征的、不受社会经济变化影响的领域。我们从罗斯金的艺术与社会观察中发现的是另外一种艺术概念的首次表征,这另外一种艺术概念用以反对伊格尔顿声称的、资产阶重建传统公共领域之企图。罗斯金将艺术与劳动联系起来的特殊方式是其文化批评中最具政治批判的部分,它用美学语言表述工人阶级的反霸权话语。

正如在上一章中讨论过的,在维多利亚时期英国的文化与政治中,劳动这个一般性概念广泛使用。它在资产阶级与工人阶级时常相互冲突的政治与社会话语中流传。尽管保留着其核心意义(这种核心意义是对"懒散"[idleness]的共同憎恶),然而这个概念被这些阶级代言人以不同的方式表述,因而提供了一些有用的方式来构建自己阶级的利益并区分其他阶级的利益,这些方式同时也为表述各种不同社会与政治理想奠定了基础。这个概念也提供了一种丰富的、潜在开放的文化语言,这种语言被用来建构维多利亚时期英国政治领域中各种主体地位。而且,该概念在政治上更为严格的使用,因它在各种宗教传统中的频繁出现而得以加强,这些传统宣扬——用纽曼大主教的话来说——"每个有生命气息的人,无论高低贵贱,无论受教育与否,无论年幼年长,无论是男是女,都有一个使命,都有一份工要做"。① 的确,为工作价值或劳动价值大声疾呼且最具影响力的代言人之一卡莱尔(罗斯金认为他是继特纳[J. W. Turner]之后自己最重要的导师)——称"所有真

---

① 转引自霍顿,《1830—1870年维多利亚时期的思维构架》,第244页。

正的工作都是宗教"。① 然而,如果说工作本质上就是宗教活动、是上帝意志在地上的体现,那么,它就并非必然是令人愉悦的;无论劳动是辛劳的,还是卑微的,它究竟为我们提供了一条通往精神与道德救赎之路。"抱怨辛勤劳作生活之人,你是谁",卡莱尔质问道。"不要抱怨。我疲惫的兄弟们,请抬头看看那些在上帝永恒中的你们曾经的同伴;[他们]在那里得以幸存,只有他们得以幸存:不朽之神圣乐队、人类家园天上的守护者。"② 深受卡莱尔富有激情之话语的影响,毛里斯(F. D. Maurice)、拉德洛(J. M. Ludlow)和金斯莱(Charles Kingsley)的基督教社会主义也宣称工作之宗教特性,这种宣言运动于 1848 开始,之后,它便使其发起者转向旨在缓解工人阶级困苦的各种改良计划与教育计划,在这些计划中,最著名的是 1854 年工人大学的建立。③ 布朗(Ford Madox

---

① 卡莱尔,《过去与现在》,第 201 页。众所周知,到 1885 年,罗斯金公开宣称,在其政治思想的发展道路方面,卡莱尔对他的影响最大。要了解对罗斯金与卡莱尔之间关系的富有洞见的讨论,参见杰弗里·斯皮尔(Jeffrey L. Spear),《英国伊甸园之梦:罗斯金及其社会批判传统》(*Dreams of an English Eden: Ruskin and his Tradition in Social Criticism*)(New York: Columbia University Press, 1984),第 86—125 页。
② 卡莱尔,《过去与现在》,第 202 页。尽管这只卡莱尔思想中的主流意象,然而,应该指出的是他有时的确指出真正的劳动应该是这种没有辛劳、也不枯燥的工作。见《衣裳哲学》(*Sartor Resartus*)(New York: Odyssey Press, 1930 年)第 284—291 页,卡莱尔在这里似乎批判了"单调乏味的工作"是一种异化的、辛苦的劳动。
③ 要简单了解基督教社会主义,参见马克斯·比尔(Max Beer),《英国社会史》(*A History of English Socialism*)(New York: Humanities Press, 1948),第 2 卷,180—187 页。应该指出的是,基督教社会主义者在"基督教化社会主义与社会主义化基督教(Christianize socialism and socialize Christianity)"(借用比尔的话)所需之手段方面,仍然存在争议。基督教社会主义创建者 J. 勒德洛(J. N. Ludlow),在其政治与社会理想上显然更加激进。他希望通过工人阶级在经济上的联合来改变人类社会中各种体制,使其更加接近基督教理想。而莫里斯(Maurice)则不喜欢这些激进的手段。要了解这些差异,参见 P. 艾伦(P. R. Allen),《F. D. 莫里斯 与 J. N. 勒德洛:对基督教社会主义领袖的重新评价》("F. D. Maurice and J. N. Ludlow: A Reassessment of the Leaders of Christian Socialism"),收录于《维多利亚研究》第 14 期(*Victorian Studies XI*)(1968 年 6 月),第 461—482 页。

Brown)的画作《工作》(Work)(1864年)绝佳地表现了所有这些有关劳动之话语,它突出表现工人全身心投入在自己的活动中,围绕着这些工人的,是各种闲散穷人与闲散富人的代表,而卡莱尔和莫里斯则用满有爱心的、关切的目光在一旁注视着这些工人①。

在宣称劳动和工作之尊严与宗教特性的众多声音中,劳动和工作应当是快乐的或者是令人愉悦的这种理想的确少有人关注。尽管它是通往在世幸福生活或天堂幸福生活的一种必要活动,但它必然是艰辛的、劳苦的、"不令人愉悦的"。斯迈尔斯(Samuel Smiles)被认为是自本世纪中叶以来,最具影响力、最受欢迎的"工作福音"倡导者,他正确地总结了幸福与劳动的一般关系——这种关系也为大多数维多利亚时代人们所承认:"荣耀的辛劳同责任如影随形;上帝将二者与幸福紧紧连在一起。诗人说,神将劳动和辛劳放在通往天堂的路上[作者强调]。"②认识到这一点,即幸福是这种天佑活动的一个不可或缺特征,只会使人们质疑这些正在提供一种地上"天堂"——至少为贵族与资产阶级生活提供一种地上"天堂"——的经济进程。

正是在这种颂扬辛劳作为劳动之善的主基调中,我们看到了罗斯金喜悦劳动(enjoyable labor)理想的意义,这种理想,正如我们即将看到的,源自罗斯金对中世纪艺术形式美之社会基础的发掘。而且,对劳动之喜悦或愉悦的强调,似乎和与工人阶级运动相关的、更广泛的政治话语有一种有趣的同源关系。如果说罗斯金在其对艺术的考量中发现了愉悦概念,那么,工人阶级运动活动家

---

① 要了解对该画作有趣的、富有洞见的一种解读,即将其解读为"维多利亚社会中有关工作问题之寓言式表征",参见艾伯·博伊姆(Albert Boime),《福特·马多克斯·布朗、托马斯·卡莱尔与卡尔·马克思19世纪工作的意义与神秘化》("Ford Madox Brown, Thomas Carlyle, and Karl Max: Meaning and Mystification of Work in the Nineteenth Century"),载于《艺术杂志》第56卷(Arts Magazine 56),第1期(1981年9月),第166—175页。

② [译注]原作者注释。转引自布里格斯,《维多利亚时期的人们》,第116页。

则敏锐地意识到资本主义制度下其拥护者在劳动过程中的堕落。的确,正如我们从与博览会相关的劳动话语中看到的,当哈尼谈到与一个值得庆贺的工业展览相关之劳动目标时,他明确地使用了喜悦这一概念。鉴于劳动的这种条件的普遍性,该运动中的大多数活动家都会讨论与机械及工厂体系相关的非人化问题,因此,都会或明或暗地阐述一种其中没有辛劳的劳动目标。工厂体系带来的劳动分工确保以前生产商品中的多样性活动(体力的或智力的)被枯燥乏味的重复工作与人们衰退的潜能所替代。1867年,马克思引用了大量的官方报道,他富有洞察力地描绘了盛行于英国迅速发展之工厂体系中的工作条件:

> 工厂的工作最大程度地耗尽了神经系统;它同时消除了肌肉的多样性游戏,没收了自由的每一个原子——无论是身体活动中的还是智力活动中的自由……正是由于它向自动化的转化,劳动者在劳动过程中际遇以资本形式出现的劳动工具。资本是一种僵死的劳动,它支配并耗尽活的劳动力。将生产过程中脑力劳动与体力劳动的分离……正如我们最终看到的——最终由基于机械化之上的大规模工业,完成。这些如今被剥夺了所有重要性的机器操作工,其独特的技能,逐渐消失在科学、在庞大的自然力量、在内嵌于机械化体系中的社会化劳动面前……而科学、庞大的自然力量与内嵌于机械化体系中的社会化劳动正是构成主人的力量。[1]

马克思对工厂体系与机械的分析深刻揭示了工厂体系与机械化在工人之不断恶化的非人化与剥削中所起的作用,而工人的这

---

[1] 马克思,本·福克斯(Ben Fowkes)译,《资本论》,第1卷(Capital, Vol. I)(New York:Random House, 1977),第548—549页。

种非人化与剥削是由资本奴役引起的。工厂工人残酷的生活,因下列因素而进一步恶化:机械化带来的工作时间的延长、对健康有害的工作条件、很低的工资和为确保机械化生产过程中不受任何妨碍的自动化过程得以顺利进行而制定的监狱般的行为准则。[①]总之,所有积极关注工人阶级条件之人都认同工人阶级的这种境况,这种认同在他们的分析中表现出来,要么表现为剩余价值理论,要么表现在他们自身的经历中。正如一位工人阶级活动家在《红色共和》(The Red Republican)上问道:

> 盛行的社会结构系统呈现了劳动的哪个方面?绒面呢与丝绸由脸色苍白、衣不蔽体、蓬头垢面的手工艺人织造,他们每天蹲伏在织布机前工作十四到十六个小时,为的就是那点使自己不至于饿死的微薄薪水。宫殿般的房子是由这些居民建造,他们住在潮湿、肮脏、根本不适合人居住的地窖中。长满金色谷物的田地由这些劳动者播种、收割,而他们甚至得不到聊以果腹的食物,他们住在如猪舍破乱的地方,当他们年老体衰,或者当他们因长期的贫穷与困苦而为发烧与风湿所折磨时,他们唯一的指望只能是救济院。[②]

---

① 马克思,《资本论》,第549—553页。也可参见弗里德里希·恩格斯,《英国工人阶级状况》(The Condition of the Working-Class in England)(Moscow: Progress Publishers,1973),第172—224页,该处详细分析了工厂生产中工人阶级状况。E.霍布斯鲍姆,《工业与帝国》(Industry and Empire)(London: Penguin,1968),第85—86页,作者指出机械化工厂制定出"……机械化的工作条例,这种工作条例不仅与传统相冲突,而且与迄今为止仍不能适应它的人类倾向相冲突。因为人并非自发地喜欢这些新的方式,所以他们必须被强迫……被一些工作条例与罚款[强迫]……被如此低的工资所强迫,工资如此低以致终日劳作也只能勉强糊口。"

② 沃尔特·霍顿,《1850年中产阶级的托词与无产阶级的轻信》("Middleclass-Dodges and Proletarian Gullibility in 1850"),载于《红色共和党人》,第1期,第7卷(1850年8月3日),第51页。

正如我们从上面引文中看到的,在工人阶级话语中,愉悦劳动的价值最终与更广泛的经济与社会问题联系在一起。因此,尽管这种政治目标出现在工人阶级杂志上的文章与宣言中,然而该目标总是暗含在这些更加相关的经济控制、劳动分工与公平工资问题中,这些问题——正如一位评论员在《雷诺的政治导师》(Reynold's Political Instructor)上宣称的——直接与"建构更美好事物"相关。① 只有给予"劳动者公平"——这意味着一种"公平公正的劳动分工",和与"这种劳动价值"相称且与"劳动者不同生活方式之必需品"②相称的报酬,工人的劳动才能成为一种对其生活具有内在意义的活动。一旦劳动分工这样被建立,以致它能缓解最枯燥乏味、最堕落的工作,或者如一位合作计划倡导者所说地那样被建立,即至少可以轮换工作,如此,便不会有工人注定永远从事辛劳乏味的工作③,那么劳动者真正的技能就能大放光芒,就能生产出高质量的产品,这些产品甚至能展现出美之特征。正如《雷诺的政治导师》上的那位评论家继续说的:

> 例如,任何真正贸易中或者任何装饰行业中的两项工作之差别在哪里?一个受竞争驱赶而感到绝望之人,拿着微薄的工资去从事一项工作,另外一个人却在丰厚的薪酬下从事这项工作?一个人从事这项工作,就好像它是一项强加给自己的任务……而另一个人却视其为爱的劳动,……并且他把自己所有的才能与天赋投入其中。一个是将无产阶级推入更

---

① 一位无产阶级者,《劳动的组织方式》("The Organization of Labour"),载于《雷诺的政治导师》(Reynold's Political Instructor)(1850年3月16日),第151页。
② 一位无产阶级者,《劳动的组织方式》,第151页。
③ 《合作体系》("The Co-operative System"),载于《雷诺的政治导师》(1850年3月2日),第132页。

深泥沼中的人；另外一个却是提高其技能、提升其阶级地位、为其雇主带来丰厚利益之人。①

重要且需要注意的是，对工人而言具有内在意义的劳动过程（也即"一种爱的劳动"）之发展，在工人阶级激进人士和社会主义者看来，要求某种形式的经济平等、公平的劳动报酬并要求减少劳动分工所带来的残酷影响（这些影响——用一位工人阶级活动家的话来说——不久就会迫使工人陷入"体力劳动的境地，……使其如同这些如今已成为自己竞争对手的机器一般"）。② 在期待我们对罗斯金的讨论时，这里另外一个有意思且值得注意的事情是，这位评论家曾试图将商品的质量与投入到商品生产中的劳动的质量联系起来。

莫里斯在给罗斯金《哥特式的本质》所作的序言中指出，尽管罗斯金并非唯一一个"提出人应该在劳动中获得愉悦这一观点之迫切必要性"之人，然而他是唯一一个认为该问题与美学生产之本质内在相关之人。

因为罗伯特·欧文（Robert Owen）显示了友谊与善意是如何使劳动至少变得可以忍受；在法国，查理斯·傅里叶（Charles Fourier）详细论述了这一主题，而其用于重建社会的整个复杂体系就建立在某种希望之上，即从劳动中获得愉悦的希望。然而，欧文和傅里叶都不可能在他们的时代找到解决该问题的答案，这种由罗斯金给出的答案。傅里叶不是依靠艺术作为实现劳动中愉悦的驱动力，而是依靠激励物，尽管激励物在任何体面的社会中都不会缺乏，然而它不过是愉

---

① 一位无产阶级者，《劳动的组织方式》，第151页。
② 《富人和穷人》（"The Rich and the Poor"），载于《雷诺的政治导师》（1849年11月17日），第12页。

悦工作的次要部分，而非其核心部分；并且，只要合理安排，它无疑能减轻劳动之负担，但它却不能为劳动获得感官愉悦这个因素，而感官愉悦因素正是所有真正艺术的精髓。尽管如此，必须说傅里叶和罗斯金为同一直觉所触碰，因而，注意二者殊途同归之方式将非常具有启发性，且会给人以希望。①

正如莫里斯认为的，欧文空想社会主义某种程度上建立在这种目标之上，即创造一种愉悦的劳动条件，好比傅立叶的社会主义所做的那样。莫里斯发现这些改善工人阶级条件的计划中缺失的是，他们没有看到堕落不仅在于建构与引导劳动活动之"激励物"的缺失（正如莫里斯所说，"刺激物在任何体面的社会中都不会缺乏"），而且也存在于劳动过程本身中。因此，付给工人公平的薪酬，但同时仍然继续辛劳、枯燥乏味的劳动，莫里斯认为这并非一个可行的目标。莫里斯这种对构建"感官愉悦因素"的关注——他自己称之为内在于所有与艺术创造相关之人类劳动中的理想，被某位评论家认为是莫里斯对社会主义思想的最重要贡献。② 但在这里，就我们的目的而言，更为重要的是，莫里斯隐含地比较了罗斯金的"愉悦劳动"概念和这些发展于工人阶级运动之社会主义学说中的类似概念。③ 然而，宣称罗斯金的劳动概念是这些政治话

---

① 莫里斯，《约翰·罗斯金〈哥特式的本质〉序言》("Praface to *The Nature of Gothic* by John Ruskin")(1892年)，收录于《威廉·莫里斯：艺术家、作家和社会主义者》，第293页。
② 在凯斯门特的《莫里斯论劳动与愉悦》("Morris on Labour and Pleasure")，第351—382页中，作者指出莫里斯如何发现有关劳动的现存社会主义学说在这方面有缺失。的确，凯斯门特正确地指出莫里斯添加这一内在愉悦劳动概念是源自罗斯金，而我要说，莫里斯添加这一内在愉悦劳动概念是源自其对中世纪艺术形式之实践与研究从而对该概念的拓展。
③ 在《艺术与社会主义》("Art and Socialism")(1884年)，收录于A.莫顿(A. L. Morton)主编的《威廉·莫里斯政论集》(*Political Writings of William Morris*)(New York: International Publishers, 1973)，第119—120页，莫里斯明确谈到工人阶级是如何理解"工作中愉悦劳动之诉求"这个概念的，并因此总是倾向于罗斯金的思想。

语的一种直接反映,这是一种误导性的、简化论观点。罗斯金的愉悦劳动概念是从其对哥特式建筑极其仔细的分析中逐渐浮现出来的,且起初是迟疑不决地浮现出来。

从艺术到政治经济:走向艺术劳动理论

在我的这些著作中,作为探讨艺术的散文,其明显的特征是,它们将每件事情都归根于人类的热情与希望。我所陈述的每一种绘画原则皆可追溯到某种有生命力的事实或者某种精神事实;在我论述建筑的著作中,我最终偏好某种学派而不是其他学派基于比较这些学派对工人生活之影响——对工人生活之影响这个问题是所有其他论述建筑主题的作家完全遗忘或者彻底鄙视的。

——罗斯金,《现代画家》①

在研究罗斯金的学术传统中,研究者们普遍试图描绘罗斯金作品之有机本质;尤其是倾向于显示罗斯金早期的美学思想与其后的期政治理想在形式上的相似性。因此,我们发现霍布森(J. A. Hobson)在《约翰·罗斯金:社会改革家》(*John Ruskin:Social Reformer*)一书中指出,"罗斯金在研究自然、艺术与历史的过程中,曾种下一些种子,这些深埋多年的种子,经必要的思想与情感过程滋润,必然要生长,并最终成熟为其社会主义学说之理想",这种观点是正确的。② 威廉斯也回应了这一特别的洞见,他称"罗斯金的社会批判如果不是产生于对艺术目的之思考——

---

① 转引自 J. 霍布森(J. A. Hobson),《约翰·罗斯金:社会改革家》(*John Ruskin:Social Reformer*)(Boston:Dana Estes and Co.,1898 年),第 43 页。
② 霍布森,《约翰·罗斯金:社会改革家》,第 33 页。

正如它必然产生于这种思考之中一样,那么它就不会呈现出相同的形式"。① 这两种描绘都指向罗斯金的"生命美"(Vital Beauty)概念与其后来的理想社会概念二者之间表面看似乎明朗的关系,在"生命美"概念中,美被定义为"活的事物幸福地履行其功能,尤其是人幸福地履行其过喜悦、完满生活之功能",②而在罗斯金的理想社会中,所有人都有其特殊的功用,这些功用最终与一个大计划相关。在这种理想中,罗斯金没有给平等和自由留余地,因为其中会存在一种严格的阶级等级制度以确保整个体系的正常运转。正如罗斯金就工人阶级的这些政治要求所断言的:"没有平等,只有对已有法律、对委派之人的即刻服从;没有平等,只有对每一点改善的称赞,和对对每一点恶化的谴责"。③ 霍布森简明描绘了在致使罗斯金厌恶民主理想之思想中这一有机比喻所起的核心作用:

> 文中随处可见的这一有机概念点亮了罗斯金的理论及其实践建构政策;它使罗斯金获得有关各工业阶级的概念,也赋予罗斯金各阶级中各个成员之间的关系以秩序;它使罗斯金得以从机械的、原子式的平等概念中释放出来,并促使他发展出一种由权威与服从支撑的相互依赖之秩序体系……④

因此,正是从罗斯金的"生命美"这一特别概念中,近代学者发现罗斯金保守主义的根源。然而,尽管罗斯金的艺术和美概念与

---

① 威廉斯,《文化与社会》,第135页。
② 罗斯金,《现代画家》(*Modern Painters*),第2卷(New York: John Wiley and Sons, 1872),第27—28页。
③ 罗斯金,《往昔》(*Fors Clavigera*)(London: George Allen, 1896),第1卷,第五封信,第101—102页。
④ 霍布森,《约翰·罗斯金:社会改革家》,第94页。

其后期的政治和社会理想之间有很多相似之处,然而,如果细读,某些冲突就会凸显出来。即使在罗斯金早期作品《现代画家》中,也可能发现一种相似,即尽管艺术和美这两个独特的概念与"幸福地履行其功能"这一概念相连,然而,这种相似事实上与罗斯金的保守主义相抵触。这是我们在前面讨论美与工人状况时曾提到过的一个概念。罗斯金因对自己所处时代的政治动荡之经历而转向劳动阶级工作条件的重要性。这种政治洞见为其阐述与劳动和工作相关的美之概念提供了必要的动力,这种概念最终为攻击传统的自由主义政治经济之堡垒奠定了基础。然而该概念的"政治逻辑"——如果我们可以使用这个术语的话——事实上妨碍阶级等级概念。因此,我们在罗斯金的思想中发现两个表面看起来似乎相互矛盾的因素:一个似乎使其最终走向支持工人阶级获得平等与自由之政治事业,另一个则源自这些保守主义传统,假定工人阶级服从统治阶级的必要性。正如我们所知,后一个因素最终在罗斯金的思想中占了上风。

绘画道德:《现代画家》与罗斯金的早期构想

要完全理解罗斯金的劳动与美之间关系之概念,我们必须从其里程碑式的早期作品《现代画家》开始。该作品历时13年才完成,第1卷开始于1843年,第2卷发表于1846年,而第3和第4卷则于1856年得以出版。在1846年到1856年这段时间里,罗斯金开始分析建筑的本质(《建筑的七盏明灯》,尤其是开始分析哥特形式的批判意义《威尼斯的石头》)。尽管这些论述建筑的著作清晰描绘了罗斯金对艺术生产背后之社会条件的兴趣,但正是在《现代画家》中,我们才际遇了罗斯金在这方面迈出的尝试性第一步。

一般来说,《现代画家》的目的是,显示现代英国学派(例如,特纳)优于17世纪的山水画家这一真理。在这种叙述中,罗斯金尤其抨击了雷诺兹(Joshua Reynolds)在皇家艺术学院中提出的雄伟风格,罗斯金认为这种风格倾向于一般化,它忽视了自然形式的各种精微细节。正是这种教育人们使其认识到蕴含在这些自然形式中的"真理"之尝试,为罗斯金提供写作该书的巨大动力,并且它也的确解释了这个事实,即罗斯金实际上更多地在讨论自然本身而非绘画。于罗斯金而言,充分感知自然之能力并非只是留给知识分子的礼物,它最终是人类道德本性的表达。因此,《现代画家》既是一种道德教育,也是一种艺术中美之原则的教育。正如罗斯金所言:

> 这种对色彩与形式的身体敏感与这种更高级的敏感——这种我们尊崇其为高贵心灵主要特征之一的、也是真正诗歌之首要源泉的敏感——紧密相连。我深信这种敏感,当它拥抱神圣的、人类的和残暴的才智,且通过联想、感激、崇敬以及我们道德本性的其他纯粹感情来神圣化对外在事物的身体感知时,它就会与爱一起——我指的是带着无限的、神圣功能的爱——彻底消融在我所说的这种身体的敏锐性中。尽管发现真理本身完全是智力的……然而当这些工具(感知与判断)拥有使之开始活动的、我们道德本性中的能量与热情时,它们就能变得更加犀利、更加明亮,且能被更加迅速、更加有效地使用……①

观察自然的能力只有在观察者已具备"道德本性"的情况下,才成为可能。这种道德本性是感知美的充要条件;的确,一个人的道德

---

① 罗斯金著《现代画家》,第 1 卷,收录于约翰·罗森伯格(John D. Rosenberg)主编《天才约翰·罗斯金》(*The Genius of John Ruskin*),(London:Routledge and Kegan Paul, 1979),第 25 页。

本性实际上激发人们感知这些真理。正如罗斯金进一步声称,将道德与自然真理之间的联系用一个简洁的公式表示:"……一个道德感觉麻木之人在感知真理时也总是麻木的。"①

正如许多评论家已经指出的,当罗斯金提到"道德本性"时,他并非指正确的行为或者错误的行为本身,而是指一般的行为与品性。一般的行为与品性并非由个体构建而成,而是源自时代之更广泛的文化与社会条件。反过来,罗斯金进入对艺术的研究,他深信"一方面,美之感觉并非感官的,另一方面,它也非智力的,美之感觉取决于心灵的一种纯粹的、正确的、开放的状态,如此,便能探寻美之真理,感受美之强烈"。② 因此,与捕捉美相关的特殊人类官能,并非传统所称的"审美"之物,因为"审美"这个术语对罗斯金来说,意味着"仅仅是感官上对事物外部特征的感知和身体的必要效果"。③ 而是,最好将专门用于阐明美之道德基础的人类官能描述为"理论的"。最终,理论官能成为一种令人敬畏的、宗教工具:它根本没有探寻,正如罗斯金澄清说:

> 享乐主义者寻求的是什么?除了在残酷与可怕事物之中到处寻找……甚至在看起来质朴与平常之物中寻找……他们的食物和他们爱的对象……憎恶人工作中出于自我的、傲慢的事物,轻视凡不出于上帝的,除非使它想起上帝,然而仍然能够在他似乎被所有人忘记之处找到他存在的证据……④

这些特征在万物中都是同一的,"无论其出现在石头中、鲜花中、野兽中,还是出现在人中",且它们"可能在某方面显示出上帝

---

① 罗斯金,《现代画家》,第 1 卷,第 25 页。
② 同上。
③ 同上书,第 11 页。
④ 同上书,第 17 页。

的典型属性"。罗斯金称这些属性为"典型美"(Typical Beauty)。① 如此一来,理论官能辨明所有有生命事物与无生命事物中的普遍特征,这些特征是上帝工作与计划的显露。然而,理论官能还拥有另外一种美之特征,即"生命美"(Vital Beauty)。如果说"典型美"是悦人眼目之物体的外部特征,那么"生命美"则源自"活的事物幸福地履行其功能后之显现"。② 那么,即刻,这个陈述似乎就意味着"生命美"单单指这样一种冥想,即对内在于自然界与人类世界中每个物体之大计划或大目的的冥想,也就是说,他们在依据上帝意志制定之计划中的作用。正如本章前面部分指出的,这是对该概念的传统解释。然而,尽管生命美表现了一个物体被指定功能的完成,然而,它不仅仅是在事物更大计划中的一种具体作用——正如"功能"这个词暗示的,而是,它是生命的某种特征。生命美产生于"我们对所有有生命之物的同情之敏锐中,我们在幸福中感知这种同情之敏锐……它不可避免地促使我们,从我们从其中获得的喜悦出发,将这些视作最可爱的、最幸福的"。③ 正是在这里,我们发现一种与"因喜悦……之显现带来的本能快乐"相关的类似美之概念,尽管这种美之概念掩藏在罗斯金的宗教信仰问答中④。这种"幸福"与"喜悦"最终与物体中"生命能量"之呈现有关。在讨论植物中生命美之呈现时,罗斯金指出:"……在玫瑰丛中,除了对红色色度与线条合理地交叠之考量,这些考量与对云层或者对风积雪堆的考量相同[它们体现出典型美],我们在这些中并借助这些,发现了某些令人愉悦的迹象,并接受其为植物个体中生命与喜悦之迹象"。⑤ 这些迹象对于我们研究中的某个具体

---

① 罗斯金,《现代画家》,第 1 卷,第 27 页。
② 同上。
③ 同上书,第 88—89 页。
④ 同上书,第 91 页。
⑤ 同上。

物体来说，必定更加特殊。这个时候，罗斯金的文本显露出一种非常有趣的困境。第一眼看上去似乎是一种严格意义上、关于美的功能主义观点，在某种程度上似乎被这样一种考量所取代，即对一种类似却更加难以捉摸的、与美相关之生命特征的考量。也就是说，"生命与喜悦"之标准并非必然暗示着更伟大计划中的一种特殊功能。它在逻辑上暗示着多样性和独一无二性，甚至暗示一种不愿参与到上帝预定计划中的状态。有人甚至会问"生命能量"——从该术语最重要的意义上讲——怎么能不与这个总计划相敌对呢。的确，在罗斯金后期的建筑著作中，美最终与投入到美之生产中的劳动之创造性与自由联系起来，这种情形直接与上帝之预定计划相对。

尽管这种困惑首先出现在《现代画家》对生命美的讨论中，用另外一种美之概念暂时吸引住读者，然而，这种困惑最终被罗斯金的宗教性情所缝合。这种政治因素的终结最终由逻辑循环来实现。正如罗斯金就玫瑰花丛继续说道："每片叶、每块茎，都有其功能，要持续发挥该功能，就好像它似乎只是为了该植物的好处与喜悦……稍加思考，我们会发现，该植物并非完全为自己而生，其生命是一种恩赐，它给予，也接受。"[①]因此，"喜悦"被定义为在上帝计划中正确履行职责之征兆。这个困惑表明地是，这些将罗斯金的保守主义建立在生命美概念上的企图只是部分正确。因为，正是在这样的讨论中，浮现出一种异质性的政治因素。聚焦于"生命与喜悦"，将其视为美之重要标准，是政治立场多样化的开始，而非仅仅是保守主义的开始。对于工人阶级活动家而言，它意味着根除资本主义生产体系，扩大社会中人人享有的平等与自由。我们在罗斯金审美语言中发现的相互矛盾的政治观点，将有助于我们解释其后期有意识政治思想中的各种姿态之有趣混合。它使我们

---

① 罗斯金，《现代画家》，第1卷，第91页。

明白为何罗斯金一方面支持工人阶级的这些政治话语,即他们谴责堕落资本主义生产实践对操作工生活的影响,同时又宣称解决工人阶级困境的办法在于对一种道德开明之统治阶级的合理服从,而该统治阶级的存在正是源自这些剥削性的经济进程。

建筑的批判之光:装饰美与美学价值之喜悦标准

罗斯金一直为建筑着迷。然而,直到《现代画家》第2卷出版后,罗斯金才首次开始其对该艺术形式之特征的持续探讨历程。如果说我们在《现代画家》中际遇了道德本质与艺术之美二者之间一种清晰的联系,那么在罗斯金论述建筑的著作中,我们则发现对影响艺术家道德本性之社会条件的一种更加清晰的解读。正如雪邦(John Sherbourne)声称的,对于罗斯金而言,建筑是一种比绘画更加具有集体特征的活动;它涉及到各种技能之工人的集体活动,它被众多人民大众所体验。① 因此,它对于罗斯金而言不仅是一个国家道德本质的风向标,而且,它还拥有深入影响社会之潜能。也就是说,鉴于建筑在社会中被生产,且被每个个体在其生活世界中持续体验,因此,它具有一种批判的认知因素和一种极其重要的道德教化功能。因此,正如罗斯金所称,它是一种"特殊的政治艺术"②,这种政治艺术"如此处置与装饰人们建造的无论为何种用途的建筑物,以至于只要看到这些建筑物就会加增人们的精神健康、力量和愉悦。"③

后一种评论源自罗斯金首部论述建筑的经典著作《建筑的七

---

① 约翰·雪邦(John Clark Sherbourne),《约翰·罗斯金,或者富有的歧义:社会与经济批判研究》(*John Ruskin, or the Ambiguities of Abundance: A Study in Social and Economic Criticism*)(Cambridge: Harvard University Press, 1972),第33页。
② 罗斯金,《建筑的七盏明灯》,第10页。
③ 同上书,第15页。

盏明灯》(1849年)。在本书中,罗斯金意在阐明所有伟大建筑背后的普遍原则;每章着重讲述一个能定义该艺术形式的"灯"或原则。重要的是,正是在这部著作中,我们看到罗斯金首次重申了这种我们在其对"生命美"之描述中首次际遇的美之"喜悦"标准,只是现在这种美之"喜悦"标准被具体表述为与工人的条件相关。尽管该作品中随处可见睿智的洞见,然而就我们的目的而言,最为重要的是,这些提出工人条件与美学生产和美学价值之间关系的洞见。的确,正是在这部著作中,我们才开始看到罗斯金对英国文化批评之独特贡献的种子,也即其对艺术劳动理论(labor theory of art)的阐述。

在开始分析前,应该指出的是这部著作的出版时间具有重要意义——它在宪章运动失败仅仅一年后发表,而这也标志着罗斯金对工人阶级条件之兴趣的开端。尽管没有确凿的证据证明罗斯金在其人生的这个时期与宪章运动领袖人物有实际的联系,但我们可以像该时期所有有社会意识之知识分子一样,假定罗斯金了解这些宪章运动领袖的学说与目标。罗斯金积极参与到工人阶级教育这些慈善计划,这始于19世纪50年代早期他与工人大学的联系。有证据表明他开始在这种教育论坛中与工人阶级往来。①

无论罗斯金与工人阶级运动有何种实际联系,他对工人阶级运动之抱负与政治目的的态度不过是充满矛盾的。我们已经指出过罗斯金对平等和自由这两个目标所持的态度,平等与自由这两个目标构成宪章主义者和工人阶级社会主义者政治学说的主要部分。然而,罗斯金在其后期著作中,却全然同意他们这个观点,即工人有权享有"其辛勤劳动之成果"——引用奥布莱恩(O'Brien)的话。的确,源自竞争性商业的所有不平等,根源皆在于资本家对工人的剥削,在这种剥削过程中,资本家攫取工人生产的"所有剩

---

① 霍布森,《约翰·罗斯金:社会改革家》,第51页中讨论了罗斯金与工人阶级的交往。

余价值",只留给工人勉强维持生活的价值。正如罗斯金继续说道,这似乎是在回应现代活动家的"社会主义"分析:

> 成功(当社会被商业法则引导时)总是意味着你大大地胜过你的邻居以至于掌控他工作的方向,并从中获利。这是所有巨额财富的真正来源。没有人能通过个人的辛劳变得极其富有……只有通过发明某种征收他人劳动的办法,他才能变得富有。他资本的每一次增加都能够大大拓宽其征收范围;也就是说,投入更多资金养活劳动者,相应地,就可以监管越来越多的劳动力,并从中获利。①

如果说罗斯金同意其同时代激进人士的看法,即也承认资产阶级对工人阶级剥削之存在,那么他其实是不愿赞同工人阶级为反对这种剥削所从事的政治活动的。一般来说,罗斯金认为,需要做的事是:对资产阶级进行适当的教育——使其能够合乎道德地、公平地使用劳动,和一种适宜的消费者伦理——该伦理将确保反映工人堕落的劣质产品没有市场。然而,也有一些时候,罗斯金对"不平等体系"的失望情绪会使其提议使用暴力与革命手段。例如,在《往昔》(Fors Clavigera)《第八十九封信》(Letter Eighty-Nine)(1880年)中,我们甚至看到罗斯金号召工人阶级联合起来反抗资产阶级,号召其努力争取"将权利从上层阶级手中转移到你们手中——这种转移为上层阶级之罪行所逼迫,并伴随着他们的愚蠢"。② 正是罗斯金政治思想他中的这种有趣混合,即

---

① 罗斯金,《政治经济随笔》(Essays on Political Economy),后以《经济学释义》(Munera Pulveris)为书名出版(1872年),收录于《艺术的政治经济学与论政治经济随笔》(The Political Economy of Art, Unto This Last and Essays on Political Economy)(New York:J. M. Dent and Sons, Ltd., 1968),第288—290页。

② 罗斯金,《往昔》,第4卷,第361页。

第三章　向艺术政治经济学迈进

对资本主义剥削之猛烈批判与对道德更新之统治阶级的一贯顺从,描绘了该时期相互冲突的政治话语。很重要且需要指出的是,罗斯金是在其提出艺术劳动理论之后,才进入政治领域的。的确,罗斯金对建筑的分析是其更广泛政治话语的话语基础;事实上,这些政治话语构成其著作中具有争议的难题。尽管这些政治语言保留着自己的政治逻辑,然而它们却是用美学术语重新表述的,这后来为将罗斯金敏锐的思想导向他那个时代的政治与经济问题奠定了基础。

《建筑的七盏明灯》开篇讨论了"献祭之灯"(Lamp of Sacrifice)。在本章中,罗斯金从区分建筑(architecture)和建筑物(building)开始其分析。建筑,尽管在其功用上似乎非常近似于建筑物,但只有在"其形式上印上某种或庄严神圣的或美丽的但并非多余的特征时"[①],它才存在。对于罗斯金而言,这种不必要的装饰显示了最崇高的献祭行为;它描绘了"我们应该在每件事情上尽力"的程度;并且,其次,我们应该将劳动的明显增加视为建筑物中美之增加。[②] 因此,并非任何形式的劳动都会产生美或者美学价值,而是完成得非常好的劳动才会产生美或者美学价值:"问题不是我们要做多少,而是我们要如何做;不是做得更多,而是做得更好"。[③] 因此,"献祭之灯"深入地反映在完成得很好的工作中,完成得很好的工作就是在现有条件下创造出最美效果所消耗的足量劳动。

在第二章《真实之灯》(The Lamp of Truth)中,罗斯金呼吁所有建筑必须恰当地反映其原材料的特征与本质,以及投入到该建筑中的劳动量。在本章中,罗斯金花费大量笔墨批判当下

---

① 罗斯金,《建筑的七盏明灯》,第16页。
② 同上书,第27页。
③ 同上书,第28页。

盛行的三种建筑"谎言"（Deceits）：暗中植入某种结构模式，而非采用真实的建筑模式；给建筑物表面上漆，以显示其他材料而非原材料的本来面貌；以及随意使用由机器制造的装饰品。正是在对第三种"谎言"的讨论中——他称之为"操作谎言"（Operative Deceit）——罗斯金回到对与美有关之人类劳动的讨论。正如我们前面指出的，所有好的装饰品的一种区别性特征，就是投注其中的人类劳动与关爱的多少。更具体地说，正因为它是我们人类品质之展现，所以才在建筑物观赏者的心中激起一种惊叹感。

> 我们对所有雕刻工作的兴趣、我们对其丰富性的感觉……皆源自我们意识到它是贫穷、笨拙、劳苦之人所做的工作。雕刻工作之真正愉悦取决于我们辨析出这些工作中记载的思想，在于在帐篷、磨难与辛酸中，辨析出复苏和成功之喜乐这些记录。①

正因为美是人类劳动与辛劳之反映，是人类有意识愿望与意图之展现，因此，罗斯金才责备机器制造的装饰物："因为，并非制作装饰物的材料使装饰物毫无价值，而是人类劳动的缺失才使它毫无价值；一件手工制作的赤土陶器、一件手工制作的石膏作品，比卡雷拉所有机器切割的石头都要珍贵"。② 那么，罗斯金到目前为止认为，装饰品与美学价值之贫乏是基于这种"操作谎言"，也就是说，通过使用机械来伪造人类劳动。然而，罗斯金并没有停留在艺术作品本身这个层面上，他进一步反思这种机器的使用给工人自身带来的影响。机器之使用所带来的令人担忧的事情就是，它

---

① 罗斯金，《建筑的七盏明灯》，第 56 页。
② 同上书，第 57 页。

迫使"人沦为机器,因此,即使是手工工作也会带有机械主义的所有特征"。① 因此,在这种特殊的评论中,我们已经看到一种转变,即从艺术到机器、从机械主义(这是一种与工业机器生产相关的生活方式)到对劳动者劳动条件之社会关注这种转变。工人的堕落与建筑装饰品之贫乏同时存在。罗斯金在其后期的建筑与政治著作中选择的道路,已经在下面这些简短的话语中得到暗示:在《威尼斯的石头》中,罗斯金明显地将哥特形式之美与生产这些美的人类劳动中的自由、创造性与智慧联系起来。更为重要的是,从《艺术的政治经济》(The Political Economy of Art)(1857 年)开始,罗斯金进入到一些与政治和社会理论更加明显相关的考量中,并最终勾勒这些方式,即通过国家干预使劳动恢复活力并使其恢复人性,从而使艺术也恢复活力与人性。

然而,在探讨罗斯金论建筑之成熟思想前,还是让我们顺着罗斯金《建筑的七盏明灯》中的思路。正是在《生命之灯》(The Lamp of Life)这一章中我们际遇了上文提到过的美之"喜悦标准"。如果说罗斯金认为,从某种程度上来说,装饰品中机器工作之贫乏的一个特征是机器工作的非人特质与谎言,那么,也可以说机器工作是卑贱的,因为它没有反应出所有真正人类工作的特征——不完美。在本章中,罗斯金修改了我们在《现代画家》中发现的生命美概念,将其视为,由有生命的、不完美的手工装饰品反映出来的美之特质之典型特征。如果我们在有机形式 中看到它们"崇高或者卑贱,是与生命之丰盛相称的,这种丰盛的生命要么是它们自己享有的,要么是,它们记载着这些丰盛生命的活动,……这对于所有自身带有这种创造性生命——人类思想——这一最高使命之印记的事物来说尤其如此。"②正如罗斯金就手工

---

① 罗斯金,《建筑的七盏明灯》,第 57—58 页。
② 同上书,第 142 页。

制作的工艺品说道：

> 它们变得崇高或者卑贱，与投入到其上的精力的多少相称。然而，这条规则尤其适用于且迫切地适用于建筑物，这些建筑物除了这种生命以外就不能拥有其他的生命，而且它们自身并非令人愉悦之物——就如音乐的悦耳声音，或者绘画的美丽色彩——它们是无生气的物质。它们最大程度的高贵与愉悦性（pleasurableness）取决于关心其生产的理智生命之清晰表现。①

罗斯金显然坚持人类能量、智慧和生命力对确保创造一种活的、真正的建筑之必要性。此外，建筑成为国家兴亡的确凿记录，也成为生活于国家中每个国民生命力与衰败的确凿记录。罗斯金指出，一个国家的演变"最清楚地表现在艺术中，而在建筑中，比在任何其他艺术形式中都表现得更加淋漓尽致，因为建筑尤其依赖于……一种真实生命的温暖，因此它也对虚假之冰冷尤为敏感"。② 对于罗斯金而言，早先的建筑是人类斗争历史的一种视觉"记忆"。因此，所有的建筑都是一种对过去事物的空间化记忆，它们都应受到尊敬，应该任其自由发展，无论兴旺还是衰败，人类不应妄自尊大，用现代技术能力去修复它们。建筑不仅是历时历代的财产——因此，它不应沦为现代人的玩物，而且包含在这些已建成结构中的批判力量要求自我的继续存在。的确，从最美丽古建筑中而来的批判知识为美学之新生与人们生活之复兴提供了动力。

罗斯金通过聚焦于建筑装饰品中的"完成"这个问题从而使生

---

① 罗斯金，《建筑的七盏明灯》，第142页。
② 同上书，第144页。

命力概念具体化。如果说艺术史学家们习惯将建筑装饰品中的粗糙与不精确视作其缺乏美学价值的标记,那么罗斯金则将这些人类缺点视作一种"活的建筑"之标记。装饰品是否出自糟糕的工艺本身,这并不重要,重要的是,身心是否完全投入到整个艺术作品制作过程中。如果是后一种情况,那么,在完成装饰品的过程中,的确会存在缺口和"疏忽的部分"(gaps and "careless bits"),但是,它们"将会在正确的位置,每一部分都会抵消其他部分;整体效果,比起由机器或一只毫无生气之手[因机械主义而变得麻木]①所切割的相同设计,正如一首被深情朗诵且被深刻体会的诗歌,与同一首被机械背诵出的诗歌之差别"。②

又一次地,我们在这种构想中际遇的,是对罗斯金早期生命美概念的重申,如今,这个概念似乎脱去其圣袍,完全指向人类劳动之智慧和生命力。理解了这一点,也就不会奇怪,罗斯金在其稍后的分析中会坚持主张"喜悦"特性——一种罗斯金在《现代画家》中发现作为有机形式内生命美之典型特征的特性。在一个著名的陈述中,罗斯金用喜悦标准结束了他对完成的讨论:

> 我认为,就所有的装饰而言,需要问的问题仅仅是:它是否在喜悦中被完成——雕刻师在工作时是否感到快乐?它可能是最艰难的工作,它也可能不那么艰难,因为其中有如此多愉悦;但它一定是快乐的,否则它将不是在生活。我几乎不敢思考这种条件排除掉石匠多少的辛劳,但这种条件是绝对的。③

---

① [译注]原作者注释。
② 罗斯金,《建筑的七盏明灯》,第162页。
③ 同上书,第165页。

罗斯金将快乐与喜悦的条件抬高为"绝对的"，那么他就明确地进入到工人阶级之社会条件这一领域中。自此以后，罗斯金开始其经济与社会改革冒险之旅，这些经济与社会改革是罗斯金在这里阐述的美学价值之理想所要求的。然而，在罗斯金带着好意离开其早先栖身的艺术领地之前，他将试图把这些原则应用到一种建筑场地上，以更充分地展示这种迅速发展之艺术劳动理论的内涵：也就是说，他在充斥威尼斯城的各种建筑风格浪潮中重新建构社会与政治剧本。

威尼斯考古：劳动与哥特式的本质

《威尼斯的石头》无疑代表着罗斯金美学理论的最高成就。在这部伟大著作中，罗斯金将其在《建筑的七盏明灯》中发现的普遍原则应用到一种特殊的建筑空间中。威尼斯悠久的建筑历史与多样的建筑样式为罗斯金提供了社会考古的条件，而在其早期作品中，罗斯金只是略微提及过这种社会考古。罗斯金并非只是记录威尼斯城中的各种建筑样式；他竭力发掘印刻在这个变幻的建筑重写本上的社会与政治意义及社会与政治实践。罗斯金从这些饱经沧桑的石头上读出的是多重的且相互交织的人类戏剧；首先，他看到一个关于真正基督教之兴衰的宗教寓言；第二，他从希腊和罗马样式中，揭示了最美丽的艺术形式——哥特式——的发展史，并记录了哥特式最终在文艺复兴样式面前黯然失色；第三，他描绘了这样一种转变，即一种基于自由与创造性之劳动条件向一种在机器齿轮与机械主义话语奴役下之劳动条件的转变。这些次要叙事（subnarratives）与两种相敌对的阵营相联系：一方面，罗斯金将下面三个归为一类，即真正的基督教精神、哥特形式、自由的并富有创造性的劳动；另一方面，他将卑贱的基督教精神、文艺复兴样式和劳动中的奴役归为一类。的确，所有这些方面都交织在罗斯金的长篇巨著中,每个方面都带着自己的特性在文中不同地方出现,然而它们却总是密切相关。

在第一章《采石场》(Quarry)中,罗斯金并未以调查威尼斯城中的建筑开始,而是从该城的政治历史开始。罗斯金指出,原本繁荣兴盛、富有生机的威尼斯城自该城从共和制政府转向寡头政府后就开始衰落,因此他质问是否可以将威尼斯经济的普遍衰退归咎于寡头政府这种政治形式。尽管政治理论家们发现这种质疑值得考虑,然而罗斯金认为,它实际上是一个更深层次之痼疾的表现,这个痼疾就是,人民生活中信仰经历之衰退:"我从威尼斯的艺术中推理出来的证据既常见又无可辩驳,这个证据就是威尼斯政治繁荣之衰退正好与国家和个人宗教信仰之衰退同时发生"。[①] 对于罗斯金而言,这种"国家和个人"宗教信仰情感伴随着一种精神的生命力与高贵,这种生命力与高贵不自觉地弥漫在国家公民的大多数行为中。这种情感不仅反映在"城邦繁荣"之中、反映在该城邦"商业贸易"之成功中,也反映在某种特殊的建筑形式——哥特式——的繁荣之中。[②] 而且,对于罗斯金而言,不仅政治(从更加传统的意义上被定义为治理国家的才能)与艺术相互交织,而且艺术必然地与劳动之社会条件相联系。

在剩下的章节中,罗斯金分析了威尼斯在作为一个城邦时经历的三次建筑浪潮:其影响足足持续到12世纪的基督教罗马式或拜占庭式,它描绘了"一个为将独裁变成秩序与权力而战的民族"[③];哥特式,哥特式最完美的形式从13世纪中期一直兴盛至15世纪早期,"也即,恰好是我曾描述的威尼斯生命中最重要的那个

[①] 罗斯金,《威尼斯的石头》(*The Stones of Venice*)(两卷本)(Boston: The Colonial Press, 1912),第1卷,第19—20页。
[②] 罗斯金,《威尼斯的石头》,第1卷,第22页。
[③] 同上书,第17页。

时期"①；以及文艺复兴样式，它以理性主义的名义推翻了基督教主题和情感，表现了威尼斯的衰退。罗斯金在开始其详细的分析之前，首先呼吁人们铭记这些决定美学价值之人类特质的重要性：

> 人类建筑物中建造与装饰的大部分价值，取决于我们被被生产之物或被被装饰之物引导，进入到某种对与其创造或装饰相关的心灵力量的思考中……我们从建筑物的建造中，而且应该从建筑物的建造中，获取快乐，因为它展现了一种令人钦佩的人类智慧……而且，再次地，在装饰中，或者在美中，投入到生产中的选择与创意，应该比被建造之物的真实美好，带给我们更多的喜悦；工人的爱与思想比其工作更重要：他的工作必定总是不完美，然而其思想与情感却是真实的、深刻的。②

因此，美总是存在于这样一种建造或装饰中，这种建造或装饰清晰表达了生产行为中的"选择与创意"；甚至可以说，它应该直接反应"人类智慧"。罗斯金不仅认为这些特质依赖于某种特殊的道德与宗教性情，而且他还认为这些特质必然依赖于一种工人被组织、被雇佣的方式，也即，依赖于使这种表达成为可能的社会条件。那么，美学价值不仅仅由形式主义特质与美学特质（也即，"美好"）决定，它还取决于这些特质的表达，这些特质通过促进创造性与智慧的某种工作条件表达出来。

正是罗斯金在讨论哥特样式的时候，他才花费更多时间阐述建筑形式与工作条件之间的联系。尽管从表面上看，他在讨论中世纪的艺术形式，然而罗斯金的美学观察总是植根于19世纪英国

---

① 罗斯金,《威尼斯的石头》,第1卷,第36页。
② 同上书,第51页。

的道德与政治话语。尤其是罗斯金在揭露使得哥特形式如此美之条件时,他为劳动分工与工业资本主义带来的致命毁坏带去一线批判之光。这些睿智的批判主要出现在他对哥特样式前两个特征——野性和多变——的讨论中。

在《哥特式的本质》这章中,罗斯金从审视第一个特征野性开始。罗斯金考察了决定该特征的地缘因素(它来源于严寒的北部地区),然后他更加明确地聚焦于使该特征成为可能的劳动关系上。在这种讨论中,罗斯金概述了三种内含于装饰的权力关系:屈从装饰(Servile ornament),这类装饰的典型代表是希腊装饰,在这类装饰中,等级低的工人受等级高工人支配,前者依照后者的设计才能从事工作;"宪法装饰"(Constitutional ornament)在哥特式装饰中得到最好展现,在这类装饰中,次等权力"得到释放,它是独立的,且有一种自我意志,然而它承认自己的次等性,并且服从较高级别的权利"[①];以及革命性装饰(Revolutionary ornament),文艺复兴时期的装饰是这类装饰的典范,在这类装饰中,行政次等性(executive inferiority)被彻底颠覆。注意这些术语的政治本质将会非常有趣:罗斯金对革命事业(尤其是这些为获得平等与自由的革命事业)的憎恶在其描述文艺复兴时期装饰时得到重申。尽管罗斯金注意到希腊建筑中表现出的"奴役"已经弱化,但他似乎仍不愿意让工人完全掌控装饰设计与实施过程,这种掌控则暗含在文艺复兴时期的工作中。因为,在赐予工人"技能与知识"的过程中——这些"技能与知识"原本为主人所掌握,"他们的原始力量被征服,那么整个建筑物就变成受过良好教育之愚蠢的一种令人厌倦的展现"[②]。不管我们是否同意罗斯金的这个观点,然而清楚的是,罗斯金的确担心这种对权利的彻底颠覆将导致真正艺术之毁

---

① 罗斯金,《威尼斯的石头》,第2卷,第159页。
② 同上书,第160页。

灭。的确,正是工人之自由与对雄伟设计之尊崇二者之间这种摇摆不定、冲突不断的平衡关系,才建构了哥特形式。

更为重要的是,在说"服从较高级别的权利"时,罗斯金真正的意思并非是说这种服从中必然缺乏自由与创造性,而是说,工人在设计面前情愿承认自己的卑微。这非常明显地转化为一种开放的态度,也即运用上帝的创造——大自然——作为装饰的基础。因此,"自然主义"与植物的使用成为哥特式装饰的重要主题。并且,罗斯金事实上是按照这种依据来定义"服从"的,这种依据也即在艺术创作中允许自我表现和独立思想。罗斯金指出工人在传统建筑中成为"奴隶"的方式,然后,他指出哥特式装饰如何超越了这种奴役条件:

> 在中世纪的装饰体系中,尤其是在基督教的装饰体系中,这种奴役被终结;基督教承认每个灵魂的独特价值,无论是微小事物中的,还是伟大事物中的。然而,基督教不仅承认个人的价值;它也承认个人的不完美,这种承认只能以先承认自己的不配再赐予其尊严过程中完成……因此,对回应基督教召唤而从事服侍的每一个灵魂而言,基督教的训诫就是:做你能做的,坦然承认自己所不能做的……①

从这些普遍原则来看,也就是根据我们的有限来尽力创造美与装饰品的这些原则,很显然能明白罗斯金为何将"不完美"——也即"野性"——视为真正艺术的一个重要特征:"不完美"是在上帝创造物之完美荣光面前"承认不配"(acknowledgment of unworthiness)。"不完美"也显示了罗斯金谴责机器工作背后的道德基础。对于罗斯金而言,机器制造的装饰物力求设计上的完美,

---

① 罗斯金,《威尼斯的石头》,第2卷,第160页。

而这种力求完美的背后其实是一种狂妄自大,就好像按照如此设计制造出的产品能够与上帝完美的创造物相媲美一样。如此一来,它就根除了这些区别性的人类特性(我们的堕落本质)——这些构成有价值艺术(worthy art)的特性。而且,机器生产不仅摧毁了艺术,它也使工人"非人化",使工人沦为一种没有自由、没有智慧的工具。正如罗斯金观察的:

> 你要么使人变成工具,要么使人成为人。你不能使人同时既是工具又是人。人本来就并非用工具之精确性去工作,人的所有行动本来就不是精确的、完美的。如果你使他们变得精确,使他们的指头如齿轮一样去测量角度,使他们的手臂画出曲线如圆规画出的一样,你就是在使他们"非人化"……然而,如果你想使一个工作的人成为人,你就不能使他沦为工具。让他开始想象、开始思考、开始试图做任何值得做的事情,那么这种机器的精确性就会立刻消失。他的粗糙、迟钝与无能全都显露出来;……然而,他所有的尊荣也同时展现出来。①

然而,有趣且值得我们注意的是,罗斯金感知到的这种中世纪时期的自由,这种表现在哥特式建筑中的自由,其实是一种暗含着压迫的自由;的确,"人或许被鞭打、被捆锁、被折磨,或如牛一样被套上轭,或像夏蝇一样被屠杀,然而他仍存留一种感觉,一种最好的感觉,那就是自由……思想的自由,并且他仍然在人的行列中,而这是没有任何法律、章程和慈善机构能够确保的;而这应该成为整个欧洲今日为其后辈重新奋斗的首要目标"。② 正如该陈述显

---

① 罗斯金,《威尼斯的石头》,第2卷,第162页。
② 同上书,第163页。

示的,罗斯金并非没有认识到中世纪时期威胁工人的压迫与独裁统治问题,只是,他将这些作为社会事实来接受,然后,挖掘工人生活中残酷的外在条件,以揭露一种惠及每个灵魂的自由表达。这样,罗斯金就发掘出一种美学理想,这种理想促使他开始批判地审视他那个世纪的艺术与社会条件。不同寻常的是,罗斯金中世纪主义里的这种接受善恶并存之意愿,同时也限制了其政治与社会批判的在逻辑上的延伸。与莫里斯不同,罗斯金从未认为其自由的、愉悦的劳动概念意味着一种其中没有阶级不平等、没有剥削、没有贫困的社会。在试图解释工人阶级"对财富的普遍抗议"时,罗斯金指出:

> 并非人们的供给不足,而是他们在其得以糊口的工作中得不到丝毫乐趣,因此,他们就视财富为获取快乐的唯一手段。人们并非因上层阶级的蔑视而痛苦不已,而是,他们忍受不了自己对自己的蔑视;因为他们感觉他们被迫从事的劳动的确是一种堕落的劳动,这种劳动使他们不能成为真正的人。①

如果说是他们的堕落经历迫使工人阶级呼求平等与自由,那么这种经历的原因是什么呢?在某个地方,罗斯金聚焦于劳动分工的条件,以解释这种堕落的一部分,如我们所知,马克思在那个世纪晚期也回应过这种解释:

> 最近,我们深入研究了并完善了劳动分工带来的伟大发明;只是我们给了它一个假名字。确切地说,不是劳动被分割;而是人被分割:——人被分割成部分——其生命被打碎成

---

① 罗斯金,《威尼斯的石头》,第 2 卷,第 164 页。

小块和碎片;因此,残留在人里面的一小块儿智慧的碎片,不足以做成一枚大头针或一个钉帽……我们所有制造业城市的高声呼喊,比火炉爆炸的声音更大,而原因,正是此——在这些城市中,我们生产一切,除了人;我们漂白棉花、锻造钢铁;我们提炼砂糖、制造陶器;然而使一个活的灵魂明亮、或使其坚韧、或使其完善、或使其得以塑造,这些,却从未算入对我们优势的估量中。①

我们知道这对于马克思而言意味着什么:它意味着整个生产体系都建立在私有财产和攫取工人阶级剩余价值之上。也就是说,这种生产体系的内在运作机制就是剥削性的。罗斯金的分析承认劳动分工和机器生产的非人化方面,在《留给这个后来者》(Unto This Last)中及其后期政治著作中,罗斯金甚至承认盈利动机在导致这种境况恶化中的作用,然而他并未认识到这些发展必然与一种特殊的生产体系相关。相反,罗斯金认为这些条件能够通过一种开明的上层阶级和一种普遍的消费伦理而在资本主义体系内部得以改良。这样的非人化与堕落"只能被以下四种手段所应对:所有阶级正确理解哪种劳动对人们来说是好的,哪种劳动高举他们、使其快乐;坚决舍弃这种便利、这种美或廉价,因它们的获取是以工人的堕落为代价;同样坚决要求工人的赠与;同样坚决要求由健康、崇高劳动生产的产品"。②

结语:罗斯金与美学理论政治

对罗斯金而言,审美价值和美的问题最终与生产审美客体的

---

① 罗斯金,《威尼斯的石头》,第 2 卷,第 165—166 页。
② 同上书,第 166 页。参见雪邦,《约翰·罗斯金,或者富有的歧义:社会与经济批判研究》,第 32 页,该处讨论了罗斯金的消费者教育之尝试。

人类劳动条件相关。正如他在《建筑的七盏明灯》和《威尼斯的石头》中表述的,只有当工人在工作中是自由的、是有思想的、是快乐的时候,真正的艺术才会产生。在前面讨论中,在不同的地方,我们试图定位这种"政治",这种新颖地强调艺术与劳动的"政治"。一方面,罗斯金的审美理论展示了文化话语最终与存在于艺术领域之外的政治斗争紧密联系的程度。在对罗斯金的分析中,我们发现了这种有趣的同源关系,即罗斯金对愉悦劳动作为一种理解艺术的核心范畴的强调与工人阶级政治话语之间的同源关系。然而,这些话语并没有直接写入其对艺术的讨论中,而是通过罗斯金的中世纪主义折射出来。这个过程暗示着,在迈向工人阶级激进分子与社会主义者的道路上,罗斯金公开表达的政治理想只能带他走这么远。和卢德分子(Luddites)一样,罗斯金能在破坏资本主义机器中找到极大的快乐,但却不能在建立政治与经济平等中找到这种快乐。建立政治与经济平等正好与暗含在其保守主义政治自我理解中的这些阶级间服从关系相对立。

另一方面,也即我们在下一章中将仔细探讨的一个方面,罗斯金也显示了美学话语本身建构政治知识与行为的方式。如果说政治帮助建构了一个难题,而罗斯金将从艺术方面解决这个难题(例如,一种劳动在其中起着核心作用的方式),那么由这个难题引导的这些研究驱使他进入严格意义上的政治与经济问题之中。关于罗斯金,我要说明的是,从艺术领域到政治领域的转变并非一帆风顺,也并非有一些界限分明的路径和明确的因果关系。的确,关于罗斯金的发展,其中一个最有趣的因素是源自其美学思想与政治思想中相互冲突的、有时甚至是相互矛盾的姿态。我甚至认为最吸引人的是,罗斯金的思想展现了一种相互冲突之社会意义与政治意图的角斗场。毫不夸张地说,罗斯金思想中的这些焦虑同时也是使得维多利亚时期英国社会生活饱受折磨的焦虑与冲突。

第四章 构建审美自我：
中世纪主义、前拉斐尔主义与莫里斯的早期教育

> 如果你的头脑真的能被伟大艺术作品所占据，我认为，你能够在某种程度上看透前面提到过的丑陋环境，进而会对现在的冷漠与残暴之事感到不满，并且，我希望，至少你会对坏的事情感到如此不满，于是你下决心不再听到那种缺乏远见的、不顾及后果的道德败坏之残暴事，这种道德败坏使我们精致的文明蒙羞。
>
> ——莫里斯《次等艺术》(The Lesser Arts)[①]

莫里斯的早期生活，不论是作为一名学生，还是作为一名实践者，都是在不断地与"伟大艺术作品"接触中度过的。这个时期的莫里斯，不仅开始沉浸于建筑史与浪漫主义诗人之令人兴奋的作品中，而且开始他在文学与装饰艺术领域的艺术性创作。对于莫里斯的研究者而言，莫里斯人生中的这一时期呈现出一个有趣的诠释学任务：如果说莫里斯人生一开始就置身于艺术世界，那么，他的这些

[①] 莫里斯，《次等艺术》("The Lesser Arts")(1877年)，收录于《威廉·莫里斯作品集》，第22卷，第16页。

实践和话语与其后期的政治理念和政治行动有何关系？关于这一点，诠释的难题就在于，莫里斯在该时期对为美而美之概念的不减热情——这种为美而美的概念那时还未明显地表现出罗斯金的影响，罗斯金的这种影响表现在莫里斯自1877年开始所有论艺术的演讲中。这也导致人们对莫里斯生活的不同解读。J. W. 麦凯尔(J. W. Mackail)与保罗·迈耶(Paul Meier)出于不同的意识形态考量，他们认为莫里斯早期的美学实践和美学理想与其晚期的社会主义活动之间有明显的断裂；E. P. 汤普森和迈克尔·勒斯拉(Michael Naslas)则更加合理、更加细致地对莫里斯早期的美学生活进行了解读，二者将莫里斯早期生活中这些与莫里斯后期政治姿态相关的方面和这些阻碍其进一步政治化的方面区分开来。① 然而，如果说汤普森和勒斯拉斯都承认莫里斯的早期美学经历对其政治发展的重要性，那么，二者一致同意的是：莫里斯对前拉斐尔主义与唯美主义这两种美学理想的热衷——这两种美学理想都强调为美的缘故创造美，最终与其后期演讲中的立场相对立，而且，重要的是，它成为莫里斯后期政治自我理解上的一个退步。②

莫里斯对一种美学主张的热衷对其政治发展起何种作用呢？我认为答案在本章开篇的引文中清晰地传达出来。尽管莫里斯没有迫切地感觉到他必须用自己成熟的诗歌与装饰艺术去对抗维多利亚社会之残酷世界，然而，这些美学实践却生发了一种美之批判

---

① 参见 J. 麦凯尔(J. W. Mackail)，《莫里斯生平》(*The Life of William Morris*)(London: Longman's Green and Co. ,1992)，第1卷，第82页；E. P. 汤普森，《从浪漫主义者到革命者》，第20—170页；保罗·迈耶(Paul Meie)，《威廉·莫里斯：马克思主义空想家》(*William Morris: The Marxist Dreamer*)(Atlantic Highlands: Humanities Press)，(1978年)第一部分；迈克尔·勒斯拉，《莫里斯美学理论中的中世纪主义》("Medievalism in Morris's Aesthetic Theory")，载于《威廉·莫里斯协会杂志》(*The Journal of the William Morris Society* V)，第1卷(1982年夏季刊)，第16—24页。
② 见汤普森，《莫里斯：从浪漫主义者到革命者》，第61页；勒斯拉，《莫里斯美学理论中的中世纪主义》，第22页。

与伦理概念,这种概念加剧了莫里斯对维多利亚生活中"冷漠与残暴之事的不满",并为其提供了一种未来社会的图景。在这一点上,"美"成为政治批判与政治行动的话语。莫里斯对这种美之概念——认为美是一种与维多利亚社会相脱离、甚至与之相敌对的生活方式——的热衷,不仅暗含在其他唯美主义者(佩特[Pater]、斯温伯恩[Swinburne]、王尔德[Wilde])所提出的原则中,而且也被一些与工人阶级斗争联系密切之人明确表述出来。

本章将重点关注莫里斯早期的美学教育,考察自19世纪50年代至19世纪70年代这一重要时期莫里斯参与的一些具体实践与其所持有的观点。这一时期莫里斯开始严肃地进行艺术实践,并从此踏上一段概念之旅,这段概念之旅将出现在莫里斯自1877年以来论艺术的演讲中。这种概念的、自传式叙述不仅考察与莫里斯美学实践相关的一些美学观点,也会考察这些观点与政治话语交织的方式和/或为其后期政治发展奠定基础的方式。

莫里斯的早期生活与审美教育

> 我无法带着任何兴趣进入政治-社会主题,因为,总体上我认为:事情一片混乱,我没有能力使其得到哪怕一点点改观,我也没有这种使命。我的工作是用一种形式或其他形式来表现梦想……
>
> ——莫里斯给普赖斯的信,1856年①

莫里斯如此写信给其牛津大学友人普赖斯(Cormell Price),

---

① 诺曼·凯尔文(Norman Kelvin)主编《威廉·莫里斯书信集》(*The Collected Letters of William Morris*)(Princeton: Princeton University Press,1984年),第1卷,第28页。

这也暗示了他感觉自己生活与政治和社会事件无关之程度。大多数莫里斯研究者一致认同,在莫里斯人生的这一阶段,与"政治社会主题"相比,他与浪漫主义诗歌、中世纪建筑和神学追求这些节奏更加合拍。① 1834年,莫里斯出生于伦敦郊外一户中上阶层家庭。1853年,他进入牛津大学学习,那时已熟读现存有关英国建筑和哥特风格的著作,并且非常熟悉司格特爵士(Sir Walter Scott)小说中广受欢迎的浪漫主义传统。因为从小就阅读司各特的小说,莫里斯——与其同时代的许多人一样——深深迷恋书中描绘的中世纪生活与斗争。的确,莫里斯进入牛津大学后,他深受三种与中世纪表征和价值化密切相关的文化运动影响。这三种文化运动分别是:高教会运动(莫里斯通过他妹妹艾玛及他在莫尔伯勒公学所受的教育接触到该运动,该运动在牛津大学埃克塞特学院仍影响深远);中世纪主义运动,该运动最明显地表现在该时期历史文学之增长上,体现在卡莱尔和罗斯金更加偏向政治内容的著作上,体现在前拉斐尔主义的美学理想上;以及浪漫主义诗歌传统。麦凯尔指出:就莫里斯投入到浪漫主义诗歌中而言,他和他的挚友们——除了普赖斯,还包括琼斯(Edward Burne-Jones)和福克纳(Charles Faulkner)——这些人后来都成为莫里斯的终身挚友——他们都精通雪莱、拜伦的诗歌,都被济慈、勃朗宁,尤其是丁尼生的诗歌吸引。的确,对这些智力早熟的年轻人而言,济慈、勃朗宁和丁尼生的诗歌代表着"诗歌的终结"。② 莫里斯也在这一时

---

① 麦凯尔,《莫里斯生平》,第1卷,第29—112页;彼得·斯坦斯基,《威廉·莫里斯》(*William Morris*)(Oxford:Oxford University Press,1983),第10—27页;汤普森,《莫里斯:从浪漫主义者到革命者》,第22—170页;菲利普·亨德森(Philip Henderson)《莫里斯:生平、工作和友人》(*William Morris*:*His Life*,*Work and Friends*)(London:Andre Deutsch,1986),第11—38页;杰克·琳赛(Jack Lindsay),《莫里斯自传》(*William Morris*:*A Biography*)(New York:Toplinger Publishing Co.,1979),第42—85页。

② 麦凯尔,《威廉·莫里斯生平》,第1卷,第48页。

期开始进行诗歌创作,无论从哪方面讲,这种大胆的尝试对他而言都是自然而然的。

尽管莫里斯带着最终成为牧师的意图进入牛津大学,但他却对艺术家的生活越来越感兴趣。莫里斯继续进行诗歌创作。1854年夏天,为了一睹法国哥特式建筑的真容,莫里斯开始了他的首次法国之旅。正是在1853到1855年间——这是莫里斯进行大量智力与创新性探索的时期,他开始读卡莱尔的《过去和现在》(Past and Present)、基督教社会主义者金斯利(Charles Kingsley)的著作和罗斯金的《威尼斯的石头》。[①] 这些作品强烈地鞭答了19世纪的政治与社会弊病,而莫里斯阅读这些著作则暗示着有关他对"政治-社会主题"缺乏兴趣之陈述不能按照字面意思理解。而且,其友人普赖斯和福克纳对工人阶级困苦抱有极大兴趣,二人为《牛津剑桥杂志》(The Oxford and Cambridge Magzine)——《牛津剑桥杂志》创办于1856年,最初由莫里斯任主编——写过一篇关于工人阶级卫生与住房的文章。普赖斯和福克纳都来自工业城市伯明翰,因此,他们对该地工人的非人生活状况了如指掌。他们不仅支持改善工人的卫生条件、支持工厂法案,还极力论证为工人提供"必要生活资料"的必要性。[②] 因为有对工人堕落生存状况的经历,普赖斯指出:

> 在这些工人们四五十岁的时候,情况变得最糟糕。没有任何保护矿工的措施,也没有任何娱乐,除了有奖拳击、斗狗、斗鸡和酗酒——这个国家正急速跌入地狱之中。在伯明翰学院,许多上层阶级家庭中的男孩子们非常清醒地意识到这一时期必须立即加以纠正的弊病;社会改革成为公共的话题。

[①] 麦凯尔,《威廉·莫里斯生平》,第1卷,第48页。
[②] 同上书,第66页。

我们几乎都是走读生，我们即使抄近路去学校，也总要经过一些脏乱与穷困令人触目惊心的贫民窟，且常常会撞见令人难以置信的淫乱与残暴场景。①

因此，从这里可以看出莫里斯并非不熟悉这些社会问题，只是对如何讨论与表述这些问题感觉十分"混乱"，因此，感觉自己更容易被美学问题吸引。另外，考虑到普赖斯对这些社会问题的熟悉程度，莫里斯可能感觉到就该主题阐述自己的看法时，自己理当谦卑。有趣的是，莫里斯的美学性情并非没有受到这些讨论的影响，相反，其美学性情为表述这些掩盖在中世纪主义和浪漫主义意象下的 19 世纪劳动之问题提供了一个概念的棱镜。也就是说，莫里斯在已经视自己为一名艺术家的情形下，在他对中世纪手工艺人的描绘中重申了他对 19 世纪工人的关注。

尽管莫里斯投给《牛津和剑桥杂志》的稿子要么本质上是艺术性的，要么关注点为艺术，但我们仍然能够从其中几篇文章中发现这些美学问题掩盖下的社会问题之迹象。② 大多数散文和诗歌清

---

① 转引自麦凯尔，《威廉·莫里斯生平》，第 1 卷，第 66 页。
② 莫里斯总共为该杂志写了 16 篇作品，包括诗歌《冬天的天气》["Winter Weather"]、《一起骑马》["Riding Together"]、《手》["Hands"]、《Lyonness 的教堂》["The Chapel in Lyonness"]、《只为我祷告一次》["Pray but One Prayer for Me"]，后四首诗歌后来收录于莫里斯的首部诗集——1858 年出版的《格尼维尔的辩护及其他》[The Defense of Guenevere and Other Poems]中、浪漫主义散文《无名教堂的故事》["The Story of The Unknown Church"]、《一个梦》["A Dream"]、《弗兰克的密函》["Frank's Sealed Letter"]、《Gertha 的情人》["Gertha's Lovers"]、《斯文和他的兄弟们》["Sven and his Brethren"]、《林登堡池》["Lindenburg Pool"]、《空地》["The Hollow Land"]和《金色的翅膀》["Golden Wings"]）以及关于建筑、艺术和诗歌的文章《法国北部的教堂》["The Churches of North France"]、《亚眠的头号阴影》["No. I. Shadows of Amiens"]；对阿尔佛雷德·雷特尔[Alfred Rethel]木版画《作为复仇者的死亡和作为友人的死亡》["Death the Avenger and Death the Friend"]的深思；以及对罗伯特·勃朗宁[Robert Browning]的作品《男人和女人》["Men and Women"]的评论。

楚表明莫里斯的纯粹浪漫主义倾向；每篇散文或每首诗歌都隐约地以中世纪为背景，其中充满了不求回报的爱情、死亡和骑士的战斗，且满是对自然的细腻描写。然而，在莫里斯早期发表的诸多散文中，有一篇名为《无名教堂的故事》(The Story of the Unknown Church)的散文。在这篇文章中，莫里斯将这些浪漫主义主题写进了教堂里一位石匠领班的生活中。尽管这个故事很快就神秘地阐明了主人公挚爱之预定之死，但它同时也描绘了莫里斯对中世纪手工艺人劳动状况的最初兴趣。特别是，在这种浪漫主义描绘过程中，莫里斯详细描述了投入到中世纪手工艺人作品中的愉悦、智慧和爱。

这一关注在莫里斯关于亚眠大教堂的描述性文章中得到更为清晰的表达。在这篇对亚眠大教堂异常细致的回忆文章中，我们能清晰地看到，"它纯粹的美"[1]是如何在情感上吸引年轻的莫里斯的。此情感强烈得使莫里斯感觉他只能"告诉人们我有多爱他们，因此，尽管他们可能会笑话我愚蠢、含混不清的话，然而他们可能进而明白是什么使我说出我的爱，尽管我说不清其缘由"。[2] 继此免责声明之后，莫里斯从这种对建筑的"爱"转移到催生这些奇迹之中世纪生活上：

>因为，在这里我要说，我认为这些法国北部的教堂是创世以来所有建筑中最宏伟、最美丽、最和谐、最有爱的；想想这些教堂已逝去的建造者们，我能通过这些建造者们依稀看到中世纪的影子吗？其他一切已永远离我而去——永远沉寂

---

[1] 莫里斯，《法国北部的教堂》，最初刊载在1856年2月的《牛津剑桥杂志》(Oxford and Cambridge Magazine)上，后收录在《威廉·莫里斯散文与诗歌集》(Prose and Poetry by William Morris)(Oxford: Oxford University Press, 1920年)，第619页。

[2] 莫里斯，《法国北部的教堂》，第617页。

无声。①

莫里斯进一步跟随这种看似拉斯金式的思想,他开始阐述铭刻于亚眠建筑之多种繁杂细节上的"建造者"的特征:

> 上述的那些建筑工人,毫无疑问地仍然活着、仍然真实且有能力接受爱。我爱他们并不比爱现在仍然生活在地球上的伟人、诗人和画家少……啊!我难道没有正当理由去爱他们吗——他们当然也爱过我,他们有时在凿子的敲击声中想起我;因为他们心中拥有对全人类的爱,并且更重要的是,因为他们心中毫无疑问地存有上帝那伟大的爱;因为这,也因为他们的劳动,大教堂用人类思想的心跳装饰自己,它被精心制作成美丽地球上的树叶和花朵;制作成为正义而战、既善良又诚实之人的面孔……随着岁月的流逝,由凿子凿出的凹痕、锤子的捶打编织成生与死的故事——重生,重死的故事,上帝对地上各族的爱与愤怒的故事,人类那永不灭亡的信仰与爱的故事。我想,因为他们的爱以及爱所带来的行为,他们终必得奖赏。②

这迈向解释莫里斯对哥特式建筑之钟爱的实验性第一步——这种爱似乎出自本能——说明了许多重要的问题:第一,莫里斯很显然被中世纪艺术形式之美吸引,这种美在他心中产生强烈的情感反映。莫里斯起初用真正的浪漫主义方式将这种经历描述为一种无法用言语表达的经历,就好像它是某种神秘的、几近神圣且超乎人类理解范围的过程。然而,莫里斯没有长久地

---

① 莫里斯,《法国北部的教堂》,第617页。
② 同上书,第617—618页。

停留在这种纯粹的浪漫主义层面上,相反,他开始对此经历开始考古式挖掘——从对建筑之爱的经历转到建造该建筑物之"建筑者"经历之上。因此,这篇文章说明的第二个问题是:莫里斯早期试图将艺术视为一种社会象形文字,这种象形文字之美反映了隐藏在象形文字生产之下的社会与人类状况。亚眠为我们了解"中世纪"打开了一扇窗。亚眠的美学形式与装饰使渴慕的观察者得以观察在其他方面"永远沉寂"的时代。此外,亚眠之美中流淌着其建造者的"爱"与"思想的心跳"。对后一种观点的强调对莫里斯自19世纪70年代晚期开始的艺术讨论非常重要,然而,正是作为美学理想的美之概念的牢固确立才是他作为一名艺术家早期发展的特征。

构建美学自我理解(Ⅰ):中世纪主义和文化政治

从这种对建筑的初次实验性分析中呈现出来的是,莫里斯对一种美学概念的喜爱以及莫里斯开始在这些蓬勃发展之美学话语框架内表述政治与社会问题的独特方式。他对罗斯金的明显依赖——依赖其帮助自己辨析为何自己对这些艺术形式存有审美欲望,将莫里斯带到这个问题——一个备受莫里斯同仁和更加具有社会意识之当代人关注的问题:工人的生活。然而这里的工人并非指在曼彻斯顿工厂中辛苦劳作的工人,而是那些在每一个劳动姿势中都展现出智慧与快乐并因此创造美的手工业者。莫里斯从中世纪美学中吸取养分,因而他很显然参与到后期的浪漫主义运动浪潮之中——后期浪漫主义运动浪潮最具特色的表征是广泛的中世纪主义运动。正如玛格丽特·葛瑞兰(Margaret Grennan)所说:这场运动强烈地影响了19世纪英国所有形式的理论与实践话语(经济的、政治的和审美的)。重新发掘中世纪的社会生活,不仅为在各种学术领域中重新掀起讨论而且也为引发美学实践和社改革,提供了一座丰富的文化宝库。① 鉴于该运动对文化与政治理论广泛而深远的影响,更加具体地描述其话语表征显得尤为重要。

重要的是,中世纪主义运动使人们关注该时期的社会与经济实践,因为这些实践与普通民众的日常生活相关。威廉·科贝特(William Cobbett)的《英国和爱尔兰改革史》(*A History of the Reformation in England and Ireland*)(1824年)、罗伯特·骚赛(Robert Southey)的《对话集》(*Colloquies*)(1829年)和索罗尔德·罗杰(Thorold Roger)的《农业与价格史》(*History of Agriculture and Prices*),描述了这样一个世界:拥有丰富物质生活供应中世纪工人,过着一种比维多利亚时期的工人更为满足的生活。这些代表性著作描述了19世纪人们的典型思想特征——"取用历史"(appropriation of history)和"普遍化的艺术"(the art of generalization)这两种特征中世纪尤其发挥着重要作用。② 莫里斯在其首部演讲作品《次等艺术》(1879年)中表达了他与他同时代之人对与中世纪主义复兴相关之历史实践之兴盛的感激。我们生活在,莫里斯说道:

> 在这样一个时代——当历史变成一种如此热切的研究以至于可以说它赋予我们一种新的意识历史;在这样一个时代,我们如此渴望了解所有已发生事件之事实,且我们不愿再被这些记载战争、国王与骗子之阴谋的无聊记录糊弄……③

---

① 见玛格丽特·葛瑞兰(Margaret Grennan),《威廉·莫里斯:中世纪主义者与革命者》(*William Morris:Medievalist and Revolutionary*)(Morningside Heights, New York:King's Crown Press,1945)。
② 葛瑞兰,《威廉·莫里斯》,第51页。
③ 莫里斯,《次等艺术》,第8页。

第四章 构建审美自我

也许显而易见,这种历史想象不仅仅是指向这一目标,即"阐明所有已发生事件之事实"、力争更好地理解历史,而且它负载着一个明显的意图——"丰富现在和未来"——正如莫里斯后来所言。① 莫里斯谈论的这种"新意识"为谴责维多利亚社会提供了丰富的素材。用当前的社会与文化问题来衡量过去的最佳表达方式就是对比叙事这种形式。在这种叙事中,作者将关于对比了将中世纪新的新历史知识与和当前的社会情形做对比。尽管该叙事形式是科贝特《改革史》和骚赛《对话集》的基础,(《改革史》作者虚拟了一次自己与托马斯·莫尔爵士[Sir Thomas More]的对话,从而引出中世纪劳动实践与维多利亚时期劳动实践的本质区别;《对话集》作者比较了宗教改革前后英国的宗教与社会意识之不同),然而它在卡莱尔的《过去和现在》中得到最出色的表达。在该作品中,卡莱尔对比了维多利亚时期英国的社会无政府主义(其特征为宪章运动的绝望呼喊、土地贵族的"半吊子主义"和现代工业主义者的"拜金主义")和圣埃德蒙兹伯里一个12世纪修道院中的道德与社会秩序。后者以富有爱心、辛勤劳动的修道士为特征,他们服从权威,参与微观经济活动,从而显示出——用卡拉尔卡莱尔的话说——"社会生命力之深度与丰富"。② 通过阅读卡莱尔的预言式话语和其他中世纪历史著作,莫里斯对中世纪现实不断增长的意识得以巩固。正如 E. P. 汤普森指出的,这些著作(在这里我们不

---

① 莫里斯,《在古建筑保护协会第二次年会上的致辞》("Address at the Second Annual Meeting of Anti-Scrape"),1879年6月28日,收录于《威廉·莫里斯:艺术家、作家和社会主义者》,第1卷,第121页。过去之概念化对莫里斯的社会主义憧憬起着重要作用,这一点很好地体现在劳伦斯·洛奇门塞(Lawrence C. Lutchmansingh)的《考古式社会主义:威廉·莫里斯的乌托邦和艺术》("Archaeological Socialism: Utopia and Art in William Morris")一文中,该文收录于 F. 布斯(F. Boos)和 C. 西尔弗(C. Silver)主编的《社会主义与威廉·莫里斯的文学艺术性》(*Socialism and the Literary Artistry of William Morris*),第7—25页。

② 卡莱尔,《过去与现在》,第89页。

能漏掉罗斯金)给莫里斯提供了这样一种意象,即一种"有机的、前资本主义的共同体意象,它拥有自己的、与维多利亚时期英国截然不同的艺术与价值观"。①

如果说这种有关中世纪的新的历史意识为维多利亚生活提供了一种抨击当下经济与社会状况的视角,那么它同时也带来一些对莫里斯作为艺术家的早期发展极为重要的美学实践。我们已经提到过中世纪主义运动在文学中的重要性——它不仅用故事激发了这种媒介的活力,同时也普及了某种风格上的拟古主义。浪漫诗学——正如勃朗宁与丁尼生作品中展现的——围绕着"为美而美"的观念展开,这种观念认为,铁路时代的恐怖与丑陋能够被一种人们创造出的美之封闭世界弥补、对抗。这种审美距离因中世纪背景与人物的使用而得以加固。我们将在本章稍后部分重申该美学主义主张对莫里斯早期政治主体建构的重要作用。

另一个与中世纪主义相关、影响深远的美学运动是建筑领域的哥特式复兴。哥特式复兴受到对英国哥特式历史重新评价和对其进行热忱的考古式研究驱使,它强烈影响地英国的建筑想象。该复兴运动中两位最重要的建筑师是奥古斯特·W. 普金(August W. Pugin)和吉尔伯特·斯考特(Gilbert Scott)。② 斯考特是众多建筑师中最具影响力也是最多产的一位,普金则是该运动中第一位真正意义上的理论家。普金的《中世纪崇高建筑与当前崇高建筑之对比或比较:表明当前品味的低俗化》(*Contrasts; or, a Parallel between the Noble Edifices of the Middle Ages and the corresponding Buildings of the Present Day; showing the Present Decay of Taste*)(1836 年)——正如标题所示——比照了中世纪背景中的哥特式形式之美与维多利亚时期英国迅速发展的工业

---

① 汤普森,《威廉·莫里斯:从浪漫主义者到革命者》,第 28 页。
② 要了解更多有关建筑中哥特式复兴的一般讨论,参见克拉克,《哥特式复兴》。

城市中的建筑怪物。重要的是,普金认为建筑风格的差异与该时期人们的道德生活密切相关——这一原则为罗斯金后期的哥特式建筑研究提供了理论养分。普金不仅推崇中世纪,认为中世纪是一个真正的基督教时代,并因此是一个产生崇高建筑物的时代,而且他还认为在维多利亚社会中建造哥特式建筑将对维多利亚时期的道德生活产生积极影响。① 尽管罗斯金和后来的莫里斯进一步发展了普金的这种原则,即一个时期的艺术不可避免地与该时期的生活状况相联系,然而二者却对复兴主义者将这种样式带回到社会状况已截然不同的维多利亚时期英国的这种狂热,并不乐观。在分为两部分的、名为《哥特式复兴》("The Gothic Revival")(1882年)的演讲中,莫里斯指出,尽管哥特式复兴描绘了人们开始变得对自己周围世界不满的程度,表达了人们对未来更加文明生活的一线希望,但除非社会劳动状况得到彻底改变,否则它在面对其目标时,只能手足无措。

> 那么,这是旨在将理性、逻辑之美带回到文明国度里人民生活中的哥特式复兴的唯一障碍:它不是如某些人认为的生活中的差异,除了在工人受压迫之中发现富有、闲暇之人的愚蠢奢侈:正是所有劳动力对竞争性市场上之生活必需品的屈从,才阻碍了哥特式复兴……②

----

① 尽管莫里斯与这种思想传统相联系,然而他对普金的情感却是负面的,普金对莫里斯思想的影响似乎更加确定地通过罗斯金的著作间接反映出来。要了解普金与罗斯金和莫里斯二人的关系,参见威廉斯的《文化与社会》,第130—134页。
② 莫里斯的《哥特式复兴》下卷,收录在尤金·勒米尔(Eugene Lemire)主编的《威廉·莫里斯未出版的演讲集》(*The Unpublished Lectures of William Morris*)(Detroit:Wayne State University Press,1969),第89页。具有讽刺意味的是——尤其是考虑到这些后来的评论——1856年,莫里斯放弃了成为神职人员的意图,到G.斯特里特(G. E. Street)的公司工作,斯特里特是一个年轻的建筑师,他后来在哥特式复兴中占据非常重要的位置。尽管莫里斯在斯特里特的公司只工作(转下页注)

在 E. P. 汤普森的著作《威廉·莫里斯：从浪漫主义者到革命者》中，他指出这种"中世纪主义狂热"如何有益于：

> 将莫里斯的思想从资产阶级思想范畴中解放出来。在这种重构的世界中，莫里斯找到一个地方，这不是一个他能隐退于其中的地方，而是一个他能站立于其中、用一种局外人或访客的眼光来审视自己时代从而能用其他时代之标准来评判自己时代的地方。①

汤普森富有洞见地开启了中世纪主义文化政治的一个方面，一个影响莫里斯和许多同时代人的方面。在表述一个拥有共产主义价值观和经济生活的过去世界时，中世纪主义运动能够打破与工业资本主义经济进程紧密相连之"资产阶级"观念的束缚。这些中世纪的观念是否为该时期之真实表征并不重要；它们的现实力量并非源自其历史真实性。维多利亚时期的人们认为这些观念是真实的，因此，他们就按照这些观念去思考和行动。辉格党不可避免地认为现在必定是人类文明发展史上一个进步性时刻，而描述过去在某些方面或许优于现在则扼制了辉格党的这种倾向。现在变得不那么令人满意，现在并非与人类进步相连，而是与野蛮落后相连。因此，中世纪主义有助于这些对社会问题——尤其是对与工人阶级状况相

（接上页注）了九个月，他却学到了一个普遍原则，这个原则既从实践上也从理论上影响了莫里斯对艺术家的观念。如果哥特式复兴希望借哥特式建筑使维多利亚的风貌重现生机，它就必须重新思考建筑师的操作实践。斯特里特认为要创造一种真正的、充满生机的哥特式风格，建筑师不仅要设计建筑物，他还必须懂得所有装饰艺术的操作知识。莫里斯在斯特里特的公司里投入到这些理想和技巧中，这不仅促成其于 1861 年创建自己的装饰艺术公司，而且也树立了一位艺术家-手工艺人的实践榜样，这样的艺术家-手工艺人经常出现在莫里斯对艺术的讨论中，他们在创造艺术作品时，将理论上的技巧/设计技巧同手工艺技巧结合起来。要了解这些对莫里斯的影响，参见斯坦斯基著《威廉·莫里斯》，第 15 页和克拉克著《哥特式复兴》，第 217 页。

① 汤普森，《威廉·莫里斯：从浪漫主义者到革命者》，第 28—29 页。

关之问题——几乎不抱直接同情之人重新定位其思想。

根据汤普森的看法,如果说中世纪主义有助于将维多利亚社会中的个人从一种宣扬当下社会秩序之必要性的意识形态范畴中解放出来,并且在这种过程提供了一种对经济、社会与文化实践的负面批判,那么它同时也唤起未来生活的意象。中世纪主义向过去寻求其政治批判养分这一事实,意味着它在政治方面表现出一种独特的多元价值性——它提供了多种不同的政治洞见,既有保守主义的,也有社会主义的。在卡莱尔和罗斯金的著作中,中世纪主义引发了人们对一个过去时代——一个社会无政府主义被对权威的服从与基督教道德之爱所替代的社会——的关注。在这种政治传统中,有一种通过重新恢复这些过去时代之文化政治话语而复兴维多利亚社会的真实渴望。然而同时,中世纪的"浪漫意识"正激励着其他人构想新的未来社会条件。莫里斯在《罗伯特·斯蒂尔的中世纪传说序言》(Preface to Medieval Lore by Robert Steele)一文中表达了源于这种大规模文化运动的各种不同政治观点:

> 我们生活的时代特征是:尽管在浪漫主义复古运动初期,其大部分支持者仅仅是好古之人(laudetores temporis acti),但现在,这些在中世纪研究中获得快乐之人常常被发现是这些有志于推动现代生活前进运动的人;然而这些想方设法阻止世界进步的人,则既不关心过去,又恐惧未来。简言之,历史、现代的新意识、对过去损失的巨大补偿,现在都使我们获益匪浅,并使我们感觉到过去并非是僵死,过去与我们同在,过去也将存在于未来,存在于我们现在正在努力促成的未来。①

---

① 莫里斯,《罗伯特·斯蒂尔的中世纪传说序言》("Preface to Medieval Lore by Robert Steele"),收录于《威廉·莫里斯:艺术家、作家和社会主义者》,第 1 卷,第 287—288 页。

正如我们稍后将看到的,很显然这个时候的莫里斯认为"历史的前进运动"表现在他仍然积极阐述的社会主义理想中;也就是说,"历史的前进运动"与这一理想有关,这种理想就是建立一个平等的社会、将工人阶级从"竞争性商业"或者资本主义奴役和剥削中解放出来。然而,即使在莫里斯的生活早期,他也从未屈服于这种使卡莱尔着迷、甚至在某种程度上使罗斯金着迷的保守主义态度。对莫里斯而言,"浪漫主义者"这个称谓并非意味着一个因过去之故而爱过去之人,"浪漫指的是有一种真正历史概念的能力、一种使过去成为未来一部分的能力"。① 这种"使过去成为未来一部分"的过程涉及到一些概念表述,这些概念源于中世纪却暗含在与19世纪英国新条件直接相关的政治话语中。正如莫里斯所解释的,一种"真正的历史概念"暗含着对"永恒变化"的理解和对过去不可逆转性的理解。②

根据汤普森的观点,罗斯金和卡莱尔的中世纪主义对莫里斯政治主体性的发展产生了最重要的影响。他们是"将他从资产阶级范畴中解放出来这方面对他影响最大的两个人"。③ 汤普森在讨论这两位思想家时,主要聚焦于二者对维多利亚社会的批判,即二者对莫里斯政治观点的重要影响在于,他们明确提出"政治"主题及对资本主义社会金钱关系(卡莱尔)和劳动者非人化(罗斯金)的批判。在汤普森对莫里斯的论述中,受到较少关注的是,莫里斯早期生活中塑造自身的那些美学兴趣之重要作用。这些美学兴趣包括他对前拉斐尔主义的迷恋、他为装饰艺术公司设计的作品和

---

① 莫里斯,《古建筑保护协会第十二次年会上的致辞》,1889年7月3日,收录于《威廉·莫里斯:艺术家、作家和社会主义者》,第1卷,第148页。
② 莫里斯,《古建筑保护协会第十二次年会上的致辞》,第152页。也可参见莫里斯于1879年在《古建筑保护协会第二次年会上的致辞》中的声明,收录于《威廉·莫里斯:艺术家、作家和社会主义者》,第1卷,第121页。莫里斯指出回顾历史的目的"并非力图使历史起死回生,而是使现在和未来更加丰富"。
③ 汤普森,《威廉·莫里斯:从浪漫主义者到革命者》,第29页。

他成熟的诗歌创作。对汤普森而言,这些兴趣,尤其是前拉斐尔主义和莫里斯成熟的诗歌创作,其实是逃避现实的且与政治无关的主题,它们表现了莫里斯对"工业资本主义之残酷生活现实"的一种默然接受。[1]

汤普森对莫里斯美学实践中的政治方面的忽视,暗示着一个与美学和政治话语之不可简化特性相关的潜在预设,即由美学话语和政治话语各自产生的知识或行动,仅仅与各自的实践相关。而这——正如我们从本书第一章中的讨论看出的——就重复了一种本身存在很大问题的本质主义观点,且完全忽视对产生于现代文化理论中之文化政治的更加丰富、更有意思的分析。诚然,汤普森声称,只有当艺术在叙事形式上涉及维多利亚社会生活之迫切需要时,对艺术的追求才是政治性的。汤普森称,我们从勃朗宁、丁尼生的浪漫主义诗歌中、尤其是从莫里斯的浪漫主义诗歌(至少至1870年《爱已足够》[Love Is Enough]出版截至)中发现的是一种:

> "浪漫"诗歌——中世纪主义、恍惚与逃避之诗歌,充满了怀旧的情绪,向往那被资本主义粉碎的价值观念、这些被映射到古老的或似梦般背景中的价值观念……。"浪漫"诗歌——似乎因其独特的"诗学"态度与词汇而被强调,总有点脱离时代中人们基本冲突的感觉。然而,对艺术的爱、对受庸俗主义威胁之灵感的无比珍爱,并不反对这一点,却也能产生十分辛辣的、极美的诗歌。年轻时期的威廉·莫里斯正是为这种"浪漫"诗歌做出了自己的贡献。[2]

---

[1] 汤普森,《威廉·莫里斯:从浪漫主义者到革命者》,第20页。
[2] 同上书,第20—21页。

尽管汤普森明确表达了内在于浪漫诗歌的这种对抗特质(它展现了一种"对被资本主义粉碎之价值观念的渴望",这些价值观念"被映射到古老的或似梦般的背景中"),然而他在诠释莫里斯的美学主义观点时,却并未认真关注该假设。对于汤普森而言,浪漫主义诗歌对过去梦幻般意象的强调、对为美学效果之缘故而创造美学效果的强调,使得它并不会对维多利亚的社会实践产生危害,同时也表现了莫里斯对自己周围环境的默许。然而,如果说与工业资本主义相关的问题催生了某种诗歌,这种诗歌现实地、直接地与使理性之人感到惊骇之社会状况相关——它是一种传统,一种包括浪漫主义运动第一代人,尤其是拜伦、雪莱、华兹华斯和布莱克在内的诗歌传统,那么它也催生了一种聚焦于"浪漫"之上的艺术形式——一种审美话语,一种偏爱形式主义拟古主义和中世纪主义主题、偏爱为美而表现美的审美话语。就这一点而论,后一种美学话语是合理的,这种美学话语与汤普森所指的"残酷现实"紧密相关。尤其对莫里斯而言,他沉浸到这种话语之中,这就为自己提供了一个空间,在这个空间里,他能够表述为维多利亚社会当时政治社会境况所挫败的、关于人类生存的理想,同时也不会将这些理想与当下社会政治选择和社会政治话语等同起来。而且,莫里斯对唯美主义原则的喜爱,有助于他从历史与社会视角阐述一种与维多利亚残酷现实相对的美学概念。因此,对"唯美主义"充满热情这个时期对莫里斯的政治发展意义重大。

构建美学自我理解(Ⅱ):
前拉斐尔主义、唯美主义和莫里斯的浪漫诗歌

在关于建构自我艺术家身份上,莫里斯毫无疑问大大受益于但丁·加百利·罗塞蒂(Dante Gabriel Rossetti)的个性与观点。罗塞蒂是前拉斐尔兄弟社创始成员之一,前拉斐尔兄弟社是由皇

家艺术学院一群年轻艺术家为反对约书亚·雷诺兹(Joshua Reynolds)提倡的学院派风格而创立的一个艺术团体。兄弟社创立于1848年——一个政治与美学革命时机似乎已经成熟的时间,它是一个松散的组织,除罗塞蒂外,还包括天才画家约翰·埃弗雷特·米莱斯(John Everett Millais)和威廉·霍尔曼·亨特(William Holman Hunt)(此二人为兄弟社的"创始人")、罗塞蒂的弟弟威廉·迈克尔·罗塞蒂(William Michael Rossetti)和后来成为著名诗人的罗塞蒂的妹妹克莉斯缇娜·罗塞蒂(Christina)。尽管福特·马多克斯·布朗(Ford Madox Brown)并非正式的兄弟社成员,但他是兄弟社一位重要的伙伴和朋友。他们因对意大利文艺复兴早期宗教艺术的热诚而被称为前拉斐尔主义画家(他们宣称要从拉斐尔以前包括拉斐尔在内的画家那里吸取灵感),他们认为艺术是对自然与生活的个人化的、真实的表达。在他们眼中,拉斐尔以后的艺术因遵循传统而变得毫无生气:绘画表现的不是艺术家的创造性与个性,而是受一种被规则束缚之模仿所驱动,这种规则束缚下的模仿正是他们在皇家艺术学院学习的学院派绘画风格之典型特征。① 正如威廉·迈克尔·罗塞蒂在《萌芽》(The Germ)杂志中所宣称的——《萌芽》杂志由兄弟社于1850年创办,它是莫里斯创办《牛津剑桥杂志》的灵感来源——:"……前拉斐尔兄弟社的主流观点[是]②,一名艺术家,无论是画家还是作家,应该专注于界定与表达自己的个人思想,且这种界定与表达应基于对大自然的直接研究,并与大自然之表征相一致。"③

---

① 要了解前拉斐尔主义,参见霍夫,《最后的浪漫主义者》(The Last Romantics),第40—82页;汤普森,《威廉·莫里斯:从浪漫主义者到革命者》,第40—46页;也可参见简斯·萨姆布鲁克(Janes Sambrook)主编《前拉斐尔主义:评论集》(Pre-Raphaelitism: A Collection of Critical Essays)(Chicago: University of Chicago Press, 1974)中的一些第一手文章及评论文章。
② [译注]原文如此。
③ 转引自霍夫,《最后的浪漫主义者》,第55页。

前拉斐尔主义画家要求抵制绘画中循规蹈矩之表达而应寻求自然事实之个性化表达。这一要求体现了两种对立的姿态:第一,它重申了浪漫主义对启蒙运动思想的批判,尤其是对合理化(rationalization)与习俗化(conventionalization)绘画风格的批判。他们因这些前文艺复兴时期绘画实践的创造性个性而转向这些实践。正如威廉·迈克尔·罗塞蒂所说:

> 拉斐尔以前的画家常常全然忽视艺术的积极规则,他们完全不受传统规则的影响。这些传统规则在他们的时代从不为人所知;他们既没有发明它们,也没有发现它们。正因为他们既没有发明这些传统规则,也没有发现它们,这些相关的艺术家才被称为前拉斐尔主义画家。他们是真正的前拉斐尔主义画家——不过他们是19世纪的前拉斐尔主义画家。他们有着相同的目标——真理;有着相同的过程——从观察大自然而来的精确……①

第二,艺术领域中对理性的浪漫批判是反对19世纪工业世界的一部分。正如威廉斯所说,前拉斐尔兄弟社的"文化构成"本质上是一种对商业资产阶级的反抗。他们对:

> 自然主义的强调从一开始就与一种明确的"中世纪主义"交织在一起:对某种浪漫主义、装饰美的喜爱,也是——且明确地是——对19世纪商业文明与工业文明之丑陋的一种批判。在这一点上,他们不可避免地成为其所在阶级[商业资产阶级]的持不同政见者,且从某种程度上说,他们在反对自己

---

① 威廉·罗塞蒂(William Michael Rossetti),《前拉斐尔主义》("Pre-Raphaelitism"),收录于《前拉斐尔主义:评论集》,第66页。

所在的阶级——只是用一种特别的方式,因为他们在绘画与诗歌艺术中发现了主流社会与文化秩序之替代品。①

这种独特的艺术理论还强调了手工劳动的重要性,它强调手工劳动重要性之方式与罗斯金阐述自己后期对哥特式艺术之研究的方式如出一辙;对于前拉斐尔主义画家而言,真正的艺术源自艺术家勤劳的、创造性的、个性化的劳动。

1856年,当莫里斯遇到但丁·罗塞蒂时,原来的前拉斐尔兄弟社已经解散。如果说莫里斯已经受到亚眠的哥特式建筑和丁尼生浪漫主义诗歌的滋养,那么他现在就进入到前拉斐尔主义绘画世界之中。前拉斐尔主义绘画的视觉语言增加了莫里斯迅速发展的中世纪主义情感,使其与大自然之解放效果(liberating effects)更加亲近。对于前拉斐尔主义画家而言,自然代表着一种反对他们被教授绘画之习俗化表征的批判力量。正如一位赞同上述观点的评论者在1852年所说:

> 前拉斐尔主义画家各自遵循的原则、后来成为他们联合之纽带的普遍原则——就是:在任何情况下他们都应该回到大自然,并且尽可能准确地采用大自然实实在在的诸种形式。如果他们要画一棵树作为绘画作品的一部分,那么,他们不是要试图画下——根据约书亚·雷诺兹爵士的规定——一棵理想之树、树的主体形态、一种从许多树之对比中抽离出来的佳美之树之普遍概念。他们的观念是,他们应该到大自然中去,寻找一棵真实的树,然后画下它。②

---

① 威廉斯,《文化社会学》,第78页。
② 戴维·马森(David Masson),《艺术与文学中的前拉斐尔主义》("Pre-Raphaelitism in Art and Literature"),最初发表于1852年的《英国评论季刊》(The British Quarterly Review),第16页,后收录于《前拉斐尔主义:评论集》,第74页。

回到大自然寻找他们的绘画题材,这是一种转向或回归([re]turning),它试图用自然世界的细节与个体性使自己的美学表征焕发生机,这样就打开了一种到目前为止仍然隐含在我们分析中的政治维度。恰如威廉斯似乎暗示的那样,通过表达不受普遍化经济进程影响的生活之个性化特征,它削弱了资本主义工业化带来的生活合理化的侵入式影响。因此,表达自然不仅隐含批判了工业生产带来的破坏,而且也提供了一个未来社会与经济可能性的乌托邦式映射。正如阿多诺认为的——在技术与资本主义工业化语境下,"大自然之意象"唤起了一个"超越资产阶级工作与商品交换之领域的可能性"。① 的确,奥黛丽·威廉姆森(Audrey Williamson)也称这种对自然的喜爱确保了前拉斐尔主义画家不仅反对"生活与艺术中的陈规,他们还反对工业革命带来的整个观念模式与社会模式"。② 这种对自然的关注是莫里斯美学实践的基石——无论是绘画、诗歌,还是装饰艺术,而且,这种对自然的关注极有可能是莫里斯从前拉斐尔主义前辈那里学到的最宝贵一课。

莫里斯的画家生涯仅仅持续了几年,其代表作有两幅,或者说三幅。③ 然而,尽管莫里斯从未在这种艺术形式上获得如其期望的成功,但莫里斯受罗塞蒂影响的这个时期产生了两个对其后期生活影响重大的重要发展:经罗塞蒂介绍,莫里斯认识了简·伯顿(Jane Burden),并在 1859 年与之结婚;莫里斯和罗塞蒂及其他

---

① 阿多诺,《美学理论》,第 102 页。
② 奥黛丽·威廉姆森(Audrey Williamson),《反抗的艺术家和作家:前拉斐尔主义者》(*Artists and Writers in Revolt:Pre-Raphaelitism*)(Philadelphia:The Art Alliance Press,1976 年),第 7—8 页。
③ 在《威廉·莫里斯与中世纪》(*William Morris and the Middle Ages*)(Manchester:Manchester University Press,1984 年),第 114—116 页中,编者指出莫里斯的生平和工作可用两幅莫里斯于 19 世纪 50 年代创作的绘画作品来概括,一幅描绘的是马洛里(Malory)写的特里斯特拉姆(Tristram)与伊索尔德(Iseult)的故事,另一幅则在不同时期或被称为《王后桂妮维亚》(Queen Guenevere)或被称为《美丽的伊索尔德》(La Belle Iseult)。

前拉斐尔派知名人士一起，于1861年创办一家装饰艺术公司。事实上，这两个方面的发展紧密相联。莫里斯希望在一所没有维多利亚时期建筑之典型特征——"丑陋"、"粗糙"——的房子中开始其婚姻生活，因此莫里斯请其友人菲利普·韦伯(Philip Webb)来设计该建筑物。结果就是坐落在英格兰郊区贝克里斯黑斯的"红屋"，该房屋用当地的红砖建成，它有着安妮女王式窗户、镶有红瓷砖的高耸的屋顶和幽深的哥特式门廊。尽管它暗示着中世纪的建筑风格，但正如佩夫斯纳指出的，它展现了"一种令人惊讶的独立特征，它看上去结实、宽敞，却一点儿也不矫揉造作"。① 后来，莫里斯与伯恩·琼斯、罗塞蒂、韦伯一起，进一步用花艺设计、中世纪主义风格的壁画和极其坚固实用的家具装饰室内。正是这次尝试的经验与成功促使他们创办装饰艺术公司。正如在一封写给其社会主义同仁安德里亚斯·肖伊(Andreas Scheu)的信中附带的自传短文中指出的：

> 这时，哥特式建筑复兴运动在英国取得了巨大进展，它自然也影响到前拉斐尔主义运动；我全身心投入到这些运动中：我请一位朋友为我造了一所中世纪风格的屋子——我在那里住了五年，并且我自己动手装饰这个屋子；我们——尤其是我和我的建筑师朋友——发现，所有的次等艺术都处于一种完全堕落的状态，在英国尤其如此。因此，1861年，带着一种初生牛犊不怕虎的勇气，我开始着手改变这一切：我创办了一家生产装饰用品的公司。罗塞蒂、布朗、琼斯和我屋子的设计师韦伯是公司的主要成员。琼斯在那时开始变得有名气；他为我们设计了许多彩色玻璃，他对该事业非常投入；不久我们就取得了一些进步，尽管我们肯定会受到许

---

① 佩夫斯纳，《现代设计的先驱们》，第59页。

多人的嘲笑；我把这件事当作一项事业去做，虽困难重重，以致我们很难想象能从中赚钱：[1875年]大约十年前公司破产了，只剩我一个合伙人——尽管韦伯和伯琼斯仍然帮助我、为我做设计。①

莫里斯-马歇尔-福克纳公司将自己描述为"绘画、雕刻、家具和金属制品的精细工艺工人"，它开始着手复兴装饰艺术，将"有声望艺术家"之技艺与知识应用到"具有真实与美之特性的作品"生产上。② 罗塞蒂和琼斯投身于有色玻璃的设计，韦伯在该公司生产的家具的设计方面起到特别重要的作用，而莫里斯将其设计技能用于壁纸、纺织品与刺绣的生产。甚至，在公司成立一周年后，莫里斯就开始"棚架"、"菊花"和"水果"壁纸的设计。尽管这些早期的设计并没有复杂流畅的线条和色块，也没有其后期设计的典型特征——繁复的细节，但它显示出一种贯穿于莫里斯所有装饰艺术设计作品中的自然主义倾向。③ 正如莫里斯在一封给肖伊的信中进一步指出的——他开始投入到这些艺术中，这迫使他"学习关于编织、印染和织物印花的理论、甚至实践：我不得不承认，所有这些，曾经、甚至现在仍然给予我许多快乐"。④ 众所周知，莫里斯

---

① 给安德里亚·肖伊（Andreas Scheu）的信，1883年9月15日，收录在《威廉·莫里斯书信集》，第2卷，第一部分，第228—229页。
② 源自公司创办计划书，转引自亨德森，《威廉·莫里斯：生活、工作和友人》，第66—67页。
③ 关于对莫里斯作为设计者工作之分析，最佳参考书籍为保罗·汤普森（Paul Thompson），《威廉·莫里斯的工作》《The Work of William Morris》(London: Heinemann, 1969年)，具体参看第66—145页。就讨论莫里斯的工作与其创立的公司头十年的情况，参见亨德森，《威廉·莫里斯：生活、工作和友人》，第58—78页。对于详细谈论莫里斯作为一名设计者的生涯，参见梅·莫里斯在《威廉·莫里斯：艺术家、作家和社会主义者》，第1卷，第34—62页中的描述。只要逛逛博物馆书店，就会发现莫里斯如今主要进其壁纸设计和纺织品设计而闻名。
④ 《威廉·莫里斯书信集》，第2卷，第一部分，第230页。

在装饰艺术方面的尝试给英国及后来的美国工艺美术运动树立了一个重要的实践榜样。① 在这里,对我们的目的而言重要的是,体现在该商业尝试中的理想——即装饰艺术只有通过"艺术家工人"的共同努力和合作且使其参与到与美学生产各个阶段相关的多方面劳动中时,艺术才能兴旺——为莫里斯在演讲中提出自己的艺术概念奠定了实践基础。然而,在还未发展到正式提出自己的艺术概念之前,莫里斯不得不通过其诗歌继续向"时代宣战"。② 这一做法即刻被证明不仅对莫里斯后期的政治立场非常重要,而且还使他清楚看到文学作品在这场战役中的局限性。

如果说 1861 年是莫里斯开启其作为装饰艺术家之终生事业的一年,那么,1861 年也是他开始创作一部里程碑式的史诗——《地上乐园》的一年。《地上乐园》于 1868 至 1870 年间出版(卷一于 1868 年出版,卷二和卷三于 1870 年出版),该诗的出版使得莫里斯成为一位广受欢迎与好评的诗人。该诗不仅标志着莫里斯文学才华的开端,而且,于汤普森而言,它也代表着"一种绝望之歌",在这种"绝望之歌"中,"莫里斯周围世界中希望之幻灭,使得他抛弃济慈的挣扎和自己年轻时的挣扎,转而去调和其理想与日常生活经历",并"讲述古老的浪漫故事而不理睬现实世界"。③ 汤普森指的不仅仅是存在主义的绝望,他也指向,一种缺乏,一种对维多利亚生活敌意的缺乏——这种对维多利亚生活敌意之缺乏为莫里斯的后期政治姿态奠定了基础,这种缺乏也即一种冲突,汤普森清楚地从莫里斯早期诗歌之复杂形式中看到的一种冲突。

---

① 有关莫里斯与英国工艺美术运动的讨论,参见斯坦斯基,《重新设计世界》,特别是第 37—68 页,对于莫里斯在美国的影响,参见艾琳·鲍里斯(Eileen Boris)《艺术与劳动:罗斯金、莫里斯与美国手工艺人的理想》(*Art and Labor*:*Ruskin, Morris and Craftsman Ideal in America*)(Philadelphia:Temple University Press,1986)。
② 该短语是伯恩·琼斯(Burne-Jones)用来描绘他和莫里斯在 1853 年想要建立美学伙伴关系的最初意图。引自麦凯尔,《威廉·莫里斯生平》,第 1 卷,第 65 页。
③ 汤普森,《威廉·莫里斯:从浪漫主义者到革命者》,第 132 页。

汤普森的论述仍然代表着这些最有趣尝试中的一种,即揭露莫里斯后期政治态度之形式维度的这些尝试。总之,汤普森认为莫里斯早期诗歌的叙事结构(尤其是发表在《格尼维尔的辩护》[*Defense of Guenevere*]中的诗歌)不断展现了爱和美之理想与人们残酷现实生活之间的冲突。而在其用高度精炼、标志性的古语创作成的《地上乐园》中,我们已看不见这一冲突;而且,莫里斯明确表达了这样一种观点,即为愉悦和逃避而创造美,这种观点似乎丢弃了维多利亚社会所有的冲突。① 尽管在《地上乐园》中,"希望的幻灭"这一主题非常显著,然而我们仍应该保持警惕,避免得出一个毫无根据的结论:这就表明"其理想和日常生活经历"的一种妥协。

莫里斯于 1858 年发表第一部诗集《格尼维尔的辩护及其他》(*The Defense of Guenevere and Other Poems*)。尽管莫里斯作为诗人的才华在这部诗集中清晰地展现出来,但批评家们一般都忽略这一点;如果说批评家们确实注意到了,他们一般也都是给予负面评价。然而,尽管批评家们可能会对充斥本诗集的、从马洛里《亚瑟王之死》中借用的许多古代人物和古语提出批评,但是 H. F. 乔利(H. F. Chorley)指出"他这本前拉斐尔吟游诗集"是"一种好奇,这种好奇显示出矫情可能会误导一位热忱之人走向艺术虚幻之地的程度"②——其实,他们同样也意识到莫里斯有作为诗人的潜能。正如一位持反对意见的评论家在《星期六评论》上非常不情愿地宣称:"……莫里斯的能力……据我们判断……是相当大

---

① 汤普森,《威廉·莫里斯:从浪漫主义者到革命者》,第 76—86 页讨论了解莫里斯的早期诗歌,第 114—150 页讨论了《地上乐园》(*The Earthly Paradise*)与其唯美主义信条。
② M. 乔利(M. F. Chorley),匿名评论,《雅典娜神庙》(Athenaeum),1858 年 4 月,后收录于彼得·福克纳(Peter Faulkner)主编《威廉·莫里斯:批判的遗产》(*William Morris: The Critical Heritage*)(London: Routledge Kegan and Paul, 1973),第 37 页。

的"。然而它们:

> 却全都因为莫里斯对一种错误艺术准则的热爱而被破坏、被浪费。我们说错误的准则,是因为诗人的作品是关于人们的现实生活世界。然而,莫里斯先生却从未想过描绘十字军东征后的人们或人们的生活。在他那里,当人们过着体面的生活、开始阅读与写作时,艺术的作用就终结了。因此,他创造的全是图画——关于古怪又英俊的骑士的图画,他们非常僵硬、笨重,显然成天穿着锁子甲生活,身上的金线衣噼啪作响……树木和花朵的颜色极其浓烈,外形轮廓过分生硬、锋利。①

该评论的作者触及到该诗集中莫里斯诗歌背后的潜在动力:用古代语言之形式来展现中世纪的痛苦与磨难。骑士之间的战斗、不求回报的爱、死亡与希望,全都交织在这部文字优美的诗集中,给读者提供了一段该历史时期的文学之旅。这样一种历史真实性激怒了大多数批评家,使得朔特豪斯(J. H. Shorthouse)将该诗集视为"迄今为止对一个过去时代之思想与情感基调最美妙的再现"。②

如果说《格尼维尔的辩护及其他》显示了莫里斯诗学才能中深厚的历史感,将"理想的装饰美与残酷的现实主义"③交织在一起,那么《地上乐园》则展示了一种悄然的完善,这种完善克服了莫里

---

① 匿名评论,《星期六评论》(*Saturday Review*),1858 年 11 月,后收录于《威廉·莫里斯:批判的遗产》,第 45 页。
② 出自《J. H. 肖特豪斯的文化遗产》(*Literary Remains of J. H. Storehouse*),收录于《威廉·莫里斯:宝贵的遗产》,第 48—49 页。
③ 汤普森,《威廉·莫里斯:从浪漫主义者到革命者》,第 77 页。又见菲利普·亨德森,《威廉·莫里斯》(*William Morris*)(London: Longmans Green and Co. ,1952),第 12 页。

斯早期诗歌中的狂野和唐突。值得注意的是莫里斯仅将其早期诗歌与《地上乐园》之间的差异视为作诗技巧的完善——一种逐渐显露其美学才能的过程。对莫里斯而言,其前社会主义诗歌尝试全都是一种与自己迅速成熟之诗学技巧相协调的过程。① 斯温伯恩(A. C. Swinburne)是少数公开称赞莫里斯《格尼维尔的辩护及其他》这部作品之人中一位,他在 19 世纪 60 年代,他成为莫里斯的密友。② 尽管批评家对于《格尼维尔的辩护及其他》的重要性观点不一,但是斯温伯恩指出:

> 世界上没有一件作品被当地之人更加清晰地标记、被更深地烙上天生特性之烙印。它无需格外敏锐的耳朵和善于观察的眼睛就可以看到、可以听见这位诗人——无论是作为佃户,还是作为乞丐或是者作为盗贼,他没有持有任何东西、没有盗窃任何东西、也没有依靠任何东西。尽管他还算不上大师,但他绝不再是学生。③

---

① 在莫里斯给肖伊的信中,他这样描述了自己的诗歌创作,他认为除了自己艺术技巧日渐成熟之外,《格尼维尔的辩护及其他》与《地上乐园》之间并无区别:

> 同时,在 1858 年,我出版了一卷诗集《格尼维尔的辩护及其他》;非常不成熟,极其具有中世纪的风格;然后,几年以后,我开始构思《地上乐园》并非常努力地写作这本书。那时我已经开始阅读古老的北欧文学译本,这样就扩宽了我的历史阅读面,我发现古老的北欧文学是中世纪主义之唠叨的一剂良药。(我想是)1866 年,我发表了《伊阿宋的生与死》(Life and Death of Jason),这个故事原本准备收录在《地上乐园》中,但是因为故事太长而没有收录。令我惊讶的是无论是评论家还是大众读者对此书都反映良好,他们甚至对我的下一步作品《地上乐园》更加友善,《地上乐园》,第一系列出版于 1868 年(《威廉·莫里斯书信集》,第 2 卷,第一部分,第 229 页)。

② 斯温伯格在 1867 年 7 月的《双周评论》(Fortnightly Review)上通过对《伊阿宋的生与死》评论而讨论了《格尼维尔的辩护及其他》,重新收录于《威廉·莫里斯:宝贵的遗产》,第 57—58 页。

③ 转引自麦凯尔,《威廉·莫里斯生平》,第 1 卷,第 135 页。

尽管莫里斯的早期诗歌算不上"大师"级别,然而多数人认为《地上乐园》的出版表明他已达到大师水平。《地上乐园》由篇幅长短不一、来源不同的(古典的、东方的、中世纪的和斯堪的纳维亚的)24篇叙事诗组成。这24首叙事诗根据月份两两一组编排。《序言》——包含着包括莫里斯整部作品的唯一原创情节[①],为这些叙事设定了背景:流浪者们,听说有一个地上乐园,便启程寻找。在路上,他们遭遇到许多不同文化及国家。每到一处,他们便燃起最终能够到达地上乐园的希望,但希望一次次地被一些令人悲痛的事件粉碎。最后,这些流浪者们在垂垂老矣之时,际遇了希腊文明。于是他们便在这个国家同该国友好善良的人们一起度过余生,他们将自己路途的见闻讲给他们的客人听,作为对客人们热情好客的回报。

这些故事在抒情性与装饰性细节方面非常精彩,但对我们而言,该诗最重要的部分是位于《序言》前的简短的《致歉》("Apology")。在这些开场白式的话语中,莫里斯谈到他感觉到的自己诗歌的某些缺点。鉴于这是对莫里斯作为诗人之意识意图的一种相当直接的陈述,因此它值得我们详细引用:

> 我无力歌颂天堂或地狱,
> 我不能减轻你眼泪的重负,
> 也不能将速速到来的死亡变成一件小事,
> 我的话语也不能使你忘掉你的眼泪,
> 也不能再次给你带去希望,
> 我不过是个吟唱虚无日子的闲散诗人。
>
> 然而,当你厌倦了欢乐,

---

① 见弗洛伦斯·布斯,《〈流浪者的序言〉之演变》("The Evolution of 'The Wanderers Prologue'"), PLL20,第4期(1984年),第397—417页。

整颗心仍然不得饱足,你叹息,
你对整个世界那么友善,
日子逝去,你心生怨恨,
这便越发使你记起美好日子已经逝去,
稍稍记起我,我就祈祷。
我不过是个吟唱虚无日子的闲散诗人。

深重的劳苦,令人困惑的忧虑
压弯我们生活在世上、辛勤劳作赚取所食之人,
这些闲散的诗句无力承担,
所以,让我来歌颂被铭记的名,
因为,他们尽管不再生活在世上,却永远不会死去,
不然,时间会带走我们关于他们的记忆,
我们,吟唱虚无日子的闲散诗人。

做梦的梦想家,适时而生,
我为何要竭力使弯曲的变为正直?
让我低吟的韵律随着角门前的光翼跳动吧,
这就够了,
讲述一个不那么令人讨厌的传说,
向那些停留在昏昏欲睡中的人,
他们因吟唱虚无日子的诗人得宁息。

所以,《地上乐园》,
如果你正确地阅读,请原谅我,
谁竭力去构建一座欢乐的神秘岛,
在钢铁般大海的汹涌波涛之中,

> 我的整个心都在那里被抛来掷去；
> 大海中咆哮的怪物,大能之人会杀死它们,
> 而不是吟唱虚无日子的可怜诗人。①

　　正如我们从《致歉》中莫里斯的评论看到的,诗人不再被视作一种能以其诗作撼动社会根基的巨大力量。如果说雪莱宣称所有的诗人都是世界的真正"立法者",那么莫里斯在这里就降低了这种吟游诗人的作用,将其比作"吟唱虚无日子的诗人"。正如一位评论家阐明的,莫里斯的诗学意图很明显掀起诗歌界的"唯美主义运动"。"唯美主义运动"暗含在丁尼生和勃朗宁的作品中,但它明确地浮现在莫里斯的前社会主义诗作及罗塞蒂和斯温伯恩的诗作中。② 唯美主义运动的标志性理念是:艺术应该只关注对美的描绘,而不应该关注除美之表征所带来之愉悦之外的任何目的。就这一点而言,唯美主义运动很显然可以划归为"为美而美"的传统。"为美而美"是一种美学理想,直到现在还在继续界定先锋派艺术家的美学实践。正如斯温伯恩所说:

> 散文中,有足够多的布道坛供所有布道者使用;而诗歌写作领域,却几乎不可能表达坚定的信仰;如果某些诗歌,若它没有自己的优点,而是不时地涉及到教条式的道德,那么,这种诗歌就是最糟糕的、也是最无力的一种。③

---

① 莫里斯著,《地上乐园》(London:Longmans Green and Co.,1902)第一部分,第1—2页。
② 德尔伯特·加德纳(Delbert Gardner),《一位"闲散的诗人"与其听众:威廉·莫里斯在英国的诗歌名声,1858年—1900年》(*An "Idle Singer" and His Audience: A Study of William Morris's Poetic Reputation in England, 1858—1900*),(The Hague:Mouton and Co.,1974),第4页。
③ 《给〈观察家〉编辑的一封信》(Letter to The Editor of *The Spectator*),1862年6月7日,转引自加德纳,《一位"闲散的诗人"与其听众:威廉·莫里斯在英国的诗歌名声,1858年—1900年》,第9—10页。

尽管这种诗歌——企图用"教条式道德"教育其读者之诗歌,可能会有些优点,然而它却没有表达出蕴含在诗歌形式中的审美价值。重要的是,这些为艺术之独立呼喊的、充满激情的话语,打开了唯美主义运动起源之争论(正如我们将看到的,政治的争论)语境。唯美主义运动从反对"说教主义"占统治地位的实践与理想中发展而来,说教主义认为,诗歌是一种诗人用以教导真理、道德和个人行为的媒介。因此,在浪漫主义第一代人式微后开始占支配地位的说教主义,宣扬一种诗歌实用性理念:认为诗歌为道德教育和公民教育提供了场所。重要的是,它最终因新兴资产阶级明确地将艺术降级为其行动、政治等理想,而使说教主义与资产阶级霸权计划密切相关。[①] 因此,通过宣告艺术独立于充斥该社会秩序的经济与社会独裁,唯美主义成为另外一种反对资产阶级霸权的斗争手段。

这种对维多利亚生活的敌意清晰地被唯美主义运动的成员表述出来。他们认为,艺术提供了一种比一般资产阶级道德更高的道德标准,一种与风格和美密切相关的道德标准。道德实用性与艺术的有趣分离,以及随之而来的宣称艺术之更高道德性,可以在奥斯卡·王尔德(Oscar Wilde)——一位19世纪80年代开始参与到唯美主义运动的艺术家——的格言中找到:

> 美学比伦理学的境界更高;
> 真理完全是且绝对是形式风格的问题;
> 较低的、较少的智力领域归属道德;
> 邪恶是良善之人捏造的神话,以解释对他人好奇的吸引力;

[①] 德尔伯特·加德纳,《一位"闲散的诗人"与其听众:威廉·莫里斯在英国的诗歌名声,1858年—1900年》,第4页。

第四章 构建审美自我

弃绝当前道德观念的,才是有更高道德境界的。①

在唯美主义运动的所有参与者中,斯温伯恩与莫里斯走得最近。他同样宣称艺术应与宗教、责任及道德分离。如此一来,艺术将展示其最重要的特征,即美之特征。然而,如果这就是艺术存在的理由,那么它必然与人们生活之残酷现实相对立,这样,就既提供了一种批判方式又提供了一种滋养的工具:

> 你所见之美是一种例外;卓越意味着打破规矩、违反法律。这就是为何追求纯粹、简单之美的人——也即诗人与画家——天生就是道德上的贵族。我的确认为,如果大自然顺应自己,那么它将只会生长芜菁;只有与其抗争的力量……会不时反抗;各处愚蠢土壤的反抗,就生出了玫瑰……安慰是:在我们反对卷心菜联邦、攻击萝卜共和国后,就总是会出现鲜花。②

鉴于莫里斯与斯温伯恩的紧密联系(他们的友谊一直持续到莫里斯去世),有理由假定莫里斯与斯温伯恩一样,同样深信艺术在反对维多利亚生活中的批判作用。这一点也被如下事实所证实,即当莫里斯于1883年开始转向其社会主义活动时,他便立即认为他的这位艺术家同仁也会跟着他投入到该运动,然而厌恶民主运动的斯温伯恩,婉言谢绝了。③

---

① 转引自希拉里·弗雷泽(Hilery Fraser)《美与信仰:维多利亚文学中的美学与宗教》(*Beauty and Belief: Aesthetics and Religion in Victorian Literature*)(Cambridge:Cambridge University Press,1986年),第186页。
② A.斯温伯恩(A. C. Swinburne),*Lesbia Brandan*(London:Methuen,1952),第119页。
③ 见莫里斯写给斯温伯恩的信,1883年11月17日,收录于阿什利图书馆手稿1218,第3页。在信中,莫里斯邀请斯温伯恩为社会主义杂志《今日》(*Today*)写一首诗,并邀请他加入民主联盟。

在沃尔特·佩特(Walter Pater)对《地上乐园》的评论中,我们不仅看到一种最具说服力的唯美主义运动原则之阐述,而且也看到对莫里斯在该运动中地位的有力诠释。① 就佩特而言,《地上乐园》,在构建一种"凌驾于时代现实"之更高人类生活之能力方面,是一个典范。"欣赏它的秘密在于对一些人所熟知的思乡病的扭转,"佩特继续说,"那种对逃避感的不可救药的渴望、这种没有任何一种现实生活形式能够满足的渴望……正是这些诗歌中的这种渴望界定了工人的性情或性格。"②重要的是,这种性情在整首诗中如此得以表达:"不断地暗示——忧愁地或热情地暗示,生命的短暂;这与当时[诗歌]③世界的繁荣景象形成对比,并给其增添新的魅力;死亡之感和对美的渴望;死亡之感激起对美的渴望。"④在这里,佩特听到那些嘲笑这些唯美主义缺点之人的奚落:

你说"在这里,在一种有形的形式中,我们有所有这类诗歌所具有的缺点。现代世界掌握在真理手中;对于这种诗歌——这种以其形式之艺术美为目的诗歌,它忽视这些真理以及与其相关的现实兴趣,却花费大量心思去重复讲述这些异教徒的寓言故事,就好像它只能选择更多的美丽影子或更少的美丽影子一样——世界只能对之微微一笑。"⑤

佩特直接对抗这些无视"浪漫诗歌"作用的批评家们及随之而

---

① 威特·佩特(Waiter Pater),《威斯敏斯特评论》(*Westminster Review*),1868 年 10 月,收录于《威廉·莫里斯:批判的遗产》,第 79—92 页。要了解佩特唯美主义观点的有趣讨论,参见雷斯伯格,《唯美主义与解构主义》,第 7—74 页。
② 佩特,《威斯敏斯特评论》,第 80 页。
③ [译注]原文如此。
④ 佩特,《威斯敏斯特评论》,第 89 页。
⑤ 同上。

来的美之理想化。这样的美学姿态对我们来说有何重要性呢？鉴于人类经历的易逝性特点，因此最重要的就是抓住生活中的热情与"狂喜"。

> 高度的热情给人这种急促的生命感、爱之狂喜与悲伤、政治的或宗教的热诚，或者"对人性的热情"。只要确保它是热情，那么它就一定会让你收获这种急促的、繁多的意识之果实。关于这种智慧，对诗的激情、对美的渴望、对为美而美的热爱，有最……①

因此，正是这种"对美的渴望"，为生命中稍纵即逝之时刻增加了活力，它甚至为其他宗教的、政治的与人道主义的活动和热情奠定了基础。正是在这里，我们看到一个与莫里斯自身生活相关之唯美主义信条的重要方面，即宣称一种超越当前世界之美之领域的必要性，确保了它对这些"现实兴趣"（正如佩特指出的）之持续批评态度，并且确保了一个理想领域之存在，这种理想领域反过来为其复兴提供支持。的确，在描绘审美细节方面，这意味着一种显而易见的"逃避主义"，然而，对于莫里斯和其他唯美主义运动成员而言，这绝非意味一种对诗人周围烦乱世界的默许。

对莫里斯来说，诗歌没有"能力"减轻"深重的劳苦、令人困惑的忧虑/压弯我们生活在世上、辛勤劳作赚取所食之人"，诗歌的任务是在"艺术宫殿"内创造一个美丽的梦想世界："让我低吟的韵律/随着角门前的光翼跳动吧/这就够了。"当莫里斯在《地上乐园》中这样述说时，他事实上将诗歌与诗歌于其浪漫主义前辈而言之政治功能分割开来。当莫里斯进一步宣称自己是一个"做梦的梦

---

① 佩特，《威斯敏斯特评论》，第92页。

想家,适时而生/我为何要竭力使弯曲的变为正直?"时,汤普森总结说:

> 总之,它是一种失败宣扬:从浪漫主义运动传统内考虑,它是对雪莱有关诗人之主张的一种摒弃,是对济慈为获得完全诗人意识与责任之斗争的一种拒绝。理想与现实之间的冲突、生活和艺术之丰富灵感与卑贱残酷之事实之间的冲突,不再出现,这些冲突是济慈最优秀诗歌的基础,且(以一种更复杂的方式)成为莫里斯早期诗歌的基础。①

尽管汤普森正确地看到莫里斯之有意识意图与雪莱和济慈之有意识意图间的差别,但他却太快地忽略了这种冲突,即诗人经历到的、自主的艺术世界与维多利亚生活之间的冲突。莫里斯不得不强调其浪漫诗歌与现实中"深重的劳苦"之间的鸿沟,这一事实表明莫里斯敏锐意识到"理想与现实"间的冲突。在唯美主义问题内,这一冲突不再在诗学世界中被表述;而是,它现今被嵌刻于这一实在之缺席中。因为诗歌只应表现美之事物,所以诗人被迫描绘只与该理想相符之事物。因此,当生活之"残酷现实"被排除在外,那么它应该被解读为用美来控诉现实。当多年以后莫里斯讨论他对前拉斐尔主义和唯美主义之热情时,他试图用美与维多利亚之"污秽"间的这种冲突,来给为何在艺术创作中回避当代现实进行辩护:

> 当一位艺术家真正拥有一种敏锐的美感,我想他就不能直接地表现发生在现代生活中的事件。他必定要加入一些东西以减轻或缓和我们时代生活环境中的丑陋与污秽。不仅绘

---

① 汤普森,《威廉·莫里斯:从浪漫主义者到革命者》,第121页。

画如此——如果你允许我这么说的话——文学也是如此。①

那么,很显然的是,莫里斯对一种美学概念的逐步热诚为其政治发展提供了一种非常重要的工具:它在莫里斯内心产生一种对其周围环境之"丑陋"与"污秽"的持久敌对情绪。受对前拉斐尔主义与唯美主义之喜爱所驱动,美表现为一种理想,这种理想不是存在于当下,而只能从过去——尤其是从中世纪的生活与艺术——中发掘。然而,正如雪莱及其他人认为的:在人们生活中构建美,并不能由诗歌这种媒介来实现。这是我们在莫里斯《地上乐园》《致歉》中发现的、"希望幻灭"之基础。但这种忧伤的特征截然不同于汤普森意欲我们相信的:它不是一种普遍的心理或政治的绝望,而是一种产生于质疑诗歌实践在斗争中之作用的忧虑。对于莫里斯而言,诗歌之个性化的、审美的领域的确不能"使弯曲的变为正直"。那么,莫里斯所表达的,是单个艺术作品在人们日常生活中产生美之局限性。但是,莫里斯的确在装饰艺术革新方面、在与人民生活紧密交织之美学实践方面,看到一种美的日常生活之希望,这很重要。

那么,我们从莫里斯的早期美学生活中看到的是,他对一种美之伦理概念的热爱,这种概念宣称在人类世界中建立美之必要性。非常有趣的是,一些与工人阶级斗争联系紧密之人已经表达过这种美与更好社会生活之间的联系。在一篇名为《活出来的诗歌》(Poetry to Be Lived)的文章中,宪章运动者班迪耶拉(Bandiera)声称:"诗歌是美之事物,是永恒的喜悦。"②对于这位活动家来说,美存在于自然界;它甚至存在于我们痛苦之错综复杂中。这些美

---

① 莫里斯,《英国的前拉斐尔主义者》("The English Pre-Raphaelites"),收录于《威廉·莫里斯:艺术家、作家和社会主义者》,第1卷,第304页。
② 班迪耶拉(Bandiera),《活出来的诗歌》(Poetry to Be Lived),发表于《红色共和党人》,第一期,第3卷(1850年7月6日),第19页。

的微小瞬间,尽管稍纵即逝,却唤起人们对更美好生活的向往:

> 平凡性(commonness nature)中某些神圣的诗性色彩——尽管我们是破碎的、堕落的,受尽痛苦与悲伤的折磨,饱经奴役与暴政的践踏,然而,总有一些时候,我们行走在生活的美好面中,并且感觉我们的生活并非全然黑暗——然后,这种丰富的灵感将会在心中激起,甜蜜的眼泪将会挂在眼角,我们知道,如果世界以公平待我们,我们本可以更好,我们可以过一种更体面的生活。这些眼泪就如灵魂的望远镜,透过这架望远镜,它抓住了那无垠宇宙中的大亮光;这些灵感就变成我们最高境界的诗歌——《活出来的诗歌》![1]

美——不管哪种形状或形式的美,都会产生一种对现实的不满("我们本可以更好"),同时又提供一种可能是什么的愿景(一种"更体面的生活")。当诗人致力于美时,他们不仅展现人们生活中美的缺乏,他们也为其他人保存着这个理想:

> 正是现实的缺席,诗人才竭力为我们赢取他们理想中的幻想;现实世界冷酷、荒凉,而诗人却在其心中使伊甸园鲜活、清新、绿意葱茏,并在其心中创造出一个辉煌的想象世界供我们居住……所有这些都是为我们而创造——它的美与富足、它的自由与幸福,其他的则是诗人的歌——女妖的诱惑,和从诗人心中迸发的无限的善,都不过是极度的贫乏。有更多的诗歌需要被生活而非被书写。[2]

---

[1] 班迪耶拉,《活出来的诗歌》,第19页。
[2] 同上。

莫里斯认识到其诗歌中也存在的这种局限,被班迪耶拉简明地描述出来。作为艺术之自主领域中的一种理想,美非常重要,然而,它必须最终超越这种"地上乐园"进入到社会现实领域。而且,在散发"无垠宇宙中的大亮光"时,美呼吁所有人与妨碍美的恶行进行斗争,尤其是与这些阻挡工人阶级幸福生活的残酷现实作斗争:

  工人同胞们,让我们努力在我们生活中活出这种诗歌!我知道我们被不幸的环境包围,如同地狱之猎犬向有抱负之灵魂嚎叫一般;但仍要继续战斗。可能你出生在光从未到达之处,在那里,诞生正是灵魂的坟墓——但仍要坚持下去,因为黎明已破晓,光已照进来,借着这光,贫穷之人能够读出许多美好的意义——它们曾被如此粗暴地铭刻在其生命之卧房墙壁上。绝不放弃;在通往那被称为"美"之门的路上有狮子躺卧……①

班迪耶拉这些写于1850年的热切希望在维多利亚时期的英国几乎没有实现的可能。莫里斯也是在很久以后才看到在"美"之门伸手召唤的这种希望。同时,莫里斯——"做梦的梦想家"——将会为那个时期培育肥沃的艺术土壤。琼斯(Ernest Jones)在其诗歌《佛罗伦萨的画家》(The Painter of Florence)中,清楚地看到了这种为美辛勤劳作结出的果实。尽管美可能是一个梦,它存在于一个与我们现今烦乱相距遥远的世界。

——梦不过是晴朗天空中的光。
对我们的肉眼来说,太过炫目;

---

① 班迪耶拉,《活出来的诗歌》,第19页。

当我们触碰到它闪烁的光线，
我们转过脸去，然后，称它为梦！
哦，请相信我——每一个真理，
还未在伟大中升起、未在悲伤中降下，
时间也未孕育出它成熟的荣耀，
起初都被称作闲散的梦！①

---

① 转引自一篇对琼斯的文章《〈人民的朋友〉中有关人民的诗歌与注释》("Poems and Notes to the People in *The Friend of the People*")的评论，第 27 期(1851 年 6 月 14 日)，第 234 页。

第五章 美学理论与政治主体性：
莫里斯的艺术演讲

> 尽管我取得了这些成功，但我仍然意识到，我一直想要帮助创建的艺术，随着我们中真正关注艺术之人的逝世而逐渐衰落。我也意识到，基于个人主义之上的艺术改革，将随着开启这项改革之人的消亡而消亡。我的历史研究连同我与现代社会之庸俗主义之间的实践冲突，迫使我相信，艺术在当前商业主义与唯利是图的体系下不可能有真正的生命和发展。我曾试图在不同的演讲中阐发从艺术家的视角来看待社会主义这一观点，我在1878年发表了有关这个观点的第一次演讲。①
> ——《莫里斯给肖伊的信》，1883年

随着1877年古建筑保护协会（Anti-Scrape）成立，莫里斯开启了终身反对毁坏和重修古代建筑的神圣战争。受对哥特式建筑的强烈之爱的驱使，他开始向维多利亚社会的"庸俗主义"（philistinism）宣战——"庸俗主义"表现为狂热地摧毁古代建筑，并矫揉

---

① 收录于《莫里斯书信集》，第2卷，第一部分，第230页。

造作地试图恢复这些建筑物的昔日光彩。对莫里斯而言,毁坏这些具有美学与历史意义的建筑物直接与经济关注与艺术问题之间的纠葛相关,这种纠葛通常"认为,任何对艺术的考量都必须让步,如果这些考量妨碍了金钱的利益"。① 正如他对《雅典娜神庙》(The Athenaeum)的主编断言的那样——让古代建筑"被摧毁,只为了它脚下土地的价值,这对我来说似乎是无缘由地损失了宝贵的财产"。② 对这样一位艺术家而言——这位艺术家深深投身于美之理想,并且痛苦地认识到这种建造物的"价值"在于它是历史上人类智慧与创造之灯塔,摧毁古代建筑似乎是"利润贩子"体系中的一个"无缘由的损失"。

即使维多利亚社会看到了这些建筑物的重要性,也并没有显而易见地被财产价值这一诱饵蒙蔽双眼,但他们的修复企图对莫里斯而言同样是毁灭性的。如果说英国为一种新的历史意识吸引——在这种历史意识中,过去的时代开始重获生命——从而为文化与政治生活之振兴提供了意象与理想,那么,当涉及古代建筑时,它也催生了某种重建的骄傲。我们已经讨论了罗斯金如何抨击这些修复的方法——这些试图用"机械的精确性"重建古代建筑的方法。正如罗斯金所说,用机械的精确性重建,将会是一种悲剧和一场闹剧(尽管与马克思宣称的不同,马克思称它是一场悲剧和闹剧)。因为建筑与其建造时代的社会状况密切相关,因此,没有这些社会状况,这些建筑就不能被重新创造,甚至不能被修复。界定维多利亚时期的这种更明显的历史意识,只是强化了这种幻想,即有可能生产出建筑物的精确复制品。莫里斯跟随罗斯金的引导,他认为这些尝试的目标不切实际,且最终会损害这些建筑物的

---

① 莫里斯,《保护古建筑协会报告》("Report of the Society for the Protection of Ancient Buildings")(1878年),收录于《威廉·莫里斯:艺术家、作家和社会主义者》,第1卷,第117页。
② 收录于《莫里斯书信集》,第2卷,第一部分,第87页。

第五章 美学理论与政治主体性

审美特征：

> 现今心灵手巧的石匠的每一次凿击都实现了有学识的建筑师对古代建造者之意图的猜测,这些凿击揭示出这样一个事实,即他们生活在19世纪而非14世纪;这些被雇去修复墙上湿壁画残迹的画家当然会感到羞愧,因为,尽管他能抹去其艺术前辈残留的思想,但他却不能表达自己的思想:当所有一切都完成时,这个[建筑物]①——就其外观而言——将成为一座公然伪装古代建筑的愚蠢现代建筑物……②

这种重新建造之痼疾最终与社会状况的彻底改变紧密相连,社会状况的彻底改变使19世纪的泥瓦匠不可能复制其前辈的审美意识(因为,正如莫里斯在前面暗示过的,每个时代的社会生活都有自己的审美意识)。而且,自文艺复兴以来,劳动分工的加剧实际上剥夺了展示美之特征的机会,而这些美的特征是界定中世纪手工业者工作与劳动行为的本质特征:

> 人们不能明白时代已经改变,竟坚持要复制这些无生命的作品,这在我看来的确奇怪。如今的工人不再像其先祖一样,人人都是艺术家;如今的工人在现今环境下不可能复制古代手工业者的工作……我要说如今的工人不是艺术家;但我今生的希望是,有一天这种状况会改变。③

---

① [译注]原文如此。
② 莫里斯,《给佛罗伦萨省长的信》("Letter to the Perfect of Florence"),1881年,收录于《莫里斯书信集》,第2卷,第一部分,第6页。
③ 莫里斯,《古建筑保护第二次年会上的演讲》(1879年),收录于《威廉·莫里斯:艺术家、作家和社会主义者》,第1卷,第123页。

我们在莫里斯的这一理想陈述的后半部分发现了一种有意思的方式,即他的审美概念转变成政治事业的方式,这种政治事业——正如莫里斯事后诸葛般地对肖伊所说,就是"以艺术家的眼光看待社会主义"。这种理论与政治的发展在莫里斯于 1877 年撰写的论艺术与社会的诸多演讲稿中表现出来。正如汤普森所称,莫里斯关于装饰艺术和建筑的演讲,以及他为古建筑保护协会而采取的实践行动主义,在时间上的一致性并非偶然:莫里斯在该机构中的领导地位迫使他不断地界定和修改其艺术概念——这种艺术概念在他与罗斯金的最初交往以及作为前拉斐尔主义诗人和装饰艺术家的实践中发展出来。[①] 在本章中,我将审视莫里斯的审美理论——尤其是表现在 1877 年至 1883 年演讲中的审美理论——的框架,从而展现使工人成为艺术家理想是如何成为莫里斯社会主义发展的重要基础的。

这一任务很重要,有两个原因:第一,这些演讲提供了一个重要的理论空间,莫里斯开始在这个空间里在美学讨论语境下阐述其政治理论。考虑到这一建构过程,我们就不会奇怪莫里斯的如下做法,即在演讲《财阀统治下的艺术》(Art Under Plutocracy)中首次公开宣称自己为社会主义者,并在该演讲结尾呼吁所有艺术爱好者通过加入民主联盟——英国首个公开宣称自己为社会主义的政治机构之一——支持社会主义事业。因此,这些早期的演讲为莫里斯作为政治理论家的身份建构提供了洞见,它在莫里斯前拉斐尔主义的和唯美主义的艺术实践与其社

[①] 汤普森,《莫里斯:从浪漫主义者到革命者》,第 23 页。尽管汤普森正确地看到这种与财产权和艺术之间敌对相关的实践上的关联,至少在财产权出现的修复语境下,作为一种通往其后期共产主义概念的重要教育原则,然而,他还是太轻易地陷入到这种经验带来的传统政治教育概念中。正如我们在第四章中指出的,莫里斯在早期艺术家生涯中提炼出其政治,其早期的艺术家生涯之经历至少以古建筑的名义为其后期的行动主义设定了参数。

会主义活动之间搭建了一座理论与概念的桥梁。聚焦于这一时期,不应该认为他在 1883 年后就停下了有关艺术问题的写作;有关艺术的问题仍然是莫里斯演讲——尤其是面向中产阶级听众的演讲——中的一个重要话题,因为中产阶级后来在他领导下的艺术与手工业运动中变得富有影响力。这一时期很重要,不仅因为它阐明了莫里斯关注美学转变为政治问题的方式,还因为他的后期艺术演讲深化了这些早期的思想洞见。这些演讲确立了一种理想与概念的基本集合体,它对莫里斯后期处理艺术问题至关重要。[1]

第二个聚焦于莫里斯美学理论的原因——莫里斯研究者们对他的美学理论的系统性特征关注很少。[2] 莫里斯学术研究中的这种分歧,原因之一就是他的风格避开了分析特质,而倾向于表述这些受特定主题激发的"建构性"思想。[3] 多年以后,莫里斯反思了自己作为社会主义者时的思想风格;他的这些话同样适用于其艺

---

[1] 要了解该时期以后莫里斯的艺术演讲名单,参见尤金·勒米尔在《莫里斯未出版演讲集》附录二第 291—322 页中的演讲名单。

[2] 要了解详细讨论莫里斯美学理论的其他著作,这些著作各自的评价与重点均不相同,参见汤普森,《莫里斯:从浪漫主义者到革命者》,第 641—666 页;霍夫,《最后的浪漫主义者》,第 83—102 页;安娜·费伦(Anna Helmhotz-Phelan),《莫里斯的社会哲学》(*The Social Philosophy of William Morris*)(Durham: Duke University Press,1927 年);亨德森,《威廉·莫里斯:其生活、工作与友人》,第 194—213 页;威廉·莫里斯,《文化与社会》,第 148—158 页;《今日莫里斯》(*Morris Today*)上建筑与艺术版面上的诸多文章;鲍里斯,《艺术与劳动》,第 7—12 页;爱丽丝·钱德勒(Alice Chandler),《秩序之梦:19 世纪英国文学中的中世纪理想》(*Dream of Order: The Medieval Ideal in Nineteenth Century English Literature*)(Lincoln: University of Nebraska Press,1970 年),尤其是第六章《艺术与社会:罗斯金与莫里斯》("Art and Society: Ruskin and Morris"),第 209—230 页;以及杰西·科克莫鲁娃(Jessie Kocmanova),《莫里斯的美学观点》("The Aesthetic Opinions of William Morris"),《比较文学研究》(*Comparative Literature Studies*),第 4 卷,第 4 期(1967 年),第 409—424 页。

[3] A. 莫顿在他给《莫里斯的政治著作》(*The Political Writings of William Morris*)(New York: International Publishers,1973 年)写的"引言"第 11 页中指出,在其美学思维与政治思维方面,莫里斯的"头脑是建构性的而非分析性的"。

术方法：

> 事实上，有两种社会革命党人想让其他人去处理的思想阵营：分析的和建构的。我属于后一阵营，我充分意识到我们招致的这些危险，我可能更充分地意识到我们已失去的愉悦，因此，我希望，在我们对行动的渴望使我们迷失时，我理应感谢分析性思想将事情变得条理清晰。①

如果说莫里斯的"构建性"理论化标签使评论家们感到困惑，那么他的理论的其他形式方面则使人们不能系统评价其全部作品。确实，莫里斯从未系统性写过一篇有关艺术的论文，但他在面向不同受众的不同的一系列演讲中阐述了自己的思想。因此，他的演讲有时是重复的，并假定人们对其美学预设有某种程度的了解。鉴于这些以及其他的因素，②研究者们倾向于不重视莫里斯作为理论家的重要性：尽管他们为莫里斯犀利的洞见触动，但他们最终仍将其贬低为二等理论家。汤普森表达了这一普遍情感，并声称，作为一位艺术理论家——尽管他拥有深刻的洞见——但他没能构建一种一致的体系，在一些关键问题上思想混乱。③ 暗含在汤普森这种批评中的，是某种关于"好"理论之本质的预设：逻辑一致和分析严谨是一种有价值理论的区别性特征。然而，这种对理论的"哲学式"定义将理论与意识形态和政治行动之关系排斥在

---

① 莫里斯，《未来社会》（"The Sociaty of the Future"）（1888 年）收录于《威廉·莫里斯：艺术家、作家和社会主义者》，第 2 卷，第 455 页。
② 莫里斯的思想明显受益于罗斯金的思想（莫里斯也在多种场合下承认这一点），这使一些学者认为莫里斯对艺术的思考不过是其老师更加犀利深刻、更具启发性讨论的一种微弱回音。见霍夫，《最后的浪漫主义者》，第 83—133 页。本章后面将会看到，莫里斯的确吸收了罗斯金的观点，但却将这些观点带到不同的、新颖的层次，这也展示了莫里斯是一位有造诣、有洞见的理论家。
③ 汤普森，《莫里斯：从浪漫主义者到革命者》，第 717 页。

外了。① 莫里斯似乎敏锐地意识到,他的"构建性的"理论标签,尽管缺乏严谨分析的"愉悦",却最终与"对行动的渴望"紧密联系起来。这也暗示着,至少从元理论上说,他的理论涉及到与其周边世界谈判的过程,这就为政治的自我定义提供了概念,为政治行动提供了临时的工具。特别是,莫里斯的美学理论对其社会主义者的政治的自我理解这一发展来说,也非常重要和必要,其美学理论,从这个层面讲,似乎具有高度的一致性。

美学理论和政治主体之构建:艺术的社会与政治意义

> 不可能将社会—政治问题排除在美学考量之外。
> ——莫里斯,《手工业的复兴》②

完成《地上乐园》之后,莫里斯继续诗歌创作。1872年,他发表了《爱已足够》;1875年,莫里斯写了《伏尔松的西格德》(Sigurd the Volsung),这是一部依据冰岛英雄传说故事创作的史诗。③《伏尔松的西格德》——这部被肖称为"自荷马以来最伟大史诗"——是莫里斯的最后一部原创诗歌,之后他的吟游诗人的天赋在《希望的朝圣之旅》(The Pilgrims of Hope)中转向社会主义事业。与此同时,他继续为其装饰艺术公司设计作品。

当莫里斯自1877年起在其演讲中反思艺术的本质与美的本质时,他避而不谈文学这种"高雅艺术",反而将自己的智力力量投

---

① 要了解对理论的哲学定义的批判,以及对认为理论与意识形态与政治行动紧密联系之重要性的讨论,见理查德·阿什克拉夫特,《政治理论与意识形态问题》("Political Theory and the Problem of Ideology"),载于《政治杂志》(The Journal of Politics),第42期(1980年),第687—705页。
② 《手工业的复兴》("The Revival of Handicrafts")(1888年),收录于《莫里斯书信集》,第22卷,第332页。
③ 萧伯纳,《我所认识的莫里斯》,xxxvii.

入到讨论装饰艺术中。莫里斯回避讨论诗歌与文学,因为他感觉自己只是这种技艺的实习者,并不适合讨论文学批评,也因为他将自己不断发展的社会理想与融入人们日常生活的艺术联系起来。① 因为,与文学不同,装饰艺术似乎为维多利亚时代日常生活中美的复兴带来了希望。

1877 至 1883 年间,莫里斯就装饰艺术和建筑发表了十四场公共演讲。② 莫里斯从其导师罗斯金的批判性洞见中吸收营养,他在一场又一场演讲中呼吁忠实之人审视当下美遭破坏的条件与特征,并衷心呼吁人们认识文明中艺术复兴的必要性,且指出了实现艺术复兴所需的、可能的改革手段与/或社会-政治转型。作为这些演讲基石的情感主题与建构性渴望并没有减损这些思

---

① 在一封莫里斯写给詹姆斯·瑟斯菲尔德(James Richard Thursfield)的信中,1877 年 2 月 16 日,收录于《莫里斯书信集》,他拒绝了担任牛津大学教授的邀请,因为他认为,比起诗歌理论家,他是一个更好的诗歌实践者:

> 对我而言,任何艺术的实践都使艺术家受到限制,这是相对于艺术理论而言;我比大多数更受其非难,因此,尽管我大量阅读,记忆颇佳,但我的知识却如此有限,没有条理,以至于我根本不能称自己为文人……

② 这些演讲包括《次等艺术》(1877 年)、《人民的艺术》(1879 年)、《追求最佳》("Making the Best of It")(1879 年)、《图案设计的历史》("The History of the Pattern Design")(1879 年)、《生活之美》("The Beauty of Life")(1880 年)、《文明中的建筑远景》(1881 年)、《艺术与地球之美》(1881 年)、《图案设计的一些启示》("Some Hints on Pattern Designing")(1881 年)、《生活中的次等艺术》("The Lesser Arts of Life")(1882 年)、《英国装饰艺术的进程》("The Progress of Decorative Art in England")(1882 年)、《艺术:一件严肃的事情》("Art: A Serious Thing")(1882 年)、《艺术、财富与富人阶层》("Art, Wealth, Riches")(1883 年)、《财阀统治下的艺术》(1883 年)和《艺术与人民:一位社会主义者对资本主义暴行的反抗;面向工人阶级的演讲》("Art and the People: A Socialist's Protest Against Capitalist Brutality; Addressed to the Working Class")(1883 年)。前五篇演讲(不考虑《图案设计的历史》)随后发表在莫里斯的第一部散文集《艺术的希望与恐惧》(Hopes and Fears of Art)(1882 年)上面。后两篇演讲写于莫里斯加入民主联盟后,它们是莫里斯美学思想最杰出的表述,也是莫里斯有意识的社会主义理论的首次呼吁。

想——这些莫里斯开始发展的、关于艺术与人们生活之间关系的思想——的力量与独创性。然而,关于 1877 年至 1883 年这一时期,最重要的是莫里斯通过其美学理论逐步地、实验性地走向政治与社会理解的方式。

定义艺术:美学的衰落与艺术之必要性

在《次等艺术》(1877 年)中,莫里斯开始界定其分析的具体范围。他声称自己不会讨论"通常被人们称为高雅艺术的雕塑与绘画"。① 但是,单独讨论这些"次等的、所谓的装饰艺术"并不意味着其特征和生命与高雅艺术或"理智"艺术之特征和生命毫无关系。正如莫里斯指出的,它们同时也暗示着一种他将详加论述的历史洞见:

> 它们只是在后来时期、在最复杂的生活条件下,才彼此分离;我认为,它们的分离,对整体艺术来说是有害的:次等的艺术变得微不足道、机械化、愚蠢,它无力抵抗潮流与欺诈加给它的变化;而高雅艺术——尽管杰出之人与能工巧匠会暂时从事这种艺术,如若没有次等艺术的帮助,没有彼此的互助,它定会失去其大众艺术的尊严,最后沦为无意义之浮华的愚蠢附庸,或者成为少数富有、闲散之人手上的精巧玩具。②

正如莫里斯指出的,次等艺术曾是高雅艺术的一部分:次等艺术与高雅艺术不可避免地联系在一起。因为,这些全心投入到制作可供使用之物的人们,也表达了创造性、智慧与愉悦这些现在界

---
① 莫里斯,《次等艺术》,第 3 页。
② 同上书,第 3—4 页。

定艺术家的特征,如此,也就创造了美。莫里斯认为,历史上一个标志着艺术衰落的关键时期就是文艺复兴时期。莫里斯称,"从历史的第一个黎明起",

> 直到现代,艺术——大自然用以抚慰所有人的艺术,达到了其目的;人人参与其中:那就是使生活变得浪漫之物,正如现今人们所说的——是那些,而不是强盗贵族和高不可攀的国王以及为其服务的贵族阶层和其他诸如此类的废物……然后,就到了这样一个充满希望的、人们称之为**新生**的时代:就艺术而言,我并不接受这样的称号;相反的,于我而言,生活在该时代并使该时代之艺术实践熠熠生辉的伟大人物,他们是旧时代结出的果实,而非事物之新秩序的种子……奇怪并令人困惑的是:自该时代起,随着时间的流逝,尽管有诸多的混乱与失败,但从整体上看,时间在不断摧毁其他事物中的特权与专有权,然而它却将艺术交出,使其成为少数人的特权,这就剥夺了人民大众与生俱来的权利……①

我们可以从上面的引言中发掘出许多构成莫里斯美学理论基本预设的观点。首先,出现在以上陈述中的、最明显的预设就是莫里斯认识到现代艺术的衰落。尽管莫里斯认为艺术衰落的表现在于将艺术置于少数天才艺术家之手、在于工人阶级大众普遍不懂艺术,然而莫里斯认为,艺术衰落的社会根源在于文艺复兴时期已变得非常明显的劳动分工之加剧。正如莫里斯在《追求最佳》("Making the Best of It")中观察到的:

> 在推动竞争性商业方面发挥巨大作用的劳动分工,最后

---

① 莫里斯,《生活之美》,收录于《莫里斯作品集》,第22卷,第56—57页。

变成一台既具生产力又具摧毁力的机器,它的威力几乎无人能挡,也无人能控制或预见其结果。这种劳动分工紧紧逼迫我生而为之劳作的人类文化领域。我想说,其劳动成果应成为人类喜悦、希望、安慰主要部分的艺术领域,却受到劳动分工的苦苦虐待——劳动分工过去是竞争性商业的奴仆,如今却成为其主人,它过去是文明的奴仆,如今却成为它的主人……①

有人认为我们能通过将艺术保存于艺术博物馆中("富人的娱乐")来挽救艺术,②这其实忽略了一个事实:艺术只有成为所有人——无论是富人还是穷人——日常生活的一部分,才会繁荣兴盛。这样说时,莫里斯不仅批评了好心的中产阶级试图教授工人阶级艺术的企图,而且也批判了这些艺术家们(而且毫无疑问,也包括莫里斯前期的美学自我)——他们认为他们能在摧毁艺术的社会语境下建造一个可以幸存的艺术宫殿。的确,"为艺术而艺术"之美学意识形态的存在是人民大众失去艺术的一个生动的辩证意象:艺术如今掌握在隐居于波希米亚棚屋中的那些人之手,这是事实。这种事实使得人们从意识形态上与话语上认为艺术远离日常世界之劳苦。没有了对劳苦大众的同情,艺术现在就是艺术家为了纯粹的享乐而从事的事情。鉴于这一发展,艺术被泛化为一种人造物,该人造物的目的并非为了影响人们的生活,而是为产生愉悦的感官享受。尽管莫里斯认为这些"抓住了过去艺术之黄金链"的少数人,必须继续在其实践中保存这种艺术并使美之希望延续下去,然而,若非人人能享受其益处,那么这种艺术便没有价值。因为,莫里斯称"真理存在于艺术中,也存在于其他事物中,

---

① 莫里斯,《追求最佳》,收录于《莫里斯作品集》,第22卷,第82页。
② 莫里斯,《文明中的艺术远景》,收录于《莫里斯作品集》,第22卷,第138页。

这些费心费力推行艺术教育的少数人甚至不能使自己免除困扰不懂艺术普通大众的罪恶"。① 英国社会没有一个角落能逃脱这种美学意识的堕落,无论他们拥有多少财富或者受过多少教育"。莫里斯指出,"艺术的缺乏",

> 或者说对艺术的谋杀——这种用下层阶级环境之污秽来诅咒我们街道的艺术谋杀,在中产阶级环境之呆板与粗俗中、在上层阶级环境之彻底的呆板与粗俗中,同样有其精确的对应物。②

第二,莫里斯主张从整体上给予人们生活中的艺术一种必要且重要的地位。艺术给人们的生活带来"慰藉"、"喜悦、希望与安慰"。在主张发展伟大艺术(arte magistra)这一人类特征时,莫里斯似乎正在提出关于美与艺术之必要性的人类学主张。在《生活之美》("The Beauty of Life")(1880 年)中,莫里斯直面这些中产阶级个人,他们要么认为艺术因竞争性商业带来的奢侈而拥有生命,要么认为艺术真的无关紧要,因为艺术与美原本并非必需。莫里斯反驳了第一种观点,他认为"人们力争为其种族中最具实力的那部分人获得生活中的全部奢侈品……剥夺了整个种族的全部生活之美……"。③ 尽管中产阶级将奢侈品的积累视为自然"过程"的巅峰,然而,他们并没有认识到这种积累破坏生活之美的方式。莫里斯进一步称,在失去艺术与美的过程中,我们同时也摧毁了那些最终将我们与其他动物区分开来的东西。莫里斯称,"生活之美",

---

① 莫里斯,《生活之美》,第 62 页。
② 同上书,第 62—63 页。
③ 同上书,第 52 页。

第五章 美学理论与政治主体性

是无足轻重之事,我想几乎没人会冒险这样宣称。然而,大多数文明人的行动却好像生活之美无足轻重一样,这样一来,他们不仅误导自己,同时也误导后来的人;我认为,因为这种美,正是艺术所追求的——艺术,这里用的是其最广泛的意义。这种美,并非人类生活的一种偶然——人们可以随意选择接受抑或拒绝它,而是,如果我们要像本性意欲我们生活的那样去生活;也就是说,除非我们满足于成为一个不完全的人,那么,美就是生活的一种真实需要。①

让艺术消亡——正如人们在竞争性商业下所做的,并非是扔掉一幅美丽的图画或是一件设计精美的家具,而是否定自己作为人的生活。因为:

这些艺术……是为表达人类对美之愉悦感受而创造的伟大体系的一部分:所有民族、所有时代都使用过它们;它们是自由民族的喜悦,是被压迫民族的慰藉;宗教使用过它们,推崇过它们,乱用过它们,也曾贬低过它们;它们与所有历史相连,它们是教授历史明白易懂的老师;而且,最美好的是,它们是人类劳动中的甜味剂——这不仅对毕生从事这些艺术事业的手工艺人来说如此,对这些在日常劳动中被随处可见之艺术影响的人而言也是如此:艺术使我们的辛劳成为快乐,使我们的休息富有成效。②

因此,艺术和美在人类需求等级中被赋予首要地位,它们代表一种真正人类生活所必需的生命力量。在这方面,莫里斯受益于

---

① 莫里斯,《生活之美》,第53页。
② 莫里斯,《次等艺术》,第8页。

自己从唯美主义背景中所学的功课。而且,莫里斯认识到动物与人的最终区别在于人进行美学创造的能力———一种不受生理需求限制的有意识的能力,这似乎在回应马克思年轻时所说的话。动物的生产,马克思在一段著名的话中说道:

> 只受即时生理需求的支配,而人却是在摆脱生理需求后进行生产,且人只有在摆脱这种需求的支配时才真正地从事生产……动物根据自己所属物种的方法与需求制作东西,而人却懂得如何根据每一物种的方法去生产,且懂得如何将这种本能的方法广泛应用于客体。因此,人也根据美之法则制作东西。①

与马克思一样,莫里斯也描绘了这种内在的、物种所特有的人类劳动潜能之重要性,这种劳动潜能的最好例证就是美与艺术的创造。莫里斯思想与马克思思想的关系是一个有趣的话题,我们将在下一章详细讨论。② 在这一点上,我们注意到,尽管青年时期的马克思似乎在详细阐述人类劳动的人类学概念,然而,莫里斯却总是敏锐意识到人类创造性实践之历史本质。尤其是,莫里斯的艺术之

---

① 马克思,《经济与哲学手稿》("Economic and Philosophical Manuscripts")(1884年),罗德尼·利文斯顿(Rodney Livingston)和格雷戈尔·本顿(Gregor Benton)译,收录于《卡尔·马克思:早期著作》(*Karl Marx: Early Writings*)(London: Lawrence Wishart,1975 年)。
② 前面已经阐述过马克思与莫里斯之间的联系。最富盛名的是 R. 阿诺特(R. Page Arnot)《威廉·莫里斯:人与神话》(*William Morris: The Man and the Myth*)(London: Lawrence Wishart,1964 年);汤普森《威廉·莫里斯:从浪漫主义者到革命者》,特别是第 741—762 页;以及保罗·迈耶《威廉·莫里斯:马克思主义梦想家》(*William Morris: The Marxist Dreamer*)。应当注意的是这些讨论最初的目的是为了消解一种广泛流传的看法,即莫里斯的社会主义是一种混乱的乌托邦主义。这些作者都正确地指出马克思对莫里斯著作的影响,这种影响不仅表现在莫里斯于 1883 年阅读法文版的《资本论》,而且也来自莫里斯与其社会主义同仁的讨论。要了解莫里斯的社会主义,参见第六章。

人类意义概念主要根据中世纪的普遍生活条件而建构。

然而,二者之间的另外一个重要区别也很明显。马克思认为表现在创造美这一过程中的人类劳动之内在潜能与分析经济剥削和劳动异化有关。莫里斯也得出相同结论,但方法却是通过全面发掘艺术之基础。莫里斯美学理论中最重要的概念之一是"人民的艺术",这一概念反映了莫里斯逐渐意识到:艺术之未来与工人阶级大众之未来不可避免地交织在一起。

在美学理论中表达劳动(Ⅰ):"人民的艺术"与愉悦性劳动

在莫里斯的演讲《图案设计的一些启示》("Some Hints on Pattern-Designing",1881)中,他打断自己关于好的装饰原则之论述,动情地坦白道:

> 我同自己约定,除非我能尽可能简洁、尽可能通俗易懂地就劳动之堕落这一主题进行演讲,否则,我绝不会向同胞们就这个艺术主题进行演讲。我认为这种劳动堕落是文明的巨大威胁,因为它已经证明自己就是艺术毁灭的根源。①

在《人民的艺术》(1879年)中,莫里斯宣称:"我所理解的真正艺术是人们在劳动中之愉悦的表达"。② 在演讲中,莫里斯从未讨论建筑与装饰艺术,好像它们是自主的、自我调节的实践;建筑与装饰艺术的力量与活力,或其缺点与枯竭,必然与人类生活的物质实践

---

① 莫里斯,《图案设计的一些启示》,收录于《威廉·莫里斯作品集》,第22卷,第202页。
② 莫里斯,《人民的艺术》,收录于《威廉·莫里斯作品集》,第22卷,第42页。

紧密相联。更重要的是,"不可能将艺术与道德[和]政治分离开来……蕴含在这些伟大原则中的真理是同一的,只是在形式化的论文中,它才能被撕裂"。①

政治与艺术的交织从一开始就出现在莫里斯的演讲中,要么明确地出现在对社会条件的讨论中、出现在论述社会条件的转变为艺术带来好处之必要性中,要么隐含地出现在莫里斯理解艺术时的焦点——劳动这一核心范畴中。在莫里斯最早的演讲中,他对美学改革的一般性讨论的简短题外话中包蕴含着一种有意识政治话语之萌芽。在《次等艺术》中,莫里斯提醒观众,他希望实施的美学改革(包括简化需求、制作精美的手工艺品和保护古建筑)"异常艰难、困难重重,有社会方面的困难,也有经济方面的困难"。②在莫里斯思想的这个阶段,比起暗含在其分析中的较广泛的社会变革,他给了实践行动更多空间,实践行动能够使艺术之理想在商业唯利是图或"对金钱的贪婪"下得以存活。③然而,在演讲的结尾,莫里斯试探性地进入到一种关于大规模社会变革的政治话语领域,这就强调了一种在其后期的社会主义运动中变得很重要的理想:

> 我相信,即使我们现在只是获得了部分自由,总有一天我们将获得平等。平等——也只有平等,才意味着博爱,这样,我们才能摆脱贫穷及贫穷带来的痛苦的、悲惨的忧虑,因而就有闲暇……因为,毫无疑问,那时,我们将在[劳动]中感到快乐,每个人都有自己的位置,没有人对他人心怀怨恨,没有人被迫成为他人的**奴仆**,人人都对成为他人之**主人**嗤之以鼻。

---

① 莫里斯,《人民的艺术》,第47页。
② 莫里斯,《次等艺术》,第14页。
③ 同上。

那么，毫无疑问地，人们将在其工作中感到快乐，而这种快乐必然带来一种装饰性的、高贵的、人民的艺术。①

这种政治上的自由、平等与博爱之三联画，最终淹没在、或者说隶属于对艺术革新的首要关注。从严格意义上说，此目标的实现并非为了穷人，而是作为通往创造一种"装饰性的、高贵的、人民的艺术"之手段。众所周知，这种理想的三个部分将成为社会主义理论的基石，②而在美学话语语境下对此理想进行阐述正是莫里斯在提出"以艺术家的眼光看待社会主义"时最终要表达的意思。在1883年2月写给霍斯福尔（Thomas Coglan Horsfall）的一封信中，莫里斯在写这些后来被收录在《艺术的希望与恐惧》（Hopes and Fears of Arts）（1882年）中的演讲时，澄清了自己的立场：

> 你看，没必要在演讲中告诉人们我是社会主义者，如果有行动的机会，我会在实践中告诉人们我是社会主义者；加上我对所有的战争与暴力有着宗教般的仇恨，因此，你们就能明白为什么我的演讲与我所写的文章都是关于艺术。我的意思是，我这么做，就如同种下可能引发下一次伟大革命的友好与正义的种子，而这种革命一定是社会性的……③

虽然莫里斯在写这些早期的演讲稿时，感觉自己"原则上是一名社会主义者"，但他是否献身于英国社会工人阶级的政治事业仍不明确。尽管他认识到根除工厂体系之特征——机械劳动——之必要性，他也推崇愉悦，但他没有直接将艺术之希望与恐惧与工人

---

① 莫里斯，《次等艺术》，第26—27页。
② 的确，这些词语，连同自然主义者装饰品，一起装饰了1883年莫里斯为民主联盟设计的会员卡。
③ 来自《威廉·莫里斯书信集》，第2卷，第一部分，第157页。

阶级斗争联系起来。在这一阶段，莫里斯美学理论中劳动表征的形式是对中世纪手工艺人健壮形象的描绘、对社会改革的微弱呼喊（正如呼吁自由、平等与博爱一样）以及对"人民的艺术"这一理想的阐述。

在《次等艺术》的结尾，莫里斯指出，尽管艺术行将灭亡，但仍然存在"与人们生活紧密联系"之"农民艺术"的痕迹。① 尽管这种艺术不如掌权者的艺术那样庄严，

> 然而它绝不是压制性的，也非奴隶的梦魇，更非傲慢的自夸：在其最佳的状态下，它有一种庄严式样无法比拟的创造性与个性；其好处——也是其核心——在于它能被自由应用到民房、简陋的乡村教堂，也能被应用到国王的宫殿和庄严的大教堂；从不显得粗俗，尽管它通常足够原始，然而它是甜美的、自然的、质朴的，这是一种属于农民的艺术，而非富商或权贵的艺术，我想只有那些冷酷的心灵才不会爱上它……②

正是莫里斯对19世纪伪艺术（sham art）的憎恶（莫里斯特别将那些充斥博览会的"艺术制造品"包括在内）和他对日常装饰艺术的"热爱"——莫里斯称这种热爱在中世纪之人类大地上异常繁盛，才使得他同情普通劳动者。他对美的美学渴望引领他遍览艺术的历史并且注意到"直至今日，所有人手所触及之物或多或少都是美的；因此在那些日子里，所有从事生产之人皆对艺术负有一份责任，所有使用生产之物的人也同样如此。也就是说，所有人都肩负艺术的责任"。③ 这种美学生产的普遍条件，以及它促使莫里斯

---

① 莫里斯,《次等艺术》,第18页。
② 同上书,第18页。
③ 莫里斯,《生活之美》,第54页。

提出的这一理想，就是莫里斯所指的"人民的艺术"。如果我们转向博物馆去寻找古代艺术并且研究其生活的历史时期，我们将看到：

> 这些作品精美绝伦，然而它们也是"普普通通的人"制作出来的——正如引号中的短语所言——在人们日常劳作的过程中被制作出来。我们尊重这些作品也就是在尊重这样的人。他们的工作——你以为他们厌烦他们的工作吗？你们中的这些人很清楚地知道情况并非如此；不可能如此……不，这不可能。正如我们中的大多数人所见，我也见到这些人在偏远的小村庄中所做的工作……在这样的地方，我说，我看到过如此精巧、如此细心、如此富有创造力的工作，再无任何工作能出其右。我认为——我并不担心会自相矛盾——如果没有作为第三方的愉悦与构思的脑和实现构思的手相连接，便无人能有智慧做出这样的工作。①

如罗斯金一样，莫里斯的叙述从对美之观察与崇拜转到生产美的实际条件；也即，注入到生产美之中的智慧、灵巧与愉悦。在这种概念举措中，莫里斯将其美学愿望与手工业者的生活联系起来。莫里斯在自己美学理论中表述劳动；毫不夸张地说，莫里斯是手工业者的生活、手工业者的愉悦及其艺术的代言人。因而，莫里斯意欲书写的艺术史并非几个伟大艺术家的艺术史——如米开朗琪罗，凡·艾克兄弟（Van Eycks）——而是"不计其数的、快乐的工人之历史，这些工人的工作的确表达了——并且只能表达——一些独创的思想，并因此既有趣又很美"。② 因此，对于莫里斯而

---

① 莫里斯，《人民的艺术》，第 40—41 页。
② 莫里斯，《生活之美》，第 55 页。

言,艺术史变成了当代意义上的社会史:一步人民大众的历史。在参与这样的历史实践中,莫里斯对从整体上重新思考历史学科做出了重要贡献。① 正如在谈论 19 世纪历史实践之局限性时,莫里斯指出:

> 除(所谓的)历史留给我们的名字和事迹外,似乎还有另外的一些东西。这就是财富与奴隶市场的原材料——我们现在称为的"人民",我们知道他们总是不停地工作。是的,他们不停地工作,我们知道他们的工作不仅仅是奴隶的工作——前面是食槽,后面是鞭子;因为尽管(所谓的)历史将他们遗忘,然而他们的工作并没有被遗忘,他们的工作构成另外一种历史——艺术史……(所谓的)历史记住君王与勇士,因为他们施行毁灭;艺术记住人民,因为他们进行创造。②

莫里斯从随中世纪主义运动而来的其他历史发现中吸取养分,他称中世纪手工业者不仅在经济上比维多利亚时期手工业者生活优裕(正如罗杰,骚赛与科贝特认为的,且莫里斯在成为一名社会主义者后,他本人也详细论述过这一点),③而且,更为重要的是——至少对其当前兴趣而言——中世纪手工业者还能够生产艺术,而维多利亚时期工人深陷工业资本主义带来的麻木心灵的辛

---

① 要充分了解英国马克思主义者如何讨论莫里斯为重新思考历史的所做的贡献,见拉尔夫·塞缪尔(Ralph Samuel),《英国 1880—1980 的马克思主义历史学家:第一部分》("British Marxist Historians, 1880—1980: Part One"),《新左派评论》(*New Left Review*),1980 年,第 21—96 页。塞谬尔聚焦于莫里斯后期的社会主义岁月,倾向于忽视其早期的艺术历史实践之重要性,而这些艺术历史实践对于社会主义历史之发展而言同样重要。
② 莫里斯,《人民的艺术》,第 32 页。
③ 要了解莫里斯对中世纪的经济诠释之广度和深刻及其与艺术生产的关系,见莫里斯,《建筑与历史》("Architecture and History")(1884 年),收录于《威廉·莫里斯作品集》,第 22 卷。

劳工作中,因而不能从事这种生产艺术的人类活动。对于莫里斯而言,艺术是愉悦劳动之表达,而在中世纪"尽管生活经常是足够艰苦、足够不幸,到处充斥着暴力、迷信、无知与奴役",然而他"禁不住思考:穷苦大众无疑需要一种慰藉,然而他们并非缺乏慰藉,这种慰藉就是人们在劳动中的愉悦"。① 艺术因工人日常劳动中思想与双手之自由而繁荣兴盛,这种思想与双手之自由,被莫里斯认为是一种被政治压迫包围的条件。然而,如果说维多利亚时期的工人开始获得政治自由(1867年第二次改革法案使大量城市工人拥有选主权),那么,其经济上的奴役实则更加沉重,至少对艺术而言是如此。鉴于这种竞争性商业和劳动分工共同制造了"大量毫无愉悦的工作……这种每个人都必须做的、试图以最快方式驱除饥饿与毁灭之恐惧的工作"。② 艺术不会成为他们创造性生活的一部分。尽管莫里斯同意罗斯金的看法,也承认机器的毁灭艺术之属性(art-destroying properties of machines)("我相信机器能做一切事情——除了生产艺术品"),③然而莫里斯却对可能用机器来减轻人们生活中必要的、最辛苦的劳动,持比较乐观的态度。"关于机器,对它们最合情合理的评价便是:机器如同火,它是坏的主人,却是好的仆人"。④

马克思认为经济剥削存在于资本主义生产的内在机制当中,在这种内在机制中,剩余价值在生产利润的过程中被攫取。然而莫里斯认为剥削存在于生产行为本身中,也即存在于毫无愉悦的辛劳这个条件中。该条件意味着经济生活失去了其曾经拥有的人的维度,且为利润或贪婪所驱使。莫里斯从罗斯金那里学到的艺术劳动理论为分析19世纪社会中的剥削提供了一种非常有用的

---

① 莫里斯,《艺术与地球之美》,收录于《威廉·莫里斯作品集》,第22卷,第163页。
② 莫里斯,《人民的艺术》,第45页。
③ 莫里斯,《艺术与地球之美》,第166页。
④ 收录于《威廉·莫里斯书信集》,第2卷,第一部分,第126页。

方法。如果说，这种源自历史的假设是：美为劳动愉悦之结果，那么人们生活中美的缺乏就能提醒批评家们注意以"贪婪"或"利润"为目的的衰落与剥削这种状况的存在。然而，这并非暗示一种个人化的权力关系，而是一种社会性的权力关系。莫里斯称这种劳动——这种由"作为竞争性商业必然结果的对劳动的残暴组织"带来的劳动——为"机械劳动（Mechanical Toil）"。① 这种劳动不仅是艺术之死的首要原因，而且它也正在毁灭工人的生活。

> 那些只是做着机械工作的工人，就其工作而言，他们的确成为机器。如今，我既然确定，没有任何艺术——甚至最微弱的、最粗糙的或者最没有智慧的艺术，能从这样的工作中产生，那么我也确信，这样的工作使工人成为不完整的人，并使其痛苦地、不公平地堕落，我还确信，没有什么能弥补这种堕落带给他和我们自己的伤害……②

那么，我们如何根除"这种堕落"呢？莫里斯仍然置身于唯美主义的氛围中，他的确以某种循环论证的方式，称当下社会疾病之救赎在于给每个人一份艺术责任。莫里斯称，这种"如今使事物本身变得美好且必要的"劳动、这种"仅仅作为反对商业战争手段"的劳动：

> 需要调节与改革。除了艺术，任何其他事物都不能带来这种改革；如果我们能正确地思想，并能够看到使劳动成为所有人的甜美之必要性——正如现在劳动使极少数人感觉甜美一样，我再次强调：有这种必要性；以免不满、动荡与绝

---

① 莫里斯，《文明中的艺术远景》，第150页。
② 同上书，第144页。

望最终吞灭整个社会——如果我们，擦亮我们的眼睛，放弃那些对我们无益的事物，因为我们不公平地占有它们，也因为占有它们令我们心神不安，那么，的确，我相信我们应该种下这个世界还不曾认识的幸福的种子，种下禁不住思考它意味着的安宁与满足的种子；而与这粒种子以期种下的，是真正艺术之种子——人们在劳动中快乐之表达，这是一种由人民创造、为人民创造的艺术，它对创造者与使用者来说皆一种快乐。①

那么，我们看到的是，从莫里斯早期美学思想中发展而来的诸多重要且相互关联的问题。首先，莫里斯对艺术史的研究使其认识到"人民的艺术"之存在，"人民的艺术"是一种所有手工业者与劳动者共同参与其中的条件。这一概念在两个相互关联的层面上起作用：它既是一个与中世纪历史事实相关的经验主义概念，同时也是一种作为未来行动目标的政治-美学理想。从方法论上讲，这些经验主义陈述之真实性，比起这些陈述对莫里斯作为一位政治行动者的构建的作用，显得不那么重要。这些中世纪的描述是否真实，基本上是一个次要的问题，因为这些描述逐渐引导莫里斯将其美学愿望与工人联系起来，尽管此时的工人形象是一个浪漫主义化的、理想主义化的中世纪手工业者形象。如果说19世纪的工人真的出现在这样的美学话语中，那么他们也是以一种丑陋、畸形的形象出现，他们毫无希望地被机器捆绑，从事着"机械的工作"，他们的双手生产的不是艺术，而是艺术被奴役的象征。然而，无论莫里斯美学思想中这种劳动表征的细节是什么，重要的是，他越发将艺术目的与工人阶级状况——过去的与现在的状况——联系起来。借助这种中介性的、高度政治化的"愉悦劳动"概念，莫里斯能

---

① 莫里斯，《人民的艺术》，第 46 页。

够批评维多利亚社会状况与劳动组织方式,同时也能够进入工人阶级更为广泛的社会斗争话语中。在最近的一次访谈中,威廉斯指出莫里斯的愉悦概念,在实践上与概念上皆暗示着一种经济民主与工人掌权之概念的方式。正如威廉斯指出的,对于工人而言,愉悦的、富有创造力的劳动意味着:

> 以某种方式表达工人的一部分技能,同时也表达工人自身的一部分。这就是该观点不仅与我们所说的手工劳动区别于机器劳动相联系的地方,而且也是与有关资本主义的观点相联系的地方;有关谁**决定**生产什么。如果你与生产决定权——关于生产什么的核心决定权——之间的关系发生改变,一旦你领悟这一点,你就会看到你能在你的劳动中获得自主性,你能掌控你正在生产的东西。①

尽管威廉斯正确指出,莫里斯的概念在实用层面必然包含其他关于经济掌控与工人民主的话语,然而更为重要的是,莫里斯开始有意识地与工人阶级斗争产生联系。这在其1881年之后发表的有关艺术的演讲中尤为明显。如果说莫里斯通过一种想象的手工业者形象来表达劳动,从而开始其概念之旅,那么,他现在开始重构19世纪工人的形象。②

---

① 《威廉·莫里斯,工作与民主问题:雷蒙德·威廉斯访谈》("William Morris, Questions of Work and Democracy: Interview with Raymond Williams"),载于《今日威廉·莫里斯》(*William Morris Today*),第122页。
② 我使用"表征"这个词语表达多种不同但相互联系的意义。就我们的目的而言,有两种意义尤为重要,这两种意义在本书中也曾使用。第一种是"表征"比较常见的意义,即"反映"、"相似物"。从语义层面讲,我们认为这种劳动范畴很重要,因为它是一个社会范畴。因此,在讨论罗斯金时,我们认为其艺术劳动理论是那些更宏大社会斗争的"反应"或"相似物"。尤其是在文化研究中,因为其简化主义暗示,及其马克思主义掩盖下的、易陷入严格的下层/上层建筑模式之中的倾向,使得这种意义颇有争议。然而,它仍有重要的目的。   (转下页注)

美学理论中的劳动表达(Ⅱ)：
工人阶级斗争与社会主义理想

莫里斯 1881 年及 1881 年之后的演讲都反映了他逐渐意识到自己的美学目的与其同时代人之政治斗争目的之间的关系。在演讲《艺术与地球之美》("Art and the Beauty of the Earth", 1881)中，莫里斯中断了自己对艺术家与中产阶级为阻拦文明之灾难性潮流(例如，使用正确的原料等)而做的一些实际事情的讨论，用猛烈而有说服力的言辞为改善工人条件大声疾呼。莫里斯在一个著名的陈述中坦言："当我在家里坐下来工作时"，

> 我位于哈默史密斯的家，它靠近河边，我经常听到从我窗前经过的人谈论最近已大量见诸报端的一些暴徒行为……当我听到通过莎士比亚与弥尔顿之精妙语言描绘出的喊声与尖叫声以及所有堕落，当我看见一张张残暴鲁莽的面孔经过我的窗前，它也激起我内心鲁莽与残暴的情愫，然后，烈怒抓住了我，直到我记起——正如我希望我通常能记起的那样——

(接上页注)

　　第二种意义稍微复杂一些。这个意义上的"表征"更加依赖后结构主义，它指的是——用德里达的话来说——"一种戏剧表征……它并非一定是再现的或是重复性的，它的这种再现与重复也并非独一无二，而是……一种表征(Darstellung)、一种呈现、一种表演"(《Sending: 论表征》[Sending: On Representation],《社会研究》[*Social Research*],第 49 卷，第 2 期[1982 年夏季刊],第 301 页)。在这个意义上，动词"表征"并非指再次呈现现存的实体(例如，社会力量，阶级语言)，而是指"建构"、"将某事放在自己面前"。无论戏剧剧本中的细节如何，表演它总是意味着某些不同的、剧本外部的甚至原始的东西。重要的是，该层面上的表征过程包括建构一个主体(演员)和一个客体组成的世界。从这个角度看，我们或许能够认为莫里斯不仅在这种美学理论中建构了劳动，即建构工人与劳动的形象，而且同时建构了作为一个政治主体的自我。

> 出生在体面富裕之家,它使我生活在窗的这边,有令人愉快的书籍与美妙的艺术品相伴,而不是使我生活在窗的那边,在空空的街上,在被酒浸泡的酒馆,在污秽、堕落的住所中——这是我的好运气。这意味着什么？我们又可以说些什么呢？我恳请你们,不要认为,当我说这么说时我是从修辞上说:当我说我想起所有这些,我感觉我所渴望的最伟大事情,就是这个伟大的国家……将其值得尊敬之民的巨大力量——这种世界上最伟大的力量,转向给予穷人的孩子们人类的愉悦与希望。这难道真的不可能吗？①

在莫里斯进入到政治事务之美学话语后不久,他便将这些政治美学话语与该演讲中最初的美学关注联系起来。从其作为一名艺术家的"感觉与渴望"出发,他认识到这些人需要的是艺术,因为"在我头脑中,它意味着合理地组织从事生产之人的劳动。"②莫里斯的艺术概念正在向使"艺术"这个术语成为"社会主义"这个术语同义词的路上迈进。在一封写给琼斯(Georgiana Burne-Jones)的信(1881)中,莫里斯首次谈到了他对改变阶级社会的政治愿望:

> 尽管对我而言——我认为对你们而言也是一样——每天都是一年的开始和结尾,然而我很渴望抓住古代习俗;如果我试图今天和你们一起,写下新年寄语,或许你们也不会认为这是仪式化或很迷信,它有可能在降低富人和抬高穷人方面做出有益的工作,而这是所有事情中最令人渴望的,直到人们最终能从其字典中彻底抹去穷人和富人这些令人不快的字

---

① 莫里斯,《艺术与地球之美》,第171—172页。
② 同上书,第172页。

眼……①

莫里斯已经认识到社会被划分为"有教养阶层"和"无教养阶层"——"无教养阶层"也即"堕落的阶级",而这种区分就意味着"真正艺术之基础、所有人拥有它的愿望……不可能存在……"。②因此,消除这种区分就其美学理想而言变得非常重要。从这种初始的认识中,莫里斯提出了界定其社会主义的核心概念——"平等的条件"。③

在其演讲《文明中的建筑远景》("The Prospects of Architecture in Civilization", 1881)中,莫里斯开始讨论建筑的问题,他强烈谴责有教养阶层对艺术的漠不关心。如果富人认为"正因为现今的劳动是如此组织的,那么艺术肯定会无限期地以其现在的形式被组织,——只有少数人从事艺术,也只为少数人创作艺术,只是为这些视理智兴趣(intellectual interest)与精神提升为其基本权利之人的生活增添一点点兴趣与完善",那么他们就错了;因为真正的艺术并不能幸存于这种阶级体系——这种艺术为"富人的奴隶和穷人持续被奴役之象征"④的体系中。尽管这与莫里斯早期思想完全一致,然而新颖之处在于莫里斯为艺术之未来发展所怀有的希望。如果说莫里斯在其早期演讲中,忧郁地认识到,已参与到美学生产中的艺术家是一种活的艺术之未来的唯一希望(一种与莫里斯《地上乐园》中早期话语相协调的绝望),那么现在,他找到了艺术重生的社会行动者。正如莫里斯所观察:

---

① 收录于《威廉·莫里斯书信集》,第2卷,第一部分,第3页。
② 《给托马斯·科格兰·霍斯福的信》(Letter to Thomas Coglan Horsfall),写于1882年12月31日,收录于《威廉·莫里斯书信集》,第2卷,第一部分,第145页。
③ 要了解莫里斯的社会主义概念之更加成熟的表达,见莫里斯,《共产主义》("Communism")(1893年),收录于《威廉·莫里斯的政治著作》,第226—239页。
④ 莫里斯,《文明中的建筑远景》,第123页。

如果，最近艺术前景稍有改观；如果努力奋斗抛弃僵死的、无力的传统之枷锁，如果努力去理解这些人的思想与抱负——这些传统曾因这些人而充满生机、满有力量与仁慈；如果有任何抵抗精神来抵制污秽与丑陋之洪流——这种由现代文明造成、令现代文明痛苦不堪的污秽与丑陋之洪流；简而言之，如果我们中的任何一个人曾有勇气对艺术之将死状态感到不满……那是因为其他人对艺术之外的事物感到不满，且对艺术之外的事物抱有希望；我诚心相信这些在物质、政治与社会条件方面我们称之为下层阶级之人……他们的稳定进步，在所有我们能够做的与希望做的事情方面成为我们真正的帮助。[1]

莫里斯对这种"下层阶级"斗争与其美学理想之间联系的认识，不仅是其早期美学思想的结晶，也是他这些年参加东部问题协会的政治行动、其关于工人阶级力量及组织之经历的结晶。[2] 而且，1880 年后，莫里斯曾短期地加入到全国自由联盟（National Liberal League）（当时巴罗斯［Henry Burrows］为秘书长），意在"激起人们反对自由政府及党派在该议会早期采取的路线"。[3] 尽管全国自由联盟迅速解体，但它无疑使莫里斯与工会领导和工人阶级中的激进分子有更多的接触。而且，19 世纪 70 年代，成功的罢工（例如，东北部从事工程技术与造船的工人为争取每天工作九小时［the Nine Hour Day］进行的长达五个月的罢工）、以前未曾被组织的工人阶

---

[1] 莫里斯，《文明中的建筑远景》，第 124 页。
[2] 见汤普森，《威廉·莫里斯：从浪漫主义者到革命者》，第 202—225 页。对于汤普森而言，莫里斯参与到东部问题协会中，这为其提供了一种最初的政治教育，使其认识到自由政治的局限和工人阶级斗争的力量。
[3] 《给肖的一封信》，1883 年，收录于《威廉·莫里斯书信集》，第 2 卷，第一部分，第 230 页。

级部门被组织起来(例如,将英国南部的农业工人组织起来)、商贸联合会(Trade Union Council)的进一步巩固与其代表性以及1875年《主仆法案》的废除,这些事件都见证了工会运动地位的整体提升。① 这些发展无疑影响到莫里斯对未来艺术复兴之政治与社会条件的思考。莫里斯向这些工人阶级发展致敬,他指出:如果说竞争性商业已经毁掉了许多东西,那么,它也"无意中"产生了一种积极的发展——工人阶级阶级意识的增长。"蕴育于这种力量中的、意欲提升其阶级作为一个阶级的决心",莫里斯说道:

> 我不会怀疑,不管我们是否有善意,它都将发展、兴旺……我很高兴地认为,无理性、盲目地反对工会的时代已经过去,它让位于这样一种时代之希望:当这些的伟大联盟,它们组织良好、服务周到并获得积极支持——我知道这些联盟将会如此,它们将会找到除暂时支持其成员与调整其成员所得薪金外的其他工作;当这种希望开始被实现,且他们发现自己能够利用我们分散在有教养阶级中之人的帮助时,那么,我敢肯定,艺术之诉求——正如我们与他们那时理解的这个词——绝不会被他们忽视。②

这可能是莫里斯写的有关工会运动的最积极正面的陈述,该陈述毫无疑问也反映了他在东部问题联盟与全国自由联盟中作为一名激进分子的经历。当莫里斯作为一名革命社会主义者的政治

---

① 迪斯瑞利(Disreali)介绍了两种法案,这两种法案废除因违约而造成的监禁,认为贸易纠纷不属于共谋法,并且同意签署和平纠察法。这种合乎议会法规的举措最终解决了工会的法律地位。要了解这些发展,参见詹姆斯·辛顿(James Hinton),《劳工与社会主义:1867—1974 英国工人运动史》(*Labour and Socialism: A History of the British Labour Movement*)(Sussex: Wheatsheaf Books, 1983),第1—23页。
② 莫里斯,《文明中的建筑远景》,第123页。

理想开始得到巩固,他便开始越发不信任议会政治,他认为这种议会政治中包括参与党派政治活动的工会领袖。尽管莫里斯此时可能认为工会不会忽视"艺术诉求"(这实际上成为其社会主义诉求),然而工会持续负担"调整工人薪金"的任务以及工会接受竞争性商业的改良主义政策,后来迫使莫里斯忽视工会在社会改革方面的潜能。两年后,莫里斯在其演讲《财阀统治下的艺术》(1883年)中,表达了他对目前工人阶级组织之希望的幻灭:"……这些组合,也即工会,成立的目的是为了推进工人阶级作为一个阶级的发展,但现在已成为保守的、阻碍进步的机构,为带有党派目的的中产阶级政客所操纵……"。① 正是莫里斯转身离开议会政治、离开当时的工人阶级机构———一种因其作为一名激进分子的经历和对"艺术诉求"之必要性的认识而促成的行动,对于一些评论家来说,才是莫里斯社会主义中的阿克琉斯之踵———一个限制其社会主义理论与策略之实践重要性与影响力的弱点。②

从历史上看,工人阶级状况越发地与艺术问题紧密相关,通过有良好意图的中产阶级试图生产一种工人能够负担得起的艺术,通过因推广艺术教育而在全国遍地兴起的不计其数的公共美术馆,便可以看出这一点。对于第一种选择,莫里斯坚决认为,生产一种便宜到人人能分享的艺术作品并因此认为他正在创造一种活的艺术之条件,这是一种徒劳。"除非艺术触及人们所生产的一切",且"艺术处处触及我们日常生活中事物",否则,没有人能真正分享艺术。③ 正如莫里斯观察的:

---

① 莫里斯,《文明中的建筑远景》,第 123 页。
② 这基本上是汤普森的观点,尽管他充分认识到莫里斯的立场于 1890 年后已发生巨大改变,他有些不情愿地看到多种策略(例如,工会活动、议会政治)的重要性。见《威廉·莫里斯:从浪漫主义者到革命者》,第 331—639 页对这些问题的详细讨论。
③ 《给托马斯·科格兰·霍斯福的信》(Letter to Thomas Coglan Horsfall),1881 年 2 月,收录于《威廉·莫里斯书信集》,第 2 卷,第一册,第 16 页。

我们至少应该下决心做一件事情：不要试图制造一种穷人的艺术,而将富人的艺术据为己有：不要说,看那儿,那种艺术适合你的条件,我自己不要那种艺术但"它对你来说非常好……"当罪恶太大时,当人们没有**连根拔除**它,那么,掩饰毫无用处。

教育你的工人,使其心中普遍产生不满：这是唯一的补救。①

写于1881年,这一评论表明莫里斯看到工人阶级斗争对艺术之创造与传播的重要性。然而,在这里,我们应该注意另外一个重要的标记。莫里斯称所有不将事物"连根拔除"的都是"掩饰",这就表明莫里斯意识到：除非社会条件彻底改变,否则艺术或者生活之愉悦与美,就不能产生。如果说"对劳动的残暴的组织"和竞争性商业之阶级体系是真正艺术的致命伤害,那么真正的艺术只有在竞争性商业得以彻底根除的条件下才能兴盛。莫里斯认识到竞争性商业的系统性特征就是当下"野蛮行为"之根源,正是莫里斯的这种认识预示了其革命社会主义视角。对于莫里斯而言,这是一个有或者无的命题——艺术要么是活的,它是每个人劳动中愉悦的创造物,要么它就是死的,被碾压在经济压迫与机械奴役之齿轮下。在活或死之间范围间的改革不过是在烂苹果上涂清漆——苹果的腐烂众人有目共睹,或者说这种改革是一种减轻中产阶级良心不安的、好心的但不切实际的行为。

一些人对关于工人阶级艺术意识缺乏的关注表现在诸多试图为其提供艺术教育的尝试中,这些尝试包括上艺术课,如19世纪60年代罗斯金和罗塞蒂在工人大学教授的艺术课程,以及向工人阶级开放艺术馆。尽管出于好意,但在莫里斯看来,这些中产阶级

---

① 《给托马斯·科格兰·霍斯福的信》,第17页。

的尝试却被误导了。认为审美意识之繁荣兴盛所需要的是介绍伟大艺术作品,这就忽视了艺术活动的社会基础。最终,因为忽略这些社会条件,也没有推进这种改变工人阶级生活所必需的且能够使其获得一种真正美学意识之改革,那么,中产阶级使事情变得更糟:

> 尽管公共图书馆、博物馆和画展是好的,甚至极好,然而,如果你被诱惑、视其为工厂中和家庭里体面生活之替代品,如果它们不过是转移穷人视线的一种手段,那么,对于好心的中产阶级慈善家而言,它们可能成为的危险罗网……①

这些艺术展览的教育价值与意图不应该是使在堕落的竞争性商业下的工人生活更有品位,而应是说服他们去改变他们当前的生活条件。"如果我们有此意图",莫里斯指出:

> 我们甚至可以给出一种不同的邀请……它们不是绅士的作品,而是如你们一样的工人的作品:促使他们生产这些作品的本能隐藏在你们的手里、在你们的头脑里,只要你们有机会去开发它:这些奇迹的作品应该呈现……在你们自己的日常工作中,并对你们的家庭生活产生其影响,使你们的家庭生活井然有序、极具美感,用一个词来形容——人性化:经常到这里来……让这些奇迹刺激你去试图为自己、为你的同胞赢得一种有意义的生活——一种真正的人的生活,而不是"操作工"的生活。②

---

① 莫里斯,《画展真正教会我们的》("The True Lesson of Picture Shows"),1884年9月17日在曼切斯特的演讲,收录于 British Museum Additional Manuscripts, 45331,梅·莫里斯遗赠,第189页。
② 莫里斯,《画展真正教会我们的》,第188—189页。

1881年底,莫里斯社会主义的各种因素①——对工人阶级剥削的强调;对阶级体系对社会文化生活之灾难性影响的讨论;艺术与工人阶级生活之彻底的社会转变之间的联系;平等这一终极目标与愉悦劳动这种活动之间的密切联系——都已一一呈现出来。此时所缺少的只有一个词——"社会主义"。所有这些理想与批评此时都在重新定义"艺术"这一标题下表达。1883年初,受自己有关艺术之希望与恐惧的思考驱使,莫里斯加入民主联盟,民主联盟于次年转向社会主义原则,这就为莫里斯提供了一条实践行动的路径。在艺术的帮助下,莫里斯成为一名"实践"社会主义者。②

---

① 通过分析莫里斯著作中的引文与主张,汤普森称莫里斯于1882年成为一名社会主义者。见《威廉·莫里斯:从浪漫主义者到革命者》,第268、307页。汤普森主要参考了莫里斯演讲《艺术的希望与恐惧》中有关对霍斯福尔的评论。正如我展示的,有大量的证据(更不用说他在这封信中所陈述的观点)来宣称他有意识的社会主义视角可能提出得更早。

② 莫里斯就是这么称其开始于1883年的活动的。见《我如何成为一名社会主义者》。

第六章　威廉·莫里斯的政治理论：
革命社会主义、乌托邦实践与生活之美

　　植根于遥远过去的、无法被任何研究揭示的现代欧洲艺术，其命运早已注定，它正在消逝；这很严重，甚至是一种可怕的想法；我也对所有艺术家——甚至是最有思想的艺术家——拒绝面对这一事实不会感觉奇怪。我不能想象任何热爱美的人——美就是完满、高贵生活之冠冕——能够面对这个事实，除非他对社会主义宗教存有完全的信心。

——莫里斯，1884年①

　　正如莫里斯向肖伊解释的，1882年他已经准备"加入任何明确宣称自己为社会主义的团体"。② 在辛德曼邀请下，莫里斯于1883年1月加入民主联盟，并很快成为执行委员会成员之一（职位为财务部长）。于是，在意识形态与政治皆蓬勃发展的、被称为

---

① 莫里斯,《皇家艺术学院的展览》("The Exhibition of the Royal Academy"),载于《今日》,1884年7月,收录于《威廉·莫里斯：艺术家、作家和社会主义者》,第1卷,第240页。
② 莫里斯,给肖伊的信(Letter to Scheu),1883年,收录于《威廉·莫里斯书信集》,第2卷,第一册,第231页。

"社会主义复兴"的这个时期,莫里斯开始他作为英国最著名社会主义者之一的非常活跃的事业。① 自此,直到 1896 年他逝世为止,莫里斯都在向英国和苏格兰中产阶级与工人阶级听众"宣扬"社会主义理想。虽然为该活动作的准备工作属于莫里斯的美学实践与美学话语范围,但现在,莫里斯开始接触为自己提供更多社会主义学说理论支撑的观点与书籍,这就使其本已迅速发展的政治立场得以进一步拓展与加强。1882 年,莫里斯阅读了密尔去世后才出版的论述社会主义的章节(这些章节——正如莫里斯指出的——批判了"傅里叶主义伪装下的社会主义",而最具讽刺意味的后果,却是密尔的著作是"使我转向社会主义的最后推动力")。② 到那时为止,莫里斯还没有读过任何重要的经济著作。1883 年 3 月,莫里斯读了马克思《资本论》法语译本的第一卷,从此踏上"科学"社会主义理论之旅。关于莫里斯该时期的理论教育,正如莫里斯指出的:

> 我加入一个社会主义团体(因为民主联盟很快就确定无疑地成为社会主义性质的),就用心地试图学习社会主义经济方面的知识,甚至去啃马克思的大部头书籍,然而不得不承认,尽管我十分享受阅读《资本论》中有关历史的论述,而在阅读这部伟大作品有关纯粹经济理论的论述时,却饱受头脑混

---

① 见科尔和波斯特盖特,《英国普通民众》,第 414—425 页;A. 莫顿和乔治·泰特(George Tate),《英国工人运动》(*The British Labour Movement*)(London: Lawrence Wishart, 1956),第 155—184 页;M. 比尔《英国社会主义史》,第 246—314 页;以及布鲁厄姆·维利尔斯(Brougham Villiers),《英国社会主义运动》(*The Socialist Movement in England*)(London: T. Fishcher Unwin, 1908),第 85—100 页。要了解社会民主联盟的历史(民主联盟后来的名称),参见马丁·克里克(Martin Crick),《社会民主联盟史》(*The History of the Social-Democratic Federation*)(Staffordshire: Ryburn Publishing, 1994)。

② 莫里斯,《我如何成为社会主义者》。

乱之苦。无论如何,我尽我所能地去阅读,希望在读的过程中能够获得一些信息,然而我必须坦承:从与巴克斯(Bax)、辛德曼及肖伊这样的朋友的持续交谈中、从那时正在进行的宣传会议的活跃过程中——我也是该活动中的一员,我获得的信息更多。这就结束了我所能接受的实践社会主义教育:我从一些无政府主义友人那里懂得无政府主义是不可能的,这与这些无政府主义友人的本意恰好相反;我从密尔那里学到的,也与其本意恰好相反,即社会主义是必然的。①

尽管莫里斯向"实践社会主义"的转变始于其美学理论的概念之旅,但却是因其开始阅读社会主义文学、并通过其在社会主义运动中讨论与经验而最终得以实现。② 一旦莫里斯投身于传播社会主义理想,他就用他在以前事业中展示出来的热诚去追求这种理想。这不仅包括学习更多有关社会主义理想与希望的知识,而且还包括大量的宣传工作,诸如向不同听众发表演讲和在街头游说。

---

① 罗斯金,《我如何成为社会主义者》。
② 全面讨论莫里斯社会主义的多种来源,参考迈耶的《威廉·莫里斯:马克思主义空想家》,尤其是卷一。迈耶辛勤地挖掘了莫里斯政治理论(从中世纪主义到激进主义再到马克思)的多种来源,为研究莫里斯的学者提供重要的帮助,他公开强调马克思、恩格斯的思想与莫里斯思想之间的联系。他认为莫里斯一些重要的社会主义观点源自马克思已经无法获得的著作(他猜想恩格斯是这些观点的渠道,迈耶的这一观点似乎有些还原论倾向。批判迈耶论点的文章,参看汤普森的《威廉·莫里斯:从浪漫主义者到革命者》,第 779—791 页;和亚当·别克(Adam Buick),《威廉·莫里斯和不完整的共产主义:对保罗·迈耶观点的批判》("William Morris and Incomplete Communism: A Critique of Paul Meier's Thesis"),刊载于《威廉·莫里斯社会杂志》(*The Journal of the William Morris Society*),第 3 卷,第 2 期(1976 年夏季刊),第 16—32 页。对莫里斯与马克思和恩格斯之间关系的更加富有洞察力的讨论,参见 A. 莫顿,《莫里斯与马克思和恩格斯》("Morris, Marx and Engels"),刊载于《威廉·莫里斯社会杂志》,第 7 卷,第 1 期(1986 秋季刊),第 45—54 页。

第六章 威廉·莫里斯的政治理论

莫里斯政治理论之特点已成为一个极富争议的话题。一般而言,我们至少能确定两个重要的争议领域。第一个争论的领域与莫里斯作为艺术家和作为社会主义者时所从事的不同活动之相对重要性与意义有关。评论家们一般认为,莫里斯作为一名艺术家和作为一名社会主义者所从事的活动是不兼容的。评论家们的分歧之处在于描述哪一种活动能真正定义莫里斯的伟大。最初,评论家们从麦凯尔的自传开始,他们意识到莫里斯向社会主义的转变(这是一个显然不能避免的事实),然而他们将这种转变视为一种堕落,或是对其真正使命的一种偏离。因此,我们发现麦凯尔指出:莫里斯生活中的一种"干扰力量"与这种复仇有关,即"对现代精神或科学精神之耐心复仇,这种复仇战斗如此持久,首先用其贵族本能与之抗争,后用其艺术本能与之进行复仇,当这种复仇违背其意愿而掌控了他,并使其成为一个教条社会主义者。"① 我们暂且不考虑麦凯尔将莫里斯社会主义描绘为"教条主义的"这个因素,重要的是,人们认为在"吟唱虚无日子的闲散诗人"与19世纪80年代激烈的革命社会主义者之间有一条无法逾越的鸿沟。随着莫里斯在19世纪90年代转离社会主义运动的日常潮流(在社会主义联盟由无政府主义者接手之后),以及他更多地投入到与凯姆斯各特出版社(Kelmscott Press)和浪漫主义散文相关的美学追求中——浪漫主义散文包括这些看似与政治无关的奇幻作品,比如《世界之外的森林》(The Wood Beyond the World)、《世界尽头的墙》(The Well at the World's End)、《离奇小岛上的水》(The

---

① 麦凯尔,《威廉·莫里斯生平》,第1卷,第82页。马克思主义传统的第一批拥护者之一 R. 阿诺特指出这是延续至20世纪50年代止莫里斯研究者中的"莫里斯之谜"之一:这个谜将莫里斯推崇为"诗人、艺术家、印刷商、次等工艺美术大家",认为其社会主义活动是一种不幸的偏离。见阿诺特,《共产主义者威廉·莫里斯》("William Morris, Communist"),载于《马克思主义评论季刊》(Marxist Quarterly Review),第4卷(1955年10月),第237页。

Water of the Wondrous Isles)、《分隔之水》(The Sundering Flood),诸如麦凯尔这样的评论家看到一个从意识形态教条主义战壕中回到其美学使命的莫里斯,这一转变颇受欢迎。① 这种对莫里斯摩尼教般的描绘,在纠正这些早期评论家们否认莫里斯社会主义活动之重要性的过程中得到了加强,并且在迈耶的作品中最清楚地表达出来。②

第二个争论的领域与如何描绘莫里斯的社会主义相关:它是"教条主义的"、"乌托邦式的",还是"马克思主义的"?麦凯尔认为莫里斯的社会主义是"教条主义的",许多莫里斯的崇拜者和友人也因对莫里斯转向社会主义感到失望而普遍这样认为。这很显然源自一种更加"保守主义的"立场,因此它会将任何对社会主义原则的忠诚视为"教条主义的",实际上它忽略了莫里斯的社会主义理论是多么的具有辩证性、多么精妙,尤其是与该时期其他社会主义者机械论式的僵硬比较而言。③

另外一些评论家称莫里斯的社会主义是"乌托邦式的",并且称这样的社会主义倾向于描绘未来社会而没有考虑到实现这种未来社会的实践维度。这种名称最初伴随着否认莫里斯政治理论中的马克思主义倾向而来。它是阿诺特(R. Page Arnot)称作"莫里斯神话"的核心神话之一。④ 最近,皮尔森(Stanley Pierson)进一步阐述这一解释,他指出"在浪漫主义传统中耕耘的莫里斯回到乌

---

① 麦凯尔,《威廉·莫里斯生平》,第 2 卷,第 242—367 页。
② 迈耶,《威廉·莫里斯:马克思主义梦想家》,第 96 页,在这里作者指出,正是由于反修复运动和东部问题联盟,莫里斯才"从纯粹艺术之诱饵那里被夺回来"。
③ 许多评论家注意到莫里斯社会主义的非教条主义特征,尤其是与 H. 辛德曼(H. M. Hyndman)僵死的机制相比较。见汤普森,《威廉·莫里斯:从浪漫主义者到革命者》,第 294 页;辛顿,《劳动与社会主义》,第 41—42 页;维利尔斯,《英国的社会主义运动》,第 108—112 页,以及皮尔森,《马克思主义与英国社会主义的起源》,第 81—84 页。
④ 阿诺特,《共产主义者威廉·莫里斯》,第 237 页。

托邦主义,而马克思认为他将社会主义者从这种乌托邦主义中解救出来"。① 在这里,皮尔森无疑试图表述莫里斯美学传统与其社会主义理论之间的关系,并在此过程中阐明莫里斯社会主义的独特性。然而,如此一来,正如汤普森所说,皮尔森无意中在浪漫主义(作为理想主义的"乌托邦主义")与马克思主义之间划了一条简化主义的(reductionist)分界线。②

从阿诺特发表于 1934 年的开拓性研究开始,一直有学者尝试揭示莫里斯社会主义的马克思主义根源。③ 汤普森和迈耶近期著作有助于重新诠释这方面的问题,二者更正了莫里斯政治理论的早期诠释——这种更正是迫切需要的,并总结说明马克思的观点决定性地影响了莫里斯对自己于 19 世纪 80 年代参与到社会主义运动中的思考。④ 然而,在将莫里斯纳入马克思主义传统中的热情方面,这两位理论家不同程度地公开陈述莫里斯的美学理解与其社会主义之间的话语断裂,迈耶甚至宣称:如果说不是全部的,莫里斯理论中的大多数"马克思主义"反思,不可能产生于莫里斯自己的美学反思,而只能产生于从马克思未出版著作中获取的知识。⑤

本章将提出两个密切相关的观点。第一,尽管莫里斯的社会主义从除其早期美学著作外的各种来源吸取营养,但这种社会主义仍然明显受这些洞见影响,并因此仍然与其美学话语与美学理

---

① 皮尔森,《马克思主义与英国社会主义的起源》,第 84 页。
② 汤普森,《威廉·莫里斯:从浪漫主义者到革命者》,《附言:1976 年》("Postscript: 1976"),第 784 页。
③ 要试图了解莫里斯思想中的马克思主义来源,见阿诺特,《为威廉·莫里斯辩护》(*William Morris: A Vindication*)(London: Wishart, 1934)。
④ 见汤普森,《威廉·莫里斯:从浪漫主义者到革命者》,尤其是附录二《威廉·莫里斯、布鲁斯·格雷西和马克思主义》(William Morris, Bruce Glasier and Marxism),第 741—762 页;迈耶,《威廉·莫里斯:马克思主义梦想家》,第 1 卷。
⑤ 参见迈耶,《威廉·莫里斯:马克思主义梦想家》,第 2 卷。关于对迈耶论点的批判,参见本章 190 页脚注②。

论相联系。在这方面,使评论家们感到困惑的是:自 1883 年起,莫里斯开始在两种类型的著作中表达其政治理论,这两种类型的著作一种为指向美学问题的著作,另一种为一些更明确地处理政治主题的著作。的确,尽管以前莫里斯的政治思考一般都局限在对艺术思考的范围之内,然而现在,它却呈现出一种独特的政治话语形式。也就是说,尽管以前莫里斯的美学理论就是其政治理论,如今他将自己的理论精力投入到讨论社会主义理论与社会主义策略的散文中,探讨作为当时政治理论一部分的思想传统(例如,欧文、傅立叶和马克思的思想),并处理与其作为一名社会主义者所从事政治活动相关的问题与事件。的确,如果说莫里斯在古建筑保护协会内的活动促使他书写自己对艺术的看法,那么其社会主义实践则引发其政治反思之理论洪流。除了莫里斯在加入民主联盟后写的头几个演讲稿及他为该事业所写的诗歌和浪漫主义散文(所有这些都与歌颂当前的社会主义运动和/或者社会主义理想密切相关)之外,①莫里斯现在将其著作区分为有关政治主题和有关艺术问题的著作。有关艺术问题的著作主要指向中产阶级听众,这些人是莫里斯前期几乎所有艺术演讲的受众。然而,这并不意味着莫里斯所写的那些论艺术的演讲忽略了其政治事业,事实上,这些论艺术的演讲总是将艺术生活之可能性与社会主义联系起来,如此,就为说服中产阶级艺术爱好者相信社会主义事业之必要性提供了一种重要的修辞方式。与其他社会主义活动家不同,莫里斯总是感觉到面向中产阶级之宣传的重要性,并且,鉴于莫里斯在

---

① 莫里斯专门为该事业所写的诗歌包括为《正义与共和国》(*Justice and Commonweal*)而作的《社会主义者之歌》(*Chants for Socialists*)(1883—1886)和连载于《共和国》(*Commonweal*)上的《希望的朝圣之旅》(*The Pilgrims of Hope*)。莫里斯带有政治色彩的浪漫主义散文是《约翰·鲍尔的梦想》(*A Dream of John Ball*)(1886 年)和《乌有乡消息》(*News From Nowhere*)(1890 年),二者都连载于《共和国》上。

追求中产阶级精美装饰艺术与文学方面的声望,他似乎是推广该项事业的最佳人选。①

而且,莫里斯的政治著作中并非完全没有对艺术的探讨。似乎是为了向自己的早期美学教育与持续的美学兴趣表示敬意,莫里斯多次在其对社会主义社会之描绘语境下讨论艺术。然而艺术不再是其阐述政治的主要话语领域;美学问题现在成为更广泛社会、政治理想的附属品,这些概念自身产生了伟大的艺术(arte magistra)。而且,如果说现在莫里斯讨论艺术与政治时似乎有一种理论上的劳动分工,那么他对政治理想之讨论则在其耕耘多年的美学与文学话语中被表述出来。这可以从莫里斯在运动中所写的社会主义浪漫主义散文和诗歌中看出来,其中最著名的是其社会主义乌托邦著作——《乌有乡消息》(News From Nowhere)(1890年)。

这意味着,莫里斯对社会主义的主要贡献在于莫里斯自己称为的其思想的"建构"本性——它描绘出一个想象中的未来社会主义社会,这也是本章第二个观点。尽管从倾向于描绘一幅未来社会图景这个意义上说,这意味着莫里斯的社会主义是"乌托邦式的",然而这种憧憬并未忽视其得以实现的历史与实践维度。的确,莫里斯清晰地阐述其社会主义的目的在于为政治行动创造可能性,或者用莫里斯的话说,其理论与一种"对行动的渴望"密切相关。② 而且,

---

① 见汤普森,《威廉·莫里斯:从浪漫主义者到革命者》,第 322 页。的确,莫里斯在其艺术演讲中向中产阶级听众大力宣传社会主义,以至于他宁愿不演讲也不愿意不遵守这一原则。例如,1884 年,爱丁堡哲学研究所主任亨利·鲍伊(Henry Bowie)请莫里斯做题为"日常美学"("Household aesthetics")的演讲,莫里斯回答说他将进行题为"艺术与劳动"的演讲,在这篇演讲中,"社会主义是真正的主题……只是从其与艺术的关系方面来考察"。鲍伊则回答说莫里斯应该"排除社会主义"部分。结果是莫里斯没有做这个演讲(收录于《威廉·莫里斯书信集》,第 2 卷,第一册,第 312—313、314f)。

② 莫里斯,《未来社会》,收录于《威廉·莫里斯政治著作》,第 190 页。

莫里斯理论的"乌托邦"特征,显然以这种分析为前提,即对作为一种政治运动的社会主义发展之必要条件的分析。强调莫里斯社会主义之"建构"特征并非一种先天的东西,它将马克思思想的重要性排除在莫里斯社会主义之外。马克思的思想在莫里斯形成其社会主义核心概念中起着重要作用,但并非以前面一些评论家们阐明的那些方式。马克思的思想自身在理论层面并非完整和谐(以前尝试解释莫里斯社会主义之人这样认为),但在用一种实际的方式使政治世界变得有意义,且在催生政治行动方面,却是适宜的。

艺术与社会主义:莫里斯对社会主义理想与策略之最初描绘

在加入民主主义联盟后,莫里斯发表的前三次演讲都是关于艺术,分别是《艺术与财富》("Art, Wealth and Riches")、《财阀统治下的艺术》和《艺术与人民:一名社会主义者对资本主义残暴的抗议;面向工人阶级的演讲》("Art and the People: A Socialist's Protest against Capitalist Brutality; Addressed to the Working Classes")。后两次演讲尤其重要。在《财阀统治下的艺术》中,莫里斯简要陈述自己的美学观点,同时也首次公开宣称自己是一名社会主义者。《艺术与人民》是莫里斯首次面向工人阶级的演讲。在这个演讲中,莫里斯尝试向工人阶级展示艺术理想(他曾明确声称这种理想为"人民的艺术")的重要性。这两次演讲对莫里斯的政治发展非常重要,它们代表了一种居间话语区域——在其前五年的美学理论与晚期提出的社会主义理论之间,它们既是一种终结也是一种开始。尽管《艺术与人民》的重要性在于其所面向的工人阶级之当下关注转到艺术的重要性上,这也暗示着莫里斯与工人阶级打交道的真切意图,然而,它并没有任何新的实质性突破。

正是在《财阀统治下的艺术》中，莫里斯才首次提出社会主义政治概念和他认为实现该社会主义概念所必需的策略。

莫里斯于1883年在其母校的大学学院礼堂发表题为《财阀统治下的艺术》的演讲，他的导师罗斯金担任会议主席。该演讲宣告莫里斯正式转向"实践社会主义"。当时的讽刺情景也非常有趣：演讲的地点正是这个学院——他感觉该学院给了自己一种除该学院所提供教育之外的教育——"我极讨厌这个地方的研究"，[1]他对肖伊说——其时罗斯金犀利的目光正盯着他，罗斯金是特别强调美学理论的"第一位到来者和发明者"。[2] 莫里斯给过去猛烈地一击。莫里斯提出的关于艺术状态的看法并非新的，但这些看法被压缩到一个文本中：艺术并非繁荣兴盛，其衰败在"智力"艺术与"装饰"艺术之明显区分中看到。尽管在艺术史上一直存在这种区分——前一种艺术服务我们的"精神需求"，后一种艺术则"服务我们的身体"[3]，然而，"当艺术达到极度繁荣兴盛时"，这两种艺术就成为相互包含的实践和话语，二者的融合达到这种程度以至于"最好的艺术家仍然是工人，最卑微的工人也是艺术家"。[4] 因此，莫里斯重申源自其早期演讲中的观点，即这种二分法制造出一种美学上的阶级体系。这个体系的一端是一些艺术家，另一端是完全不了解艺术的人民大众。莫里斯并未给出救赎艺术生命的方法，这是我们在前面提到过的一个循环的举措。这一举措与莫里斯早期作为一名诗人与一位美学改革者的自我概念相联系。然而，莫里斯现在认为艺术未来的希望在于传播"社会主义信仰"。

---

[1] 莫里斯，《给肖伊的信》1883年，收录于《威廉·莫里斯书信集》，第2卷，第一册，第230页。
[2] 莫里斯，《1882年9月的信》，收录于《威廉·莫里斯书信集》，第2卷，第一册，第126页。
[3] 莫里斯，《财阀统治下的艺术》，第165—166页。
[4] 同上书，第166页。

尽管在莫里斯早期的演讲中,他曾描述这种社会条件,即由于劳动分工带来的大众艺术衰落的社会条件,然而,如今他却确认社会体系的独有特征是"生活手段[之]生产和交换中的竞争"。① 莫里斯希望听众意识到,这种体系并非永恒不变,而只是历史辩证运动的一个阶段。这种辩证运动从古代奴隶制度一直延伸到"现今所谓的自由贸易制度"。② "自创世以来万物都趋向于该体系的发展",莫里斯继续说:

> 既然它存在,我便欣然承认;正是历史上发生的所有旨在使其成为永恒的事件、正是这些事件的演变使我难以相信。
>
> 因为我是"那被称为社会主义者中的一员";因此我确信经济条件之演变将会继续,无论这些人——这些为显而易见之自身利益将自己有意识或无意识束缚于现在、并因而对未来无望之人,会在其发展之路上设置何种路障……我想中世纪的不充分竞争所带来的变化——尽管它受封建性人际关系的束缚、这些将镀金手工艺人与19世纪充分发展的自由竞争相联之尝试,在其无政府主义中得以产生。而正是它在寻求维持这种无政府主义的方式中,一种联合的精神在这种敌对情绪的基础上建立起来,这就产生了人类条件之所有先前的变化,且这终有一天将消除所有阶级并呈现一种确定的、实践的形式,用联合替代一切与生活手段之生产与交换相关的竞争。我还相信正如这种变化会在诸多方面带来好处一样,它尤其能为艺术之新生带来一线生机……③

---

① 莫里斯,《财阀统治下的艺术》,第172页。
② 同上。
③ 同上书,第172—173页。

在演讲的结尾，莫里斯呼吁那些关注艺术生活之人"用你们的时间与才华积极帮助我们（民主联盟）①，如果没有这些，至少可以出钱"。② 该演讲清楚地表明莫里斯将历史解读为从"封建人际关系"到"竞争"的极端发展再到"联合"发展的进步性人类解放。那么，现在莫里斯参与到社会主义的实践斗争中，他在历史势不可挡地走向社会主义中看到了人类未来的希望。

尽管莫里斯的演讲表面上聚焦于艺术问题，然而很显然，他使"生活手段"之"联合"成为演讲的首要问题。这样做的一个愉快结果就是它也会复兴美学意识。此外，莫里斯社会主义理论的核心要素是依据对当下"竞争"体系与"联合"之目的之描绘来构想的。正如汤普森指出，在这些演讲中莫里斯首要关注的是对当下条件"不满"的辩证法、这些条件对人们生活的影响以及将这些条件转变成社会主义的"愿望"。③ 这些都反映在莫里斯1884年进行的一些最重要演讲的标题中。《有益的工作与无益的辛劳》("Useful Work versus Useless Toil")、《困苦及其出路》("Misery and the Way Out")、《我们如何生活与我们可能如何生活》("How We live and How We Might Live")。在所有这些演讲中，莫里斯以抨击辉格党人对当下生活条件的自满情绪开始，澄清了构成竞争性商业或称资本主义的剥削与非人化，然后，提供了一种为何社会主义是这些罪恶之克星的意识。

如果说《财阀统治下的艺术》很重要，是因它代表莫里斯第一次尝试提出社会主义之政治叙述，那么，对于阐述莫里斯新生的思维方向——社会主义策略，它同样重要。有趣的是，莫里斯对这些艺术家和其他艺术爱好者在这些情形下应该采取的必要策略之表

---

① ［译注］原作者注。
② 莫里斯，《财阀统治下的艺术》，第191页。
③ 汤普森，《威廉·莫里斯：从浪漫主义者到革命者》，第310页。

述。鉴于大众审美意识的缺失,"艺术家们不得不表达自身——如果可以这么说的话——用一种大众不能(理解)①的语言。"②尽管该情形或许要求艺术家试图将其美学实践与美学话语更加贴近"无艺术知识的"民众,然而莫里斯认为这种类型的转变只会损害"艺术事业":

> 如果他们试图迎合大众,并以这种方式工作,即不惜任何代价地去满足这些不懂艺术之人模糊的偏见,——正如某些人认为他们应该如此,那么,他们就会抛弃自己的特殊禀赋,他们将成为艺术事业的叛徒,而为艺术事业服务正是这些他们的责任与荣耀。除了做自己个人独立的工作——这种工作受过去的激励却得不到现在的帮助,艺术家以这种工作为羞辱,甚至认为它以某种方式妨碍了自己,然而除了这种工作,他们别无选择;他们必须远远站立,好像怀揣某种神圣秘密之人一样,无论发生什么,他们至少必须尽其所能地去守卫这个秘密。不应该怀疑他们的生命与他们的工作皆充满这种孤立感。然而人们的损失,我们如何衡量呢?③

很显然出现在以上陈述中的,是一种支持美学自主性与美学纯粹主义(purism)的观点,这种观点很明显地展示出唯美主义信念的影响:艺术的目的就是如此,因此不应该有任何仅仅因想要更亲近无艺术知识之大众而降低个人美学实践之标准。正如后来的新马克思主义理论对艺术的论述一样,莫里斯暗示艺术的改革性特征

---

① [译注]原文如此。
② 莫里斯,《财阀统治下的艺术》,第167页。
③ 同上书,第168页。

(transformative quality)——挽回"人们的损失",恰恰就在于源自艺术所要帮助之群体的精英主义姿态立场。① 莫里斯认为,在一个艺术僵死的时期,即一个"得不到现在帮助"的时期,这是必要的,因为它至少允许过去之理想延续至未来。正如莫里斯在 1882 年的一封通信中指出:

> 我们必须尽全力使每样东西保持生命力,以与你谈到的肮脏作对照;这些参与到创造美中的人们,必需理解其职业不再是轻浮的,而是最严肃的;这些肩负保护历史艺术遗迹责任之人,必须铭记他们保护的不仅仅是一座用诸多石头、泥浆和木材建造的公共建筑物,而是,他们的手中握着未来文明的种子。②

那么,对莫里斯而言,在当下条件下所有为人民大众创作艺术的企图只能使事情变得更糟,这使得一种真正属于人民的艺术必须"连根拔除"这一事实变得更加难以理解。也就是说,它将用一种属于人民的艺术(an art *of* the people)——一种源自人们在彻底转变之条件下获得新生的艺术,来代替一种为人民的艺术(an art *for* the people)——一种基于剥夺人们生活之社会条件上的

---

① 见马尔库塞,《审美之维》中对这种艺术之政治潜能观点的阐述。与布莱希特认为艺术应该用人们的语言表达相比,马尔库塞坚持认为美学自主性与精英主义之必要性。正如马库塞所称:

> 作家必须首先创造这样的地方,这是一个要求他们与人们对立的过程,这就使得他们不能用人们的语言说话。在这个意义上,今天的"精英主义"可能有一种极端的内容。为意识之激进化工作就意味着显露作家与"人们大众"之间的物质与意识形态差异,而不是去掩盖这种差异。革命艺术很可能变成"人民的敌人"(第 35 页)。

② 莫里斯,《给未知受众的一封信》(Letter to Recipient Unknown),1882 年 9 月,收录于《威廉·莫里斯书信集》,第 2 卷,第一部分,第 126 页。

艺术。因为莫里斯坚持认为艺术要么是鲜活的，要么是僵死的；社会条件要么促进它，要么阻碍它。因此，莫里斯认为在当下社会中改革没有中间地带。"当罪恶太大时，掩饰毫无用处。"莫里斯宣称，"教育你的工人，使其心中普遍产生不满；这是唯一的补救。"

在谈到社会主义策略时，这种美学纯粹主义与莫里斯所认为的"宗派主义"姿态相似。正如莫里斯对生产艺术的少数人所持的感情，莫里斯也认为这些拥有社会主义知识之人，只应该教育人们与社会主义理想和社会主义可能性相关的知识。如果人们试图将社会主义变成实用的、掩盖性的措施（工会活动、议会行动等），那么该理想本身就会被神秘化、被废弃，因而就会失去该学说清晰的乌托邦的与改革的特性。尽管回避改革主义措施，会产生一种初始的孤立主义，然而莫里斯似乎在说，通过确保一种新的社会秩序将产生于其上之理想之圣洁，它最终会更加有益于创造一种更具人文关怀的未来生活。

在为纯粹主义学说辩论时，莫里斯并非宣称社会主义者知道实现这个目标的最佳手段；相反的，他们不因该持有先入为主的信条。他们唯一的优势在于其乌托邦式洞见。正如几年后莫里斯在《共和国》(*Commonweal*)上回应议会派人士与无政府主义人士提出的各种不同策略时所说：

> 我们的任务——我重申，就是使人们成为社会主义者，也就是说服人们社会主义对其有好处且是可能的。当具备这种思维方式之人足够多时，他们就会找出将他们的原则付诸实践的必要行动。除非我们拥有大量持这种观点之人，否则就不可能有惠及全体民众之普遍变革行动。我们有一群持有此种观念的人吗？当然没有。如果我们通过这种诱惑力、这种我们必然行动于其中的党派之争之迷人氛围——向外看，我们将清楚地看到：尽管有许多人相信有可能通过各种手段迫

使他们的主人改善对待他们的行为……然而只有极少数人没准备好过一种**没有主人**的生活。当他们如此准备的时候,社会主义就会实现;然而没有任何力量能使其提前一天实现。

因此,我说,使人们成为社会主义者。除了这个,我们社会主义者不能做什么别的有益的事情,而宣扬与教导对此目的而言并非过时;而是,对这些像我自己一样不相信国家社会主义之人而言,它就是达到万物新秩序(New Order of Things)唯一合理的手段。①

正如汤普森指出的,这种被莫里斯称为"弃权政策"②的纯粹主义策略,将确保莫里斯永远不会获得由支持更多改良主义措施而来的实际好处——尤其是其社会主义组织之会员增长这一好处,更不用提其在工人阶级改革者中的政治影响力。③ 这并非意味着莫里斯在其生命晚期时没有与这些政治发展之重要性达成妥协。他在一篇写于 1894 年的演讲稿中指出,议会政治可能是"我们能够走的、通往改变的最短的或是唯一的道路",附带条款就是人们必须清楚这种政治行动只能"被看成是一种斗争的手段而非斗争的目的"。④ 这无疑是对自 1888 年开始将独立工党候选人派往议会之普遍实践的一种勉强回应——该实践从 1888 年哈迪(Keir Hardie)的候选人资格开始,并最终导致 19 世纪 90 年代独立工党的成立。⑤

---

① 莫里斯,《我们现今的位置》(Where Are We Now?),载于《共和国》1890 年 11 月 15 日,收录于《威廉·莫里斯:艺术家、作家和社会主义者》,第 2 卷,第 518 页。
② 见莫里斯,《弃权政策》("The Policy of Abstention")(1887 年),收录于《威廉·莫里斯:艺术家、作家和社会主义者》,第 2 卷,第 434—453 页。
③ 汤普森,《威廉·莫里斯:从浪漫主义者到革命者》,第 455—464 页。
④ 莫里斯著《权宜之计》("Makeshift"),收录于《威廉·莫里斯:艺术家、作家和社会主义者》,第 2 卷,第 481 页。
⑤ 要了解莫里斯拒绝纯粹主义这种对独立工党所做出的反应,见汤普森,《威廉·莫里斯:从浪漫主义者到革命者》,第 597—639 页。要了解对独立工党的详细研究,参考戴维·豪威尔(David Howell),《英国工人与独立工党:1888 年—(转下页注)

然而,即使在其纯粹主义时期,莫里斯也从未彻底否定议会手段。莫里斯认识到社会主义运动中多样化策略的必要性。1885年,莫里斯离开民主联盟,这不仅是对辛德曼独裁手段的反抗,也因为他不赞成辛德曼及其拥护者的议会姿态。莫里斯与爱德华·埃夫琳(Edward Aveling)、埃莉诺·埃夫琳(Eleanor Marx-Aveling)、雷恩(Jeseph lane)、巴克斯(Belfort Bax)、马洪(John Mahon)及其他人一起,创办了社会主义联盟,以宣扬"彻底的革命社会主义",其主要目的是"尽一切所能来教育人们,使其懂得这一伟大事业的原则"。① 1887年,当一些社会主义联盟分支机构开始强烈要求接受议会行动策略(以罗伊登决议[Croyden Resolution]的形式)时,莫里斯却反对这些策略,他扬言如果这些策略通过,他就离开联盟。尽管莫里斯赢得了这场斗争,但他却失去了这些逐步增长的议会派系成员的支持——这一损失为无政府主义派系掌权做好了准备。② 在"罗伊登决议"这一争执过程中,莫里斯在给格拉斯(John Glasse)的信中澄清了自己的立场:

> 我相信当社会主义者强大到可以将其成员派往议会时,他们必定会这么做:只要理解,他们到那里去是作为反抗者,而非作为统治机构成员去制定一些意在使社会存活的掩盖性措施,那么,我就看不出这有什么坏处……;我认为有必要保留一个由有原则之社会主义者组成的机构,该机构会拒绝为

(接上页注)1906年》(*British Workers and the Independent Labour Party*)(Manchester:Manchester University Press,1983年)。豪威尔指出(第352页)尽管莫里斯并非一直具有独立工党的渐进主义姿态,然而他对独立工党中许多最重要的成员(例如 J. Bruce Glasier)影响极大。

① 源自《社会主义联盟宣言》("The Manifesto of the Socialist League")(1885年)附录一,收录于汤普森,《威廉·莫里斯:从浪漫主义者到革命者》,第736—737页。
② 这最终发生于1890年,迫使莫里斯创办哈默史密斯社会主义协会(Hammersmith Socialist Society)。

党派中的议会行动负责。这种机构目前以社会主义联盟的形式存在,[且]既然议会方面的种子已存在于在费边联盟(S. D. F, Fabian, & Union)中,那么我们为什么要试图混淆这些机构的政策呢?①

正如我们从这段引文中看出的,莫里斯感觉到一种必要性,即采取一种与普遍社会主义运动内其他策略姿态相关的纯粹主义姿态之必要性。如此,莫里斯未必在阐述一种限制性的策略姿态,而只是在澄清自己感受到的是这种能够确保社会主义运动取得全面胜利的必要劳动分工。因而,这种主张提出来的是,审视更加广泛的社会主义运动语境以澄清莫里斯立场之必要性。

莫里斯与"社会主义复兴":
19世纪80年代的历史前辈与新方向

正如前面已经暗示过的,莫里斯并非在政治真空中阐述社会主义理想与策略,而是在与其他社会主义者的论战中。莫里斯的革命社会主义标签,只是被历史学家们称为"社会主义复兴"之整体政治发展中的一个重要潮流。尽管莫里斯是透过美学话语之三棱镜得出自己的社会主义结论,但他迅速与19世纪80年代早期疯狂热衷于复兴英国社会主义传统的两百个人物联系起来。这些人的背景惊人的相似——正如莫里斯指出的——他们是一个由知识分子、工人阶级活动家、外国移民和艺术家组成的"怪人小团体",②但他们在推动社会主义理想方面的坚持不懈不仅获得了普

---

① 莫里斯《给约翰·格拉斯的信》(Letter to John Glasse),1887年5月23日,收录于《威廉·莫里斯书信集》,第2卷,第658页。
② 见莫里斯在《我们现今的位置》(1890年)中的描述。《我们现今的位置》收录于《威廉·莫里斯的政治著作》,第220—221页。

通大众的认可,而且还吸引越来越多正在经历当下经济秩序之痛的个人(尤其是工人阶级民众)积极参与到政治中。

正如比尔(M. Beer)认为的,英国的社会主义史,悠久而有趣,其种子在中世纪被种下,种在威克里夫(John Wycliffe)和鲍尔(John Ball)(后者成为莫里斯社会主义散文中最负盛名的散文之一《梦见约翰·鲍尔》[A Dream of John Ball]的灵感源泉)的思想与行动中,却在摩尔(Thomas More)的《乌托邦》(Utopia)中首次结出清晰可见的果实。① 莫里斯于1885年指出莫尔在"年轻的商业主义"时代中的重要作用,称其是"仍未到来之时代之预言式希望"的一座孤独的灯塔,"当这种商业主义自身本应让位于这样一种社会,即一种我们希望文明于其中会转变成其他事物——转变成一种新的社会生活——的社会"。②

随着资本主义的持续发展,社会主义思想的下一个自然结果可以在17世纪平等派成员的宣传册与观点中发现——尤其是与掘地派运动相关的平等派成员,莫里斯称其为"那个时代的社会主义先驱"。③ 虽然掘地派运动的规模小、持续时间短,但它却宣扬了:土地及其出产应该为人类共有,将这些物产划归权贵私有,这"无异于使其同胞陷入贫困,也是对其同胞的一种奴役"。④ 该运动的目的——正如在一篇著名的掘地派短文中指出的——是"奠定使地球成为人类共同财富的基础。每个出生在地上的人,无论贫富,根据支配受造物的理性,都可以得到生育她的大地母亲的喂养"。⑤

---

① 比尔,《英国社会主义史》,第19—44页。
② 莫里斯,《文明的希望》,收录于《威廉·莫里斯作品集》,第23卷,第63页。
③ 莫里斯,《文明的希望》,第64页。
④ 源自矿工宣传册(the Digger tract)《照耀在白金汉郡上空的光》(Light Shining on Buckinghamshire)(1648年),转引自比尔,《英国社会主义史》,第61页。
⑤ 源自《真正平等派成员标准的提高》(The True Levellers' Standard Advanced)(1649年),比尔转引自《英国社会主义史》,第63页。

第六章 威廉·莫里斯的政治理论

　　1760—1825年间，英国社会主义思想呈现出诸多不同的形式与特征。然而，尽管有诸多关于工人阶级所面临之危机的不同视角，也有许多不同的补救措施被提出来，然而它们都是从洛克在其《政府论(下篇)》中阐述的天赋人权理论中吸取养分。[1] 19世纪初，英国社会主义思想有两个重要的方向：一个与欧文的思想和行动紧密相关，另一个则产生于不断发展的宪章运动。欧文将其政治理论建立在边沁主义观念之上，这种观念认为幸福是人类社会的目标和对象，并宣称这种目标只有通过创造正确的社会条件才能够实现。鉴于贫困是最主要的原因之一，那么这种正确的条件就必须包括丰富的物质财富。最终，欧文为工厂立法与失业救济之实现而斗争（这种为政治宣传所做的努力帮助了1819年工厂法案的通过），后来，当欧文深信邪恶的条件是建立在私有财产基础上之经济体系所固有的，他便建立"团结与联合合作村"("Villages of Unity and Co-operation")——这种村子为全体村民创造财富并用亲情与友情将村民团结在一起。[2] 欧文的追随者们于1824年成立伦敦合作社——这是一个明确计划建立"一种基于互相合作原则上的集体"并将劳动成果归还给劳动者的机构。[3] 而且，正是在正统欧文主义运动的主要刊物——《合作杂志》(*The Co-operative Magazine*)——上首次出现用以描述那些支持财产公有制之人的术语——"社会主义者"。[4] 应该指出的是，欧文社会主

---

[1] 比尔，《英国社会主义史》，第101、106—111页。正如比尔认为的，洛克为社会主义变革及社会主义理想做出重要的理论辩护，他深深影响了19世纪晚期的土地改革者（例如斯宾塞[Spence]、奥格尔维[Ogilvie]、潘恩[Paine]）不同的观点。随着工业革命的兴起，洛克的理论在批判宣章主义者方面也大有裨益。要了解洛克理论与宣章主义者之间关系的讨论，参考理查德·阿什克拉夫特，《维多利亚工人阶级眼中的自由与道德生活》("A Victorian Working Class View of Liberation and the Moral Life")。

[2] 见比尔，《英国社会主义史》，第160—181页，对欧文(Owen)观点的讨论。

[3] 转引自比尔，《英国社会主义史》，第185页。

[4] 比尔，《英国社会主义史》，第187页。

义是从宪章骚动结束到 19 世纪 80 年代这期间社会主义思想中惟一活跃的一种形式。

莫里斯在其演讲《文明的希望》("The Hopes of Civilization", 1885)中评论了欧文的观点在使更美好生活之理想保持活力方面的重要性。然而,鉴于欧文希望在整个剥削制度与政治特权下建立这种集体,至少对于莫里斯而言,欧文的"友爱与合作"理想不可能走得很远。莫里斯称,"欧文的社会主义没能达到其目的,是因为他没有明白:只要存在掌控行政权利的特权阶级,他们就会好好照料自己的经济地位——这种经济地位使他们能够依靠人们的无偿劳动生活——不受干犯……。"① 而且,正如莫里斯在 1886 年指出的,尽管欧文式集体"建立在其成员间条件的绝对平等上",然而"这些集体没有假装干预整个社会",因此,它们"在完成其多少有些价值的联合实验任务后,注定会……失败、消亡"。② 而对于莫里斯而言,必须摧毁社会之根基,彻底改变经济与政治条件,以便获得一种新的人类生活之可能性。

在《文明的希望》后面内容中,莫里斯观察到:尽管宪章运动"完全是一种工人阶级运动",且因为这种阶级特征,它从本质上讲比激进主义(Radicalism)更加进步,但"其目的仍然是政治的,而非社会的"。③ 因此,莫里斯认为欧文在忽视统治阶级政治权力之重要性与革命改革之必要性方面犯了错,然而宪章主义者们却忽略了:

> 对于这些经济上受奴役之人而言,政治自由是不可能的:在这些事上,没有先后,二者必须并驾齐驱:只要我们允许人

---

① 莫里斯,《文明的希望》,第 71 页。要了解莫里斯与欧文关系的讨论,参考迈耶,《威廉·莫里斯:马克思主义梦想家》,第 1 卷,第 187—190 页。
② 莫里斯,《政治观》("The Political Outlook"),收录于《威廉·莫里斯:艺术家、作家和社会主义者》,第 2 卷,第 279 页。
③ 莫里斯,《文明的希望》,第 71 页。

们统治我们——这些人的利益就是我们要随着他们的心意而绝非按照我们应该生活的那样去生活,那么我们不能随自己的意志生活,也不能像我们应该生活的那样去生活;而且,要求管理自己事情的权利也毫无用处,除非我们准备好去拥有自己的事情;这两个目标联合起来就意味着阶级斗争的进一步深化,直到所有阶级都被废除——二者的分离对任何社会进步之希望都是致命的。①

许多评论家们都讨论和诠释过宪章运动的历史,因而没有必要重新回顾与其发展相关的这些具体的历史事件和学术观点。②这里就我们的目的而言,重要的是,莫里斯表达的——也是一个19世纪80年代革命社会主义者似乎普遍持有的观点就是:宪章运动本质上是一场政治运动,它希望完好保存当时的社会体系,因而,在这一点上,它不能与19世纪80年代社会主义者的意识形态进步相匹配。正如莫里斯在该演讲中进一步指出的:

> 因此,宪章运动——尽管是一场真正的群众运动,在其目标与知识方面还不完全;时机还未成熟,它不能取得公开的胜利;但如果说它是一种彻底的失败,这也是错误的:至少它使不满之圣火保存下来;它使我们有可能实现民主政治之目标,并因此推进了人民的事业……③

---

① 莫里斯,《文明的希望》,第 71—72 页。
② 例如,参见比尔,《英国社会主义史》,第 1 卷,第 280—347 页和第 2 卷,第 3—174 页;西奥多·罗斯坦(Theodore Rothstein),《从宣章主义到工党主义》(*From Chartism to Labourism*)(London: Lawrence and Wishart, 1983),第 7—181 页;莫顿和泰特,《英国工人运动》,第 49—128 页;以及科尔和波斯特盖特,《英国普通大众》,第 272—327 页。
③ 莫里斯,《文明的希望》,第 71 页。

正如莫里斯的评论所表明的,宪章运动对后期社会主义者而言似乎是一个重要却不太成熟的社会主义形式,它最终因自身"目标与知识"之局限性而失败。最有意思的是,这种观点表明了19世纪50年代到80年代这个时期为后来社会主义者扫清宪章主义传统各个方面之程度;因为,很显然许多宪章主义者相信政治改革只是一种彻底的社会变革的第一个阶段,这种彻底的社会变革能够使劳动者获得其辛勤劳动之成果。另外,后来,诸如琼斯和哈尼这些比较杰出宪章主义者的观点明显转变成社会主义的,看到政治与社会变革之重要性,或者,正如哈尼在《红色共和》上《宪章及其他》中所说的。① 也正是在哈尼的杂志上,出现了马克思与恩格斯《共产党宣言》的首个英译本——这是自1847年起,哈尼与马克思之间友谊的结果。② 即使有这样的历史前辈,19世纪80年代的社会主义者们仍然感觉自己是在更加确定之理论基础上重新开始,并受马克思思想之传播的鼓舞,他们如今感觉自己拥有一个以前英国社会主义者所不具备的优势。

因此,使19世纪80年代"社会主义复兴"脱颖而出的一个因素,就是欧洲思想与理论之重要性,尤其是马克思的思想与理论。③ 大多数与19世纪80年代第一群社会主义者们交往之人都非常熟悉马克思理论,其中有些人不仅与马克思有过直接接触,还与恩格斯保持持续的友谊。④ 马克思理论带给英国社会主义传统

---

① 见萨维尔,《〈红色共和党人〉和〈人民的朋友〉序言》,xi—xv,其中讨论了这些后期宪章主义者的社会主义倾向。关于哈尼对该事件之看法的代表性表述,参见《〈小宪章〉VS〈宪章及其他〉》("The 'Little Charter' versus 'The Charter and Something More'"),载于《红色共和党人》,第19期(1850年10月26日),第145—146页。
② 哈尼,《〈小宪章〉VS〈宪章及其他〉》,ix。《共产党宣言》连载于《红色共和党人》,第21—23期(1850年11月9日—23日)。
③ 见维利尔斯,《英国的社会主义运动》,第85—88、107页。
④ 汤普森,《威廉·莫里斯:从浪漫主义者到革命者》,第288页。

的是,一种对资本主义生产之剥削条件更加详尽、更加"科学的"分析,和对必然走向社会主义的经济发展规律的"揭示"。莫里斯多次在社会主义演讲中提到马克思,其中在有一次提到马克思时,莫里斯指出揭示经济发展规律是马克思思想最重要的特征:

> 我们将经济学家学派归功给德国——马克思排在这些经济学家之首,他们使现代社会主义成为它现在的样子:早期社会主义作家与宣传者将其希望寄托在这个方面,即教育人们使其看到用合作替代竞争的魅力,且使其自愿自觉地接受改变。他们指望这些多少有些人为的计划能被尝试与接受,尽管这些计划必定是用资本主义社会所提供的材料来构建;然而这个新的学派——它从历史视角审视过去的事件,它看到一条影响所有事件的发展规律——因而能够为我们指出:这种发展仍然在继续,而且,无论人们是否喜欢社会主义,至少它是不可避免的。①

莫里斯已经从其对艺术的思考中获得这种认识,即他的这些理想只能通过彻底改变社会条件得以实现;他还认识到资本主义由两种阶级组成,而这两种阶级的利益是互不兼容的。通过借用罗斯金的艺术劳动理论和自己对艺术史的挖掘,莫里斯也得出劳动是所有价值的创造者这一结论。马克思的理论巩固了这些洞见,并为这些早期结论提供了详细的经济、历史原因。这样,马克思就帮助他深化了自己的政治姿态,而不是代替这种政治姿态。但是,马克思为莫里斯的社会主义观点补充的一个重要因素就是,莫里斯的理想"至少是不可避免的"。马克思向莫里斯指出了"一种影响所有的事件的发展规律",以及这种发展规律正在使当前社

---

① 莫里斯,《文明的希望》,第 74—75 页。

会与经济条件转向无阶级社会做准备。在一篇名为《社会主义》("Socialism", 1885)的演讲中，莫里斯清楚地说明这种历史决定论——"我们社会主义者……相信我们知道这些阶级为什么会存在以及它们如何成长为现在的样子，这种成长的确不可避免。然而它并非永恒的，它自己会摧毁自己，并被他物——一个其中没有贫富之分的社会——所取代"。① 而且，因为这些革命进程，社会主义者现在变得比以往更加有用处。"一小群宣扬某种乌托邦学说之人"，莫里斯称，

> 不能带来如此了不起的革命。没有人比社会主义者更明白这一点：现存社会中的一部分人，如果没有以前时代这部分人的帮助，那么，他们在任何时候都不可能改变该社会。然而我们社会主义者却认为，人类前进的步伐已坚定地迈向这一方向，而我们需要做的，就是帮助产生这种进步之明显的、有意识的果实……②

莫里斯并非拥有该设想——历史必然走向社会主义之——的唯一一个人；这种即将到来的、有时颇富启示意味的变革之感，弥漫在19世纪80年代早期第一批社会主义者的思想之中，它是这些社会主义者阅读与讨论马克思经济理论的直接结果。③ 但是，与那些缺乏想象力的社会主义友人不同，这种设想不仅激发了莫里斯的政治行动，而且使其用美学洞见开始走向想象未来社会之架构。因很重要需要在这里重申的是，莫里斯对社会主义理想的喜爱源自其对艺术的分析，正是从这时候，莫里斯开始用马克思和其他社会主

---

① 莫里斯，《社会主义》(British Additional Manuscripts)，第14页，梅·莫里斯遗赠。
② 莫里斯，《社会主义》，第25页。
③ 汤普森，《威廉·莫里斯：从浪漫主义者到革命者》，第294—296页，讨论了辛德曼思想中的这个方面。

者所对资本主义的描绘来澄清自己的立场。在一篇名为《我们究竟应该如何生活》("How Shall We Live Then?")的演讲中,莫里斯再次回到对自己作为一名社会主义者之发展的描绘中,指出自己作为艺术家的思想是如何使自己走向社会主义的。"我的社会主义开始于某些人社会主义的结束之时",莫里斯继续说:

> 带着为全人类争取完全平等条件的强烈愿望;因为我曾看到,且现在仍然看到,若没有平等,不管人类将获得的是什么,它无论如何都必须放弃艺术与想象性文学,而这于我而言的确曾经意味着、现在也意味着人类的真正死亡——第二次的死亡。当然,与渴望平等一起的是一种对废除私有财产之必要性的认识;因此,在我对社会主义的历史及其直接目的没有任何了解时,我就已经成为了一名共产主义者。于是,我不得不开始认真阅读那些让我感到厌恶的书籍……我使自己陷入像学生与自己喜欢之人吵架一样的荒谬境地,目的就是为了成为一名实践社会主义者——而我毫不怀疑你们中的一些人认为我还未获得实践社会主义者这个称号。但这都不重要,因为我的工作中再次注入希望,并且我能从中享受到比以前更多的乐趣;我的痛苦消失了——简而言之,我重生了。①

从上面的陈述中,可以清楚地看到莫里斯对马克思著作(及使其"感觉厌恶"其他书籍)的阅读,使其成为一名"实践社会主义者",且在这一过程中,燃起莫里斯实现其"为全人类争取完全平等条件之强烈愿望"之希望。这样,马克思为莫里斯继续其艺术工作开辟了一条道路(莫里斯认为这条道路在资本主义的碾压下毫无希

---

① 莫里斯,《我们究竟应该如何生活》,保罗·迈耶主编,载于《社会史国际评论》(*International Review of Social History*),第 16 期,第二部分(1971 年),第 226 页。

望),他也为政治行动之社会世界提供了一个有意义的诠释。另一个需要注意的重要方面是,莫里斯称听众或许不同意他自认为是一名实践社会主义者的话外音。莫里斯首次发表该演讲的听众为费边社,费边社成员明显倾向于通过议会行动和获取对本地集体的控制来实现社会主义。因此,一些社会主义者称费边主义为"市政社会主义"。莫里斯也轻视地称之为"煤气与水社会主义"。① 最终费边主义者认为本质上国家是改革社会、使其走向社会主义的一种手段。② 莫里斯认识到,自己的革命社会主义立场对于这些希望在当下议会与选举竞技场中工作之人来说是不切实际的。如果说莫里斯不赞同费边主义者及其他议会派系所宣扬的手段,那么他也感觉"国家社会主义"之费边主义目的同样令人厌恶,即使它是通往共产主义之路上的一个必经阶段:

> 我既不认为国家社会主义本身是令人满意的,我也不认为它是一个彻底的计划,是可能实现的。然而,一些通往国家社会主义的途径仍然值得尝试,就我看,这将先于事物新秩序之任何一种彻底的启蒙。贝拉米先生(Mr. Bellamy)乌托邦式著作的成功——尽管极其枯燥乏味——仍是时代的风向标。我们聪明的朋友——费边主义演说家和政治小册子编写者——所获得的普遍关注,并非完全由于他们的文学才华;人们的思想已或多或少转向他们所指引的那个方向。③

在争论社会主义斗争之目的与手段的语境下,莫里斯称其立场很

---

① 梅·莫里斯,转引自《威廉·莫里斯:艺术家、作家和社会主义者》,第 2 卷,第 333 页。
② 要了解对费边社会主义的讨论,参考比尔,《英国社会主义史》,第 2 卷,第 274—298 页;和皮尔森,《马克思主义与英国社会主义的起源》,第 106—139 页。
③ 莫里斯,《我们现今的位置》,第 517 页。

显然是"实践性的"。这对于将所有议会与工会活动全都贴上"掩盖"标签之人、对于想一心构建未来共产主义社会轮廓之人而言，似乎会显得奇怪。要明白个中缘由，我们需要更加深入地挖掘莫里斯的社会主义理论。

莫里斯的构建社会主义（Ⅰ）：
资本主义堕落、共产主义与乌托邦实践性

正如前面提到过的，莫里斯社会主义之特征引起许多争议。这些诠释性视角大量涌现的一个原因就与莫里斯思想之"构建"特征有关。定位为激发政治行动的莫里斯的思想，在作为一种政治话语时，它在分析上并非连贯，也不具备系统性。而是，莫里斯被一种"对现代生活深深不满"之情绪驱使——这种不满来自其作为艺术家的对抗活动中[①]，且在他心中产生一种对平等条件的狂热向往，他利用各种资源为其政治愿望提供一种形式和结构，并在这个过程中，希望激励他人参与到自己的事业中来。的确，支撑莫里斯社会主义的，是一种对资本主义给人们生活之影响的发自内心的道德愤慨。在询问为何人们要在如此早的一个阶段加入到社会主义运动时，莫里斯质询道：

> 学术信念是源自哲学研究还是源自抽象的政治学与经济学研究？我想许多人认为这就是他们的转变方式；但再三思考，他们必定会发现这不过是它的第二个阶段；第一个阶段一定是一种观察——观察到这个世界上有许多需要被消除的苦难。[②]

[①] 莫里斯，《那么我们应该如何生活》，第 226 页。
[②] 同上书，第 224 页。

莫里斯对"世上有许多能够被消除之苦难"的道德愤慨，浮现在他描绘资本主义的方式中。莫里斯用一些饱含情感的词语，如"权宜之计"、"无益的辛劳"、"悲惨"、"富豪统治"、"商业战争"、"虚假社会"，来摧毁这种体系或生产的根基。以上每个词语都出现在莫里斯作为社会主义者的演讲标题中，这些词语共同构成莫里斯抨击资本主义给工人阶级与艺术家带来的剥削、堕落及非人化主题。肖在谈到莫里斯思想的这一犀利特征时，说道：

> 在与世界对抗方面，莫里斯与马克思站在同一阵营，然而，他没有这种使拉萨尔（Lassalle）鼓吹掌握了自己时代所有知识的学术矫情与教育骄傲。马克思阐述了一种显而易见的哲学辩证法和一种资产阶级剥削与剩余价值的经济理论……他直指共产主义的根源，他认为不做自己应做之社会工作的人就是"该死的盗贼"，他还认为，在崇尚这种偷盗行为并将其视作工业社会之主要动力时，就既不会带来稳定的社会和幸福的生活，也不会有健康的艺术。于他而言，这种观点——一位英国工人除非通过马克思辩证法之窄门就不能得出如此简单、基本的结论，或者，这种辩证法除了是一种多余的烦恼便什么也不是——是很愚蠢的。①

尽管肖对马克思之于莫里斯重要性的描述似乎看起来有些矛盾，但这部分反映了肖对马克思经济理论的厌恶。②

当莫里斯在其前社会主义著作中描绘资本主义的罪恶时，他主要聚焦于这些与艺术之毁灭相关的因素：劳动分工和与工厂中

---

① 萧伯纳，《我所认识的莫里斯》，ix。
② 在《我所认识的莫里斯》后面，萧伯纳斥责马克思的价值劳动理论和随之而来的剩余价值概念，认为它们是"学术错误"（第 x 页）。萧伯纳深信杰文对马克思价值劳动理论的批判是正确的。

机械普及相关的"机械劳作"。这些因素摧毁了创造一种鲜活艺术所必需的智慧与创造性。1883年后,尽管莫里斯仍然保留这些早期的批判,但是他却使用了这些社会主义批判,即聚焦于资本主义生产体系所固有的内在剥削机制——也即攫取表现为资本主义利润的工人价值,也就是"剩余价值"——的这些批判。① 在其《目的与手段》("The Ends and the Means",1886)的演讲中,莫里斯用"盗窃"指称剥削的这种系统性特征,在这种剥削的过程中,"占生产资料之阶级或垄断阶级之营生就是不生产却[依靠工人阶级的劳动]生活"。② 莫里斯通过艺术研究与实践,已经认识到人类生活中劳动之重要性:劳动不仅是人类需要做的事情(正如莫里斯宣称的,"人类要么劳动,要么灭亡"),③而且他还指出,只要合适地组织与从事劳动,劳动将会是"生活的一种祝福、一道亮光"。④ 因此,当莫里斯注意到有一群只生活却不劳动之人时,这就在他心中产生了愤慨。"……大自然吩咐所有人通过劳动而生存,而这种命令却因一个迫使他人为自己利益工作之人或阶级而遭规避;事实上,是少数人压迫他人,多数人被压迫"。⑤

对于莫里斯而言,资产阶级能够迫使他人为其生活工作,是因

---

① 萧伯纳很少使用"剩余价值"这个术语,尽管这个术语在社会主义学界是一个颇具争议的概念。不仅费边主义者积极批评马克思的劳动价值论,因此对所有社会主义者而言该问题仍然悬而未决,而且,在莫里斯社会主义联盟哈默史密斯分支机构,爱德华·埃夫琳(Edward Aveling)于1885年在那里做了一个题为"资本与剩余价值"的演讲。参见 British Museum Additional Manuscripts 45891,哈默史密斯社会主义社会文件(Hammersmith Socialist Society Papers),第27页。
② 莫里斯,《目的与手段》("The Ends and the Means"),收录于《威廉·莫里斯:艺术家、作家和社会主义者》,第2卷,第431页。
③ 莫里斯,《有益的工作 VS 无益的辛劳》("Useful Work Versus Useless Toil"),收录于《威廉·莫里斯作品集》,第23卷,第98页。
④ 莫里斯,《有益的工作 VS 无益的辛劳》,第99页。
⑤ 莫里斯,《垄断:或者,劳动是如何被剥夺》("Monopoly: or, How Labour is Robbed"),收录于《威廉·莫里斯作品集》,第23卷,第245页。

为他们对生产方式的垄断。正如莫里斯在其演讲《社会主义》中解释说的：

> 商业时代[已经]分为两个大的阶级，这些占有除**劳动力**外所有生产方式之人，和这些除**劳动力**外一无所有之人。因此，前一个阶级也即富人阶级能够迫使后一个阶级——穷人阶级——在确保富人阶级之延续的条款下，向其出卖自己的劳动力。①

此外，这种剥削的境况暗示着阶级利益的根本对立，因为"雇佣阶级之目的为利用其特权——对生产方式的占有——获取尽可能多的利益，而这种利益皆以工人阶级为代价……一个阶级获取的为另外一个阶级所损失的，因此二者之间始终处于战争之中"。② 在该演讲的后面内容中，莫里斯简要总结自己关于资本主义剥削本性的观点——这也是莫里斯其演讲生涯中不断以各种方式多次重复的一个观点：

> 在讲下一点之前，我要重述一下重点：有两个阶级——有用阶级和无用阶级；无用阶级是上层阶级，有用阶级是下层阶级；拥有除劳动力外所有生产方式之阶级能够而且的确迫使另外一个阶级为自己的利益工作，因此工人阶级只能获得其创造之财富中的一小部分、极少的一部分；上层阶级也不会允许下层阶级在其他条款下工作。③

从以上陈述的后半部分，我们可以看出，莫里斯用自己的方式

---

① 莫里斯，《社会主义》，第17页。
② 同上书，第21页。
③ 同上书，第23页。

表达了马克思的剩余价值概念,我们也可从中看出这样一个事实,即攫取部分工人创造之财富的过程是该生产体系所固有的。在这一点上,我们可以看出马克思思想对于莫里斯的重要性:马克思思想重申了这种必要性,即为获得一种更美好生活而必须彻底改革社会条件,这就为莫里斯的革命事业提供了保证。的确,莫里斯称马克思的概念只是经济生活之"事实"的理论表述。在回答一名记者对马克思剩余价值观之有效性的提问时,莫里斯指出从理论上反对剩余价值并不能瓦解社会主义事业,因为:

> 社会主义并非建立在马克思理论之上;许多彻底的社会主义者在这一点上并不认同他的观点;当然,反驳一种自称解释事实的理论,正如中世纪的天文学理论不能毁灭太阳一样,这种反驳也不能消灭事实。人们真正想知道的是:为什么他们不能在不替维持有产阶级之生存劳力的条件下获得劳动原材料与劳动工具?为什么劳动被如此无序地组织以至所有的现代发明使我们比以往生活得更糟?[①]

有意思的是,莫里斯的构建社会主义并不能充分回答他提出的这些问题;而是,莫里斯的首要关注是建立堕落、非人化等"事实"。尽管马克思为我们提供了一个更可靠的理论基础,然而它并非必然能激发人们为获得一种更美好生活而采取的政治行动。对于莫里斯而言,要使人们认识社会主义,最重要的是要观察到"这个世界上有许多需要被消除的苦难"。在莫里斯大多数的演讲中,这就是他试图去做的事情——阐明苦难之"事实",并描绘一个形象生动的未来世界。

---

① 莫里斯,《给 E. J. 柯林斯的信》,收录于《威廉·莫里斯书信集》,第 2 卷,第二册,729 页。

当莫里斯试图表述未来社会的原则时,他坚定地称自己为"共产主义者"。① 简而言之,这就不仅意味着将生产方式私有制变为公有制的必要性,同时也意味着建立平等条件或"劳动产品集体所有"之必要性。② 与19世纪80年代后期莫里斯与之争论的其他社会主义立场(国家社会主义、社会民主主义或者无政府主义)相比,共产主义这一术语呈现出越来越多的论战意味。对于莫里斯而言,唯一可行的目标就是条件的完全平等;在达到条件的完全平等之前,任何事情——尽管可能带来工人条件之缓解——也"不过是与当前社会条件的一种妥协",③并可能使创造一种真正美好生活之可能性变得渺茫。因此,莫里斯使用这个术语,不仅想要暗示一种独特的社会主义愿景(该愿景表述了一种与无阶级社会之整体轮廓相关的立场,也表述了该愿景将描绘的重要价值观),而且暗示着一种他认为实现共产主义社会所必需的特殊的革命手段。就革命手段而言,莫里斯绝不接受无政府主义者提出的手段:

> 关于一小部分人不时使用暴力行为——其中大多涉及到平民的死亡与被杀戮——来恐吓广大民众接受其不理解之事的企图,我只能称之为十足的疯狂。④

另一方面,尽管莫里斯并不那么讨厌其手段,然而他最终认为,任何将社会主义候选人派往议会之企图,只会迫使社会主义者让步,这就有助于宣扬议会体系,而社会主义者被派往议会之目的

---

① 莫里斯,《弃权政策》,第437页。
② 同上。
③ 莫里斯,《社会主义与无政府主义》("Socialism and Anarchism")(1889年),收录于《威廉·莫里斯政治著作》,第209页。
④ 莫里斯,《共产主义》,《威廉·莫里斯:艺术家、作家和社会主义者》,第2卷,第351页。

恰恰在于改变这一体系。① 于莫里斯而言,"彻底的社会主义者"或"共产主义者"的重要任务是"使人们成为社会主义者。"②这意味着承担起这样的任务——澄清当前资本主义社会中的剥削与描绘未来社会之图景。

莫里斯总是倾向于用其想象力来描绘未来,这种特征最清晰地体现在其演讲《未来社会》(1887年)和《我们究竟应该如何生活》(1889年)中,且在其乌托邦文学著作《乌有乡消息》(1890年)中达到成熟。莫里斯的这种倾向基于他所认为的何为"实践"考量的两个原因。首先,在何种方式最可能成功带来人类生活之彻底转变方面,莫里斯坚信思辨(speculation)之重要作用。"我们不要害怕过于灿烂的未来社会图景会吓跑我们的听众",莫里斯说道:

> 当我们告诉他们这个赤裸的真理,即在摧毁垄断时,我们也应摧毁我们当下的文明,我们也不要认为我们是不切实际的、是在空想。相反,提出一种逐步、有条理重新构建一个社会之计划是一种空想,这种社会一在历史上出现就可能被推翻;如果你告诉你的听众,你要改变的如此之少以致他们根本感觉不到改变,那么无论你是否吓到任何人,你肯定不会使对当下社会不抱任何希望之人感兴趣,而改变之希望吸引这些人走向社会主义。③

其次,莫里斯感觉到,由于社会主义运动在策略上的分歧,因此确保一种统一运动持续存在的唯一办法,那就是时刻铭记社会

---

① 莫里斯在多个不同的演讲中提出这种立场,但却是在《弃权政策》中最简明地表达出来。
② 莫里斯,《我们现在的位置》,第224页。
③ 莫里斯,《关于一些"实践"社会主义者的看法》,载于《共和国》(1888年2月18日)。

主义者为之奋斗的目标。莫里斯在其演讲《我们究竟应该如何生活》中指出他"对社会主义应许之地的个人看法"不应该"成为社会主义者之间的分歧"。① 莫里斯继续说道：

> 有时走出派别诚实之藩篱、彼此显露我们真正愿望与希望,应该是防范困扰社会主义运动学术方面之迂腐的一种手段,也是防范困扰社会主义运动实践与日常方面之机械政治的一种手段。②

那么,莫里斯的这个"乌托邦"方面不仅仅是其"浪漫主义"传统的一种反映;它也基于对社会主义运动实践之必要性的考量和基于对于他认为达到社会主义者宣称之目标应该采取的最佳政治手段的考量。在莫里斯最著名的文学著作《乌有乡消息》中,他发现了一种文学样式,这种文学样式的形式传统是表现不存在的地方(u-topia)/好地方(eu-topia)。在这部作品中,人们发现了所有在莫里斯社会主义演讲中被局限的想象力特征,通过语气、人物、情感与美,将所有莫里斯以前表述的原则都描述出来。③ 格斯特

---

① 莫里斯,《我们究竟应该如何生活》,第 222 页。
② 同上书,第 223 页。
③ 许多评论家都看到这部著作在其所有著作中的重要性。保罗·迈耶为《乌有乡消息》提供了最详细的讨论,他称这部著作清楚地呈现了马克思对莫里斯社会主义图景的影响。见保罗·迈耶,《威廉·莫里斯：马克思主义梦想家》,第 53—65 页和第 2 卷,第 2 卷专门讨论了《乌有乡消息》。也可参见汤普森,《威廉·莫里斯：从浪漫主义者到革命者》,第 692—698 页,这里作者称它意味着一种"科学的乌托邦",这种"科学的乌托邦"明显地表明莫里斯"对历史进程的掌握"以及他将浪漫主义梦想与残酷现实之整合。佩里·安德森在《英国马克思主义中的争论》(London: Verso,1980 年),第 177—179 页中指出《乌有乡消息》是如何显示出莫里斯作为一名社会主义者的重要策略洞见。要了解莫里斯如何掀起一种乌托邦题材之"复兴",见克里尚·科马尔(Krishan Komar),《〈乌有乡消息〉：乌托邦的复兴》("News From Nowhere: The Renewal of Utopia"),收录于《政治思想史》,第 14 卷,第 1 期(1993 年春季刊),第 133—143 页。

是一位 20 世纪的社会主义者,他醒来后置身于一个百年后的未来社会。在这个社会中,每个人都愉快地参与到为集体的劳作中。在这个集体中,19 世纪的建筑怪物如今成为美之象征,每个人都在追求人的生活。随着格斯特慢慢认识这些人,并明白他们完满生活背后的原因(这与废除私有制、建立"纯粹共产主义"相关),他发现自己无法待在那里。在小说结尾处,主人公消失于这个新世界,回到自己烦乱的时代。在这里,莫里斯似乎很清楚地认识到,尽管这个愿景在自己的时代不可能实现,然而在斗争之艰险前路上,心怀这一愿景却非常重要。在格斯特离开时,他听见自己的新朋友说:

> 回去吧,如今你见到了我们,你的肉眼学会了:尽管你们的时代有所有行之有效的准则,然而,还有一个即将到来的安息的时代,当控制变为友情时,它就会来临——而不会在这之前。回去吧,在你还活着的时候,你将在你周围看到为他人过上与自己不同之生活忙碌而毫不关心自己真实生活之人——这些尽管惧怕死亡却憎恶生命之人。回去吧,但愿你因为见过我们而更加幸福,但愿你因使你的斗争增加了一点点希望而更加幸福。尽你的力量继续生活下去吧,不辞辛勤劳苦,为逐渐建设一个友爱、平静、幸福的新时代而奋斗。①

莫里斯建构社会主义 Ⅱ:艺术、愉悦与自然之美

在莫里斯晚年发表的、对自己政治发展之自我反思的总结中,他明确地转向艺术理想对社会主义未来之重要性:

---

① 莫里斯,《乌有乡消息》,收录于《威廉·莫里斯三部曲》(*Three Works by William Morris*)(New York:International Publisher,1968 年),第 401 页。

> 我们希望通过社会民主主义赢得一种体面的生计,我们希望以某种方式生活,我们希望立即以那种方式生活。诚然,任何宣称艺术与教养之问题必须先于刀叉之问题之人(有一些人的确这样认为)并不明白艺术的意义何在,或者不能明白艺术之根为何必须有繁荣的、无忧虑的生活作为土壤。然而,必须记住文明使工人沦为低劣、可怜的存在,以至于他们不知如何构建一种比其现在必须忍耐之生活更美好的生活。而艺术之责任正在于为其树立一种完满的、理性生活之真正理想,在这种生活中,感知美、创造美、享受真正的愉悦,就如同人们每日的面包一样必要,除了我们应该极力发对的压迫,没有什么能剥夺人们感知美、创造美、享受真正的愉悦。①

从上述陈述中我们可以清楚地看到:莫里斯认为,当前资本主义堕落体系下的艺术作品之政治潜能在于艺术作品唤起人们对"完满、理性生活"之向往的能力。更重要的是,作为对其艺术家同胞(更不同说其早期美学自我)的一个题外话,莫里斯指出,与艺术相关的问题不应该先于社会平等之实质性问题。在这一话语中,莫里斯似乎盛赞同时又严重削弱艺术对实现社会主义的作用。我们如何理解这一看似矛盾的艺术政治主张?

与我们在第一章中讨论的后现代唯美主义立场不同,莫里斯的文化政治概念清楚地承认艺术的局限性和它的相对必要性。艺术能够提供一个重要的角斗场,政治知识在其中被把握(也就是,关于当前的历史局限性与未来之可能性的知识),然而,当前条件下的艺术的个体化存在(这反映出这个社会事实,即一些人是"艺术家",而绝大多数劳动之人并非艺术家)导致对真正作为人之生活的否定。就此而言,艺术必须超越其专业化实践,成为整个社会

---

① 莫里斯,《我如何成为一名社会主义者》。

的一个区别性特征。

正如我们所知,莫里斯通过转喻性地将艺术与某种劳动条件、与愉悦与渴望之全面繁荣、与其在前面演讲中提到的"生活之美"等同起来,从而能够提出这种文化政治概念。所有这些实践本质上都是社会性的,反映了所有社会成员共享的条件。因此——正如我们同样所知——它就不再是一个由私有财产定义的社会,而是一个反应"纯粹共产主义"原则的社会。这就意味着莫里斯重申了宣章主义者班迪耶拉的呼吁"诗歌必须被生活!"(Poetry must be lived!):诗歌/美因逃离其美学表征地位而成为人类生活自身的一个区别性特征。

美被政治化表述之双重方式在莫里斯献给社会主义事业的最伟大文学成就《乌有乡消息》中表现出来。《乌有乡消息》连载于《共和国》上,该著作不仅展示了审美之美在产生一个更美好社会之希望方面所起的作用,它还展示了生活于这个社会主义生活世界中之居民体验美的方式。在主人公格斯特离开一个19世纪的社会主义聚会(在这个聚会上,该党派的六个分组就"明天革命[Morrow of the Revolution]之情景"提出不同的观点)后,①他慢慢地走回家。在第一章一开始,莫里斯就设立了一个辩证的冲突,即资本主义社会之丑陋肮脏与产生于对自然美之顿悟中的一个更美好社会图景之间的冲突。格斯特在"匆忙、不满人群之蒸气浴"中行走,在偶遇"一座丑陋的吊桥"之后,他在位于泰晤士河上自己的家门口停下脚步:

> 那是初冬一个美丽的夜晚,空气凛冽的程度刚好使人在离开闷热的房间和臭人熏天的火车车厢之后感到心旷神怡。不久以前稍微转到西北方向的风已经吹散了天空的云,只留下一

---

① 莫里斯,《乌有乡消息》,第 181 页。

两片迅速地向天际飘去。一钩新月升到半空中,当这个回家的人看见这掩映在一棵高大而古老的榆树枝丫间的月亮时,他几乎忘记他是在破旧的伦敦郊区,觉得自己仿佛是在一个美妙的乡间庄园——甚至比他所熟悉的幽深的乡间更加美妙。①

在接下来直到第二章的内容中,这种自然美景之图景(这是一种仍然置身于前拉斐尔主义主义与唯美主义自我概念中的早期莫里斯能够轻而易举描绘出的图景)预示着定义其社会主义生活世界图景的艺术、人类愉悦与自然之美的复兴。的确,对于主人公而言,这种经历在其心中产生"一种模糊的希望——它现在成为一种愉悦,对和平与宁静的希望、对纯净与微笑善意的希望。"②

格斯特在明天革命后醒来,他际遇新世界的种种细节,这些细节慢慢地引出已经发生的巨大社会变革。第一个线索是季节的变化——格斯特睡着的时候是冬天,而现在却是夏天。受该经历导致的认知失调驱使,格斯特冒险来到泰晤士河边晨泳,因此,看到了以清澈的河水、无烟的天空和繁盛的三文鱼为形式表征的生态更新。而且,那座令格斯特倍感惋惜的"丑陋的吊桥",已经不复存在;取而代之的是一座美丽的石桥。只有在见到这些日常之美后,格斯特才通过与一位船夫的相遇明白这个社会中截然不同的经济实践——他为船夫的划船服务付费之尝试,遭遇的是关于他希望付给船夫的这些"友谊象征"之使用与地位方面的一种喜悦的迷茫。总而言之,莫里斯认为的社会主义生活世界是这样的:在这个世界中,每个人的日常生活之错综复杂都充满了美、希望与终极的愉悦。主人公不断地际遇这种表现为建筑、人类服饰、大自然与人类社会的"生活之美",后来,他得知,这种高贵的生存的前提是消

---

① 莫里斯,《乌有乡消息》,第182页。
② 同上。

除私有制、建立纯粹的共产主义制度。①

正如我们在前面指出的,莫里斯在其面向中产阶级听众的演讲中继续讨论艺术,以确保在渴望已久的美学生活之复兴实践(这是该阶级的关注点)与社会主义之建立之间总是有联系。在这一过程中,莫里斯坚持认为,如果个人真正关心艺术生活,那么他必须关注工人阶级的生活与劳作。而且,莫里斯很少在面向工人阶级听众的这些演讲中长篇大论地讨论艺术。然而,在《工人的艺术责任》("The Worker's Share of Art",1885),莫里斯直接讨论了艺术对工人阶级听众与那些阅读《共和国》杂志的社会主义同仁之地位与必要性。在演讲一开始,莫里斯便明确指出其听众可能会对该演讲主题感到吃惊:

> 我能想象我们中的一些同志可能会对上述题目苦笑,他们会想,一本社会主义杂志与艺术有何关联;因此,我在开始就说,我完全明白,该主题在目前资本与工资体系仍然存在的情况下是多么的"不切实际"。然而,这就是我的文章。②

但是,至少对于莫里斯而言,艺术是"人们生活中人之兴趣的具体

---

① 和所有好的文学乌托邦作品一样,《乌有乡消息》较少就社会主义的制度与原则展开说明(尽管其书中也有大量对这些的充分讨论),而是更多地通过形象生动的想象性描述和主要人物角色的话语性构建,来表现这种事物新秩序之"感觉"。从这个意义上说,它试图引发在社会主义世界中的生活经验。毫无疑问,这种文学形式之政治很有趣;这种的文学描述模式吸引读者进入该世界中,且帮助说服她聆听后面的演说。因此,这种审美手法的使用使得作者获得更多该事业的拥护者,从而也会引发更多政治行动。要了解与这些问题相关的对文学乌托邦的有趣讨论,见弗兰克·曼纽尔(Frank E. Manuel)主编《乌托邦与乌托邦思想:及时的评价》(*Utopias and Utopian Thought: A Timely Appraisal*, Boston: Beacon Press, 1967),第219—235页。
② 莫里斯,《工人的艺术责任》(The Worker's Share of Art)(1885),于1885年4月初次发表在《共和国》上,后收录于阿萨·布里格斯主编的《威廉·莫里斯著作与设计选集》(*William Morris: Selected Writings and Designs*, Middlesex: Penguin Books, 1962),第140页。

体现;它源自人们生活中的愉悦",尤其是当这种愉悦与"工作"相关时。① 在这方面,工人阶级在资本主义倾轧下的辛苦劳动直接与艺术自身之"希望与恐惧"相联系:

> 大量的艺术经由工人之手完成,而工人却在商业体系的压迫下生活在——即便在最好的情况下——如此脏乱、令人难以忍受的地方,以至于没有人能生活在那里还能保留自己的理智且不失去对生活之美与喜悦的感受。工业军队在"工业首长"指挥下的发展,正如其他部队的发展一样,能在地球表面、在自然之和平与美好废墟中发现……生活在这种丑陋中的人们是无法感知美的,因此,他们也不能表达这种美。②

莫里斯运用转喻手法将艺术、愉悦、自然美与社会主义会聚合在一起,在这种语境下,莫里斯只能认为其为社会主义革命所进行的当下行动,将有助于赋予其一直酝酿并终生倡导的美学愿望与目标生命力:

> 社会主义为工人争取的首要目标——闲暇,也正是滋养渴望之物——简言之,对美、对知识、对更加丰富生活的渴望。我再次重复,这种闲暇和渴望必定能产生艺术,如果没有这二者,除了无生命、无理性之虚假艺术,便什么也不会产生:因此不仅是工人,而且是整个世界,都将不会肩负起对艺术的责任,直到我们当前的商业社会让位于真正的社会——让位于社会主义。③

---

① 莫里斯,《工人的艺术责任》,第 140 页。
② 同上书,第 141 页。
③ 同上书,第 143 页。

结语　莫里斯与西方马克思主义

如果说我们建立了莫里斯生活与理论之重要性，认为这种重要性是审美话语能够带来政治主体性与政治行动之建构之重要方式的一个指针，那么，到目前为止，我们仍然只是略微提及了莫里斯的文化与政治理论提供给当代理论家的一些本质性问题。不幸的是，许多莫里斯评论家——无论他们是与莫里斯的审美实践与著作相关（麦凯尔），还是与莫里斯的后期社会主义立场相关（迈耶），亦或是与莫里斯的多样性的全部著作相关（汤普森）——都很容易偏离对莫里斯提出的这些实质性理论与概念主题的持续分析。对于这些建立莫里斯摩尼教支派之人（例如麦凯尔和迈耶），这种无能直接与他们对莫里斯多种才能中部分才能之厌恶相关——忽略莫里斯美学生活与其革命社会主义之间的密切联系意味着人们不能认识产生于这种辩证概念集合体中的理论成果。

另一方面，对于这些能更睿智地理解艺术家莫里斯和社会主义者莫里斯之间关系之人，我们碰到另外一些持续处理莫里斯之理论地位方面的阻碍。例如，汤普森在处理莫里斯这方面的问题时，似乎遇到三个绊脚石：第一，汤普森讨论莫里斯的这种显而易见的自传式路径，使得莫里斯的生平、而未必是莫里斯的理论，成为关注的焦点（使他称莫里斯的地位与"道德现实主义"之整体特征相关);第二,汤普森对这些流传在 20 世纪晚期马克思主义传统内之纷繁复杂理论争论的蔑视,使得其看不见莫里斯的潜在重要性;①第三,正如我们在前面指出的,汤普森似乎预设了某种"好理论"的定义,这就使他不能严肃地将莫里斯视为一位理论家。那么,莫里斯作为一位理论家提供给我们的是什么?或者更加具体地说,莫里斯在西方马克思主义传统内提出了什么样的实质性问题与主题,使当代理论家对他感兴趣?

当然,对后一个问题的询问,就是对这个被过度争辩之问题——我们是否能够将莫里斯包括在西方马克思主义传统内——的一种回避。正如我已经陈述过的,莫里斯不仅阅读马克思的著作,并从其社会主义者同仁那里学习马克思的思想,而且他还借用马克思的观点来表述其建构社会主义立场。然而,我们也必须意识到马克思理论立场与莫里斯理论立场之间呈现出的连续与断裂——即使莫里斯阅读和学习过马克思的观点,但他是用一种实用的方式将这些观点包括在其革命社会主义立场中,该立场之框架(更不用说重要的细节)已经由审美话语建构起来。很明显,当莫里斯在著作中表述其社会主义概念时,他发现自己的社会主义概念与马克思的立场在两个方面存在一致性:第一,莫里斯的剥削概念与条件平等原则获得马克思在这方面观点的支持,② 第二,他

---

① 见汤普森,《理论的贫穷》(The Poverty of Theory or an Orrery of Errors),收录于《理论的贫穷及其他》(The Poverty of Theory and Other Essays)(New York: Monthly Review Press, 1978),第 1—210 页。尽管汤普森不断攻击阿尔都塞的立场,但很明显,汤普森对西方马克思主义传统中的各种理论立场与辩论几乎没有耐心。

② 若要了解莫里斯对剥削的态度,尤其是了解当剥削与马克思的剩余价值概念相关时,莫里斯对于剥削的态度,参见第六章的讨论。在莫里斯的平等概念中(参见莫里斯的演讲《平等》["Equality",1888 年], British Museum Additional Manuscripts 45335,梅·莫里斯遗赠,第 219 页),他重申了博朗提出的著名的共产主义原则:"各尽所能,按劳分配"(To everyone according to his needs, from everyone according to his capacities)(莫里斯译),马克思也曾引用过这一原则。但即(转下页注)

很明显感觉到马克思对社会发展(一种"使现代社会主义成为它现在的样子"的概念,借用莫里斯的话)的历史理解,在说服活动家们认为社会主义"至少是不可避免的"这一点上提供了一个重要且必不可少的政治工具。①

然而同时,很明显的是,莫里斯的特殊理论立场与马克思理论立场之间有着重要差别。的确,莫里斯持续去尝试描绘一个愉悦、美和艺术于其中兴旺发展之未来社会主义生活世界,显然使马克思(一位——正如我们所知的——轻视那些他认为在"未来饭馆"中工作之人的人)感到烦恼,且的确引起这些热衷某种马克思主义概念之人的关注。但是,在将莫里斯置于西方马克思主义传统内这方面,这种分歧不应使我们忧虑。最终使西方马克思主义成为一种活的传统的,是参与者建立一种世系与传统之方式(例如,规定该传统内马克思及其他"马克思主义者"使用的概念;通过在马克思著作中定位与发现这些概念的原初意义来确认当下的理解),同时也参与到差异性游戏与概念论战中。也就是说,一种活的传统最终是一种由持续性与断裂性共同建构的传统。② 此外,还有这样一种有趣的方式,即因该传统现代表述所演绎之方式,使现代莫里斯思想成为马克思主义传统的一部分。也就是说,当人们认

(接上页注)使在这里,我们在进一步做这个假设时仍需谨慎,这种假设就是,莫里斯的条件平等原则源自马克思。正如我们前面指出的,莫里斯称其平等概念源自自己的这种思考,即如何重新创造一种世界,美与艺术在这个世界中能够繁荣发展? (参见莫里斯,《我们应该如何生活》,第226页)。

① 莫里斯,《文明的希望》,第74—75页。
② 在以这种方式谈论"传统"时,我依赖于拉克劳和墨菲就其后马克思立场之地位所作的评论。拉克劳和墨菲博采众长,吸收海德格尔、伽达默尔与福柯著作中的营养,他们声称,必须建立一种"对话",这种对话应围绕持续与断裂、认同与破裂进行。那么,正是以这种方式使过去成为一种转瞬即逝的、偶然的实在而非一种绝对的起源,传统才被赋予形式(E.拉克劳主编《无须道歉的后马克思主义》["Post-Marxism Without Apologies"],收录于《我们时代革命的新反思》[*New Reflections on the Revolution of Our Time*,London:Verso Press,1990],第98页)。 (转下页注)

识到莫里斯思想与该传统中后期参与者思想之间之相似性时,莫里斯在该传统中的位置就被凸显出来。

鉴于这些元理论评论,我想要简单介绍一下莫里斯引进的理论创新——这些创新是一些我认为使莫里斯被视为当代理论传统中一个鲜活在场的重要事件。尽管由于本章篇幅有限,我不能如我所愿地那样详细讨论,但我至少希望发起一种他人可以对此做扩展研究的讨论。具体来说,我想简要讨论三个重要的问题:莫里斯对我们称之为"唯物主义"审美立场的表述;他对既作为一种政治理想又作为未来社会主义生活世界首要条件的愉悦与欲望的讨论;以及他提出的生态-社会主义立场。很明显,这三个问题之间是相互联系的。

正如我们已经指出的,莫里斯艺术概念之前提是两个相互交织的概念化——这两个概念化源自莫里斯的早期美学教育与话语,也源自罗斯金对美学生活之睿智分析:第一,美必须被经历,并因此成为每个人日常生活的一个密切组成部分;第二,美之生活与个人之社会条件密切相关。这些主张使得莫里斯很早就意识到美之理想从来不可能在某件艺术作品中实现。而是,美若要在政治上被实现,它就必须超越自己专业化的、崇高的地位,融入到人类之日常生活中。在这方面,艺术与政治的关系从来都不是直接的:如果一个人想要将审美理想与概念移植到日常生活中,那么他就

(接上页注)

尽管这些作者们明确地指向传统的历时维度(这些传统在时间上的一种发展继承关系),我们也能够说在共时方面也是如此。也就是说,无论何时,一种传统,只有当它建立其联系与区别性关系(differential relations)并因此成为概念争战之角斗场时,它才是一种活的传统。这种观念对马克思主义传统的意义就是,这些区别性关系以该时代中不同的物质实践(无论是文化实践、理论实践或者经济实践)为前提。我认为这一点暗含在马克思在《费尔巴哈论纲》中阐述的著名元理论立场中:"所有使理论误入神秘主义之中的神秘,将在人类实践中、在对该实践之理解中,找到答案。"(收录于 R. 塔克,《马克思、恩格斯读本》,第 145 页)。

必须转换这些审美理想与概念的内容与形式,以确保它们与集体政治和社会行动产生关联。这种概念理解经莫里斯转喻性地将美与愉悦及更广泛社会状况联系起来而得以实现。

这种文化政治概念——我将称之为唯物主义审美主义立场——可以从莫里斯有关文化政治之预先讨论追溯到西方马克思主义传统中一些非常重要的后期立场:我们从苏联建构主义者(constructivist)的理想、从情景主义者的理论与实践、甚至从哈贝马斯对后现代立场具有挑衅意味之机敏回答的简短评论中,都看到相似的理论理解。① 所有这些立场的共同点是,一种美和艺术必须与日常生活相关的认识。因此,重要的并不必然是创造另一件伟大艺术作品;而是我们应该尝试将所有好的艺术所暗示之物——愉悦、创造性与欲望之复兴——注入到日常生活中。正如一位杰出的情景主义者凯雅提(Mustapha Khayati)指出:"艺术——情景主义意义上的诗歌——的实现——意味着一个人无法在一件'作品'中实现自己,而是在一段时期中实现自己"②?此外,哈贝马斯在反思达达主义者与超现实主义者之现代主义策略

---

① 要了解着重强调文化政治概念之情景主义(situationalist)理论与实践,参见布拉德利·麦克唐纳著《从奇观到单一的城市生活:重新评价情景主义理论》("From the Spectacle to Unitary Urbanism: Reassessing situationalist Theory"),刊载于《重新思考马克思主义》(*Rethinking Marxism*),第8卷,第2期(1995年夏季刊),第89—111页。参见哈贝马斯,《现代性与后现代性》("Modernity Versus Postmodernity"),刊载于《新德国批评》(*New German Critique*),第22期(1981年冬季刊),第12页。
② 凯雅提(Khayati),《被囚禁的词语:情景主义词典前言》("Captive Words: Preface to a Situationist Dictionary"),收录于 K. 科纳布(K. Knabb)主编《情景主义国际选集》(*The Situationist International Anthology*)(Berkeley: Bureau of Public Secrets, 1981),第172页。当居伊·德波(Guy Debord)这位最杰出的情景主义理论家对情景主义与早期达达主义运动与超现实主义运动之关系进行反思时,他提出来同样的问题:"达达主义想压抑艺术,而不实现它;超现实主义想实现艺术,而不压抑它;后期情景主义所阐述的批判立场表明对艺术的压迫与实现都是对艺术压迫的不可分割的方面"《景观社会》[*Society of the Spectacle*][Detroit: Red and Black, 1983年],第八章,第191页)。至少对于德波而言,"这种对艺术的压迫"暗示着议会共产主义与激进民主的建立。

时，批评了他们的这种预设，即打开一种文化空间必然会改变一种"被物化的日常生活实践"。哈贝马斯接受了韦尔默（Albrecht Wellmer）的建议，他认为，艺术只有以某种方式参与个人的日常生活经验时，它才能产生一种转型的政治效果。哈贝马斯继续说道：

> 审美经验不仅更新了对我们需求的诠释，我们根据这种需求诠释感知世界，它也渗透到我们的认知意义与我们的规范性期待中，改变所有这些时刻与其他时刻相互指称之方式。①

情景主义者为哈贝马斯提出的这种特殊概念补充的是，日常生活之审美化需要欲望与愉悦之繁荣兴盛：的确，就日常生活而言，这就是美所意味的。而且，在该语境下，欲望与愉悦不仅根据其在主体内之个体化表达被感知，而且它们被理解为与更广大的社会与政治实践及社会与政治动力密切相关。毫无疑问，这是一种莫里斯完全赞同的概念化。那么，莫里斯还提出的，就是西方马克思主义传统内的欲望与愉悦政治学之概念化。

在欲望政治方面，与无政府主义立场和当代后现代立场相反，②莫里斯对欲望与物质条件之间联系的理解，对这些马克思主

---

① 哈贝马斯，《现代性与后现代性》，第143页。
② 要了解关于欲望的一种典型无政府主义立场，尤其是有关马克思主义所谓缺点的立场，参见默里·布克钦（Murray Bookchin），《欲望与需求》（"Desire and Need"），收录于《后匮乏社会的无政府主义》（Post-Scarcity Anarchism）（San Francisco: Ramparts Press, 1971），第173—286页。当然，一谈到后现代立场，我们应该意识到利奥塔的早期著作，尤其是他的《力比多经济》（*Libidinal Economy*），以及吉尔·德勒兹（Gilles Deleuze）和费利克斯·瓜塔利（Felix Guattari）的著作（独著或者合著），尤其是《反俄狄浦斯：资本主义与精神分裂症》（Anti-Oedipus: Capitalism and Schizophrenia）（Minneapolis: University of Minnesota Press, 1983），R. 赫尔利（R. Hurley）、M. 西姆（M. Seem）和 H. 莱恩（H. Lane）译。对利奥塔概念的批判，参见贝斯特和凯尔纳著《后现代理论》，第147—160页，和迪尤斯，《瓦解的逻辑》，第128—143页。对德勒兹和加塔利立场的批判，参见贝斯特和凯尔纳著《后现代理论》，第85—109页。

义传统内希望参与到该争论之人尤其重要。对于莫里斯而言,社会主义提供的是,一种创造物质条件的方式,在这种物质条件下,欲望与愉悦能够繁荣、增长(正如他指出的,"社会主义旨在为工人首要争取之物——闲暇,也正是滋生欲望之物")。① 此外,愉悦与欲望这些理想本身(它们本身与艺术生活相联)是一种催生政治斗争的重要话语。显然,这就使我们能够理解为何莫里斯认为未来社会主义生活世界之前提是人类各方面关系(个人关系和生产关系)的欲望与愉悦。

我认为,莫里斯为当代欲望与愉悦政治讨论提供的,是所有好的物质主义者立场提出的重要警示性附带条款。首先,欲望与愉悦从来都只是具体的物质投资,这就暗示着它们没有超出历史之外的生命。也就是说,对于物质主义者而言,欲望是历史地临近(historical imminent)。正是在这个方面莫里斯才能很容易地理解这一点,即资本主义社会催生了一种罕见的、与盈利动机相联的欲望与愉悦过剩,因此,欲望与愉悦能够最终与人类剥削联系起来。② 鉴于欲望与现实物质与社会条件之联系,那么,欲望并非必然具有革命性。这有助于克服一些与后现代立场(尤其是,早期的利奥塔)相关的过分简单化的自然主义假设,这些假设认为所有形式的欲望之自由流动在政治上是进步的。

然而,如果说欲望和愉悦与物质条件之历史变迁紧密相连,那么,它们就拥有一种独特的动力与逻辑,该动力与逻辑能引起人们关注与人类需求相关之严格经济问题之外问题。也就是说,欲望

---

① 莫里斯,《工人的艺术责任》,第 143 页。
② 莫里斯称这些为盈利目的而生产的剩余商品为"奢侈品"、"废品"。对于莫里斯而言,资本家不得不激起人们对这些产品的欲望:"……资本家很清楚,对这些产品的需求没有真正的益处,它们被强塞给大众,通过挑起一种对狭隘之兴奋的怪异的狂热,这种外在的象征,传统上称之为时尚——一种源自有钱人生活空虚的奇异怪物,竞争商业的一种渴望,渴望最大程度地操纵女人,使其成为所谓赚钱的工具"(《艺术与社会主义》,收录于《威廉·莫里斯政治著作集》,第 113—114 页)。

之物质主义概念指向与为获得人类丰富性与独特性而奋斗相关的这些问题。在这方面,我们需要意识到莫里斯掀起了这种讨论,该讨论为西方马克思主义提供了一种进入当代有关欲望与愉悦政治讨论的方式。① 正如我们熟悉的,这种讨论的确出现在弗洛伊德-马克思主义者(尤其是赖希[Wilhelm Reich]和马尔库塞)的作品中。甚至,马尔库塞很早就认识到马克思主义传统中有关愉悦与欲望问题的局限性。马尔库塞在其随笔《论享乐主义》(On Hedonism)(Orig. 1938)中称马克思主义者需要接受"享乐主义"传统之政治重要性,而这种享乐主义经常被传统马克思主义误解为一种主观主义话语。马尔库塞将马克思主义视为"理性哲学"传统的一部分,他认为享乐主义为该传统中这些必要的、片面的、普遍主义的、物质主义的、理想主义的愿望提供了一个平衡物:在提出幸福与享乐之理想时,享乐主义提倡"人类欲求与需求之全面展开、非人劳动过程之解放、为享乐之目的的世界解放"。② 甚至还不如说,莫里斯在西方马克思主义中的重要性直接与其对某种形式之享乐主义的支持有关——这种形式的享乐主义将社会主义描绘为

---

① 我意识到,就马克思主义传统是否应该参与到这一概念化之中,分歧颇多。(例如,参见伊格尔顿《后现代主义的幻想》[*The Illusions of Postmodernism*, Oxford: Basil Blackwell, 1996],第 25 页对"身体话语"[body-talk]的批判)。我认为当今后现代话语中对欲望与愉悦讨论如此多的原因,并非因为它为我们的商品生产提供了一种意识形态上的掩护(尽管任何有效的唯物主义立场就这一点会持反思性立场),而是,持续讨论对欲望、身体与愉悦等,是因为它们反映论日渐重要的政治、社会与文化斗争角斗场。那么,重要的就是不忽视这些新的斗争形势,而是在一种唯物主义框架内表述它们。在这一方面,莫里斯的立场或许提供了一种启发性的概念工具,既使得这些斗争之特性明白易懂,又确保了一种分析,即对这些内嵌于政治经济实践中的斗争之分析。要了解对马克思著作中欲望概念之批判性重构,参见布拉德利·麦克唐纳,《马克思与欲望之画像》("Marx and the Figure of Desire"),载于《重新思考马克思主义》(*Rethinking Marxism*)(待出版)。

② 马尔库塞,《论享乐主义》("On Hedonism"),收录于《否定:批判理论随笔》(*Negations: Essays in Critical Theory*)(Boston: Beacon Press, 1968),第 167 页。

这些不同欲望与愉悦实践之兴盛。①

在转向最后一个莫里斯理论在西方马克思传统中提出的实质性问题时，我们可能会偶遇一个最重要的创新——至少就其与当代政治问题与关注相关而言。鉴于莫里斯对自然的浪漫主义情感（从其早期对前拉斐尔主义的支持、其设计工作及其终生从事的文学生产中，可以清楚地看出来）和他对"生活之美"的全面关注，莫里斯对资本主义的批判——更不用说其社会主义理想——总是与"生态"密切相关。② 对于莫里斯而言，资本主义不仅摧毁了人类、根除了艺术之可能性，而且它还在摧毁自然。在这个方面，莫里斯的理论或许是激进生态学内当前争论的一种重要干涉。③

---

① 莫里斯这样陈述其欲望与愉悦的总目标："我会认为社会主义的实现将倾向于使人们快乐。那么，到底是什么使人们快乐？自由、丰富的生活及一种生活的意识。或者，如果能这么说的话，快乐地使用我们的精力，享受休息，精力的消耗使得休息成为必要。我想这就是所有人的快乐，这种快乐涵盖了所有能力与性情的差别，从最有精力的到最懒散的"(《未来社会》，第191页)。
② 这种立场与我们前面讨论过的莫里斯的美之概念化相关。对于莫里斯而言，我们必须扩展艺术与美的概念，使其超越"这些我们能意识到的艺术作品"，将"我们生活的所有外在"包括进来。(《财阀统治下的艺术》，第58页）。
③ 毫无疑问地，"激进经济学"这个术语囊括了多种差异极大的环境思考传统，尤其是这些与深层生态学、社会生态学、生态女性主义、生态社会主义、生态马克思主义及受现代理论激发的生态思想相关的理论。之所以称这些为"激进的"，是因为这种方式，即这些理论都认为广泛的结构实践（无论是文化的、经济的、政治的和/或社会的）都源自世界面对的生态危机，因此，它们就坚持彻底转变之必要性，以带来一种生态持续发展的社会。要了解对该传统的重要近代综述，参见罗宾·艾克斯利(Robyn Eckersley)，《环境保护主义与政治理论：一种生态中心的路径》(*Environmentalism and the Environmental Crisis: Toward an Ecocentric Approach*)(Albany: State University of New York Press, 1992)，和卡罗琳·麦钱特(Carolyn Merchant)，《激进生态学：寻找可生活之世界》(*Radical Ecology: The Search for a Livable World*)(New York: Routledge, 1992)。要了解激进生态学和后现代主义，参见迈克尔·齐默尔曼(Michael Zimmerman)，《与地球的未来抗辩：激进生态学与后现代性》(*Contesting Earth's Future: Radical Ecology and Postmodernity*)(Berkeley: University of California Press, 1994)和艾伦·加雷(Arran Gare)，《后现代主义与环境危机》(*Postmodernism and the Environmental Crisis*)(New York: Routledge, 1995)。

尽管学者们的确认为莫里斯是一位重要的生态思想家,但在将莫里斯置于激进生态学立场之万神殿中的何处时,通常他们的看法不一。例如,我们发现艾克斯利(Robyn Eckersley)公开将莫里斯置于"生态无政府主义"(eco-anarchism)阵营中,①而佩珀(David Pepper)则指向莫里斯作为一名生态社会主义思想家之中心性。②毫无疑问,该问题与 19 世纪晚期英国无政府主义与社会主义之表述方式有关:不仅无政府主义者与社会主义者在同一个政治机构中工作,而且,由于这种实践上的近似性,他们在批判资本主义、拥护某种形式的共产主义方面的理论立场非常近似。③就莫里斯与当代讨论之相关性而言,或许更为重要的是,莫里斯的生态理论——鉴于该理论在概念上与政治上的表面矛盾——可能是填补当前激进生态学辩论中某些政治-理论鸿沟的一种重要方式。作为一名社会主义者,莫里斯显然意识到,生态破坏与基于盈利动机之体系相关的外部不经济紧密相关,并且他像后来的生态社会主义者一样认为,社会主义之建立将会确保一个生态可持续世界的出现。此外,他的社会主义洞见包括根除由资本主义生产带来的"虚假需求",因此也是一种对个人欲望与愉悦的简化。鉴于这些发展,制造污染之机器将成为非必需品(尽管莫里斯清楚表明,机器的存在是为了处理这些人不希望亲自去做的工作);个人将开始分散到去中心化的集体中中,在这个过程中,个人生活更加

---

① 艾克斯利,《环境保护主义与政治理论》,第 163—164 页。
② 佩珀(Pepper),《生态社会主义:从深层生态学到社会正义》(*From Deep Ecology to Social Justice*)(London:Routledge,1993),第 62—63 页。然而,即使在这里我们也发现佩珀思想中的某种矛盾。因为,尽管他公开声称莫里斯是一位重要的生态社会主义拥护者(甚至是一位生态马克思主义拥护者),然而他同时也认为莫里斯的《乌有乡消息》是一个重要的"无政府主义共产主义乌托邦"(anacho-communist utopia)例子(第 176—185 页)。
③ 这在约翰・奎尔(John Quail)的《慢慢燃烧的导火线:英国无政府主义者逝去的历史》(*The Slow Burning Fuse:The Lost History of the British Anarchists*)(London:Paladin Books,1978)中很好地展现出来。

亲近自然；而且，大自然将会获得新生，并在这个过程中美化人类的日常生活。

如果当下有什么在激进生态思想中产生分歧的话，那就是这种所谓的选择——这种"人类中心论"(anthropocentric)立场(该立场视人类解放价值为最高理想——尽管该理想与生态再生紧密相关，这种立场表现在社会生态学、生态社会主义及某些形式的生态女性主义中)与"生态中心论"立场(该立场认为自然或"生态系统"具有不受自身与人类需求和欲望之间关系影响的某种内在价值，该立场表现在深层生态学、某些形式的环境伦理哲学和生态女性主义中)之间的选择。① 莫里斯的激进生态立场在这两种总的立场之间起作用——鉴于莫里斯生态洞见之美学根源，莫里斯同样关注人类解放(他认为只有建立一种社会主义制度下的愉悦生活，才能实现人类解放)与自然的内在价值。因为，莫里斯深切感受到的是：只有存在对人类幸福之重要目标和对自然之内在价值的双重忠诚，才会有美和艺术。而作为一位社会主义者和革命社会主义者，这一目的比理论分歧与概念困境更为重要。

---

① 要了解这种分歧，参见艾克斯利，《环境保护主义与政治理论》，第49—71页。

参考文献

Adorno, Theodor, and Max Horkheimer. *Dialectic of Enlightenment*. New York: Continuum Publishing, 1972.
——. *Minima Moralia: Reflections from Damaged Life*. Trans. by E. F. N. Jephcott. London: Verso, 1974.
——. "Commitment." *The Essential Frankfurt School Reader*. Ed. by Andrew Arato and Eike Gebhardt. New York: Urizen Books, 1978.
——. *Aesthetic Theory*. Trans. by C. Lendhardt. London: Routledge and Kegan Paul, 1986.
Aho, Gary. *William Morris: A Reference Guide*. Boston: G. K. Hall and Co., 1985.
Allen, P. R. "F. D. Maurice and J. N. Ludlow: A Reassessment of the Leaders of Christian Socialism." *Victorian Studies* XI (June 1968).
Althusser, Louis. *Lenin and Philosophy*. New York: Monthly Review Press, 1971.
Altick, Richard. *Victorian People and Ideas*. New York: W. W. Norton, 1972.
Anderson, Perry. *Considerations on Western Marxism*. London: Verso, 1976.
——. *Arguments Within English Marxism*. London: Verso, 1980.
Arnot, R. Page. *William Morris: A Vindication*. London: Lawrence Wishart, 1934.
——. "William Morris, Communist." *Marxist Quarterly Review* 2, no. 4 (October 1955).
——. *William Morris: The Man and The Myth*. London: Lawrence and Wishart, 1964.
Ashcraft, Richard. "Political Theory and the Problem of Ideology." *The Journal of Politics* 42 (1980).
——. *Revolutionary Politics and Locke's Two Treatises on Government*. Princeton: Princeton University Press, 1986.
——. "A Victorian Working Class View of Liberalism and the Moral Life," unpublished paper presented to the Conference for the Study of Political Thought, New York, 1988.
Banham, Joanna, and Jennifer Harris (eds). *William Morris and the Middle Ages*. Manchester: Manchester University Press, 1984.
Barrett, Michele. *The Politics of Truth: From Marx to Foucault*. Stanford: Stanford University Press, 1991.
Barthes, Roland. *Mythologies*. Trans. by Annette Lover. New York: Hill and Wang, 1985.

Baudrillard, Jean. *For a Critique of the Political Economy of the Sign.* St. Louis: Telos Press, 1981.
Beer, Max. *A History of English Socialism* (2 Vols.). New York: Humanities Press, 1948.
Benjamin, Andrew (ed). *The Lyotard Reader.* Oxford: Basil Blackwell, 1989.
Benjamin, Walter. *Reflections.* Trans. by Edmund Jephcott. New York: Harcourt Brace Jovanovich, 1978.
Bennett, Tony. *Formalism and Marxism.* London: Routledge, 1979.
Best, Stephen, and Douglas Kellner. *Postmodern Theory: Critical Interrogations.* New York: Guilford Press, 1992.
Boime, Albert. "Ford Madox Brown, Thomas Carlyle, and Karl Marx: Meaning and Mystification of Work in the Nineteenth Century." *Arts Magazine* 56, no. 1 (September 1981).
Bookchin, Murray. *Post-Scarcity Anarchism.* San Francisco: Ramparts Press, 1971.
Boos, Florence. "The Evolution of 'The Wanderers Prologue'." *PLL* 20, no. 4 (1984).
Boos, Florence, and William Boos. "The Utopian Communism of William Morris." *History of Political Thought* VII, no. 3 (Winter 1986): 489-510.
Boos, Florence, and Carol Silver (eds). *Socialism and the Literary Artistry of William Morris.* Columbia, MO: University of Missouri Press, 1990.
Boris, Eileen. *Art and Labor: Ruskin, Morris and the Craftsman Ideal in America.* Philadelphia: Temple University Press, 1986.
Bourdieu, Pierre. *Distinctions: A Social Critique of the Judgements of Taste.* Cambridge, MA: Harvard University Press, 1984.
Bourdieu, Pierre, and Loic Wacquant. *An Invitation to Reflexive Sociology.* Chicago: University of Chicago Press, 1992.
Briggs, Asa. *Victorian People: A Reassessment of Persons and Themes, 1851-67.* New York: Harper and Row, 1963.
―――. "The Language of 'Class' in Early Nineteenth-Century England." In *History and Class: Essential Readings in Theory and Interpretation.* Ed. by R. S. Neal. Oxford: Oxford University Press, 1983.
Brinton, Crane. *The Political Ideas of the English Romanticists.* Ann Arbor: University of Michigan Press, 1966.
Buick, Adam. "William Morris and Incomplete Communism: A Critique of Paul Meier's Thesis." *The Journal of the William Morris Society* III, no. 2 (Summer 1976).
Bulluck, Chris, and David Peck (eds). *Guide to Marxist Literary Criticism.* Bloomington: Indiana University Press, 1980).
Callari, Antonio, and David Ruccio (eds). *Postmodern Materialism and the Future of Marxist Theory: Essays in the Althusserian Tradition.* Hanover: Wesleyan University Press, 1996.
Carlyle, Thomas. *Sartor Resartus.* New York: The Odyssey Press, 1930.
―――. *Past and Present.* New York: New York University Press, 1965.
Carpenter, Edward. "William Morris." *Freedom* X, no. 111 (Dec. 1896).

Casement, William. "Morris on Labor and Pleasure." *Social Theory and Practice* 12, no. 3 (Fall 1986).

Chandler, Alice. *Dream of Order: The Medieval Ideal in Nineteenth Century English Literature*. Lincoln: University of Nebraska Press, 1970.

Clark, Kenneth. *The Gothic Revival: An Essay in the History of Taste*. London: John Murray, 1962.

Cole, G. D. H., and Richard Postgate. *The British Common People: 1746-1946*. London: Metheun, 1961.

Cole, Henry. *Fifty Years of Public Work* (2 Vols.). London: George Bell and Sons, 1884.

Commonweal, 1884-90.

Crouzet, Francois. *The Victorian Economy*. New York: Columbia University Press, 1982.

Daily News, London, 1850-51.

Debord, Guy. *The Society of the Spectacle*. Detroit: Red and Black, 1983.

Deleuze, Gilles and Félix Guattari. *Anti-Oedipus*. Minneapolis: University of Minnesota Press, 1983.

Derrida, Jacques. "Sending: On Representation." *Social Research* 49, no. 2 (Summer 1982).

Dews, Peter. *Logics of Disintegration: Post-Structuralist Thought and the Claims of Critical Theory*. London: Verso, 1987.

Dinwiddy, J. R. *From Luddism to the First Reform Bill: Reform in England, 1810-1832*. London: Basil Blackwell, 1986.

Eagleton, Terry. *Criticism and Ideology*. London: New Left Books, 1976.

———. *Marxism and Literary Criticism*. Berkeley: University of California Press, 1976.

———. *The Function of Criticism: From the Spectator to Post-structuralism*. London: Verso, 1984.

———. *The Illusions of Postmodernism*. Oxford: Blackwell Publishers, 1996.

Eckersley, Robyn. *Environmentalism and Political Theory: Toward an Ecocentric Approach*. Albany: State University of New York Press, 1992.

Eclectic Review, 1850-51.

Egbert, Donald Drew. *Social Radicalism and the Arts: Western Europe*. New York: Alfred A. Knopf, 1970.

Engels, Friedrich. *The Condition of the Working-class in England*. Moscow: Progress Publishers, 1973.

Ensor, R. C. K. *England: 1870-1914*. Oxford: Clarendon Press, 1987.

Faulkner, Peter (ed.). *William Morris: The Critical Heritage*. London: Routledge and Kegan Paul, 1973.

Fay, C. R. *Palace of Industry, 1851: A Study of the Great Exhibition and it Fruits*. Cambridge: Cambridge University Press, 1951.

Ffrench, Yvonne. *The Great Exhibition: 1851*. London: Harvill Press, 1950.

Foucault, Michel. *Language, Counter-memory, Practice: Selected Essays and Interviews*. Trans. by Donald Bouchard and Sherry Simon. Ithaca, NY: Cornell University Press, 1977.

———. *Power/Knowledge: Selected Interviews and Other Writings, 1972-1977*. Trans. by Colin Gordon. New York: Pantheon Books, 1980.
———. *History of Sexuality, Volume One: An Introduction*. Trans. by Robert Hurley. New York: Vintage Books, 1980.
Fraser, Hilery. *Beauty and Belief: Aesthetics and Religion in Victorian Literature*. Cambridge: Cambridge University Press, 1986.
Gadamer, Hans-Georg. *Dialogue and Dialectic: Eight Hermeneutical Studies on Plato*. Trans. by P. Christopher Smith. New Haven: Yale University Press, 1980.
Gardner, Delbert. *An "Idle Singer" and His Audience: A Study of William Morris's Poetic Reputation in England, 1858-1900*. The Hague: Mouton and Co., 1974.
Gare, Arran. *Postmodernism and the Environmental Crisis*. New York: Routledge, 1995.
Graff, Gerald. *Literature Against Itself: Literary Ideals in Modern Society*. Chicago: University of Chicago Press, 1979.
Grennan, Margaret. *William Morris: Medievalist and Revolutionary*. Morningside Heights, NY: King's Crown Press, 1945.
Guinn, John Pollard. *Shelley's Political Thought*. The Hague: Mouton and Co., 1969.
Gunnell, John. *Between Philosophy and Politics: The Alienation of Political Theory*. Amherst: University of Massachusetts Press, 1986.
Habermas, Jürgen. "Modernity Versus Postmodernity." *New German Critique*, no. 22 (Winter 1981).
Hall, Stuart. "The Problem of Ideology—Marxism Without Guarantees." *Journal of Communication Inquiry* 10, no. 2 (Summer 1986).
Hauser, Arnold. *The Social History of Art* (4 Vols.). New York: Vintage Books, 1951.
———. *The Philosophy of Art History*. Evanston: Northwestern University Press, 1985.
Heidegger, Martin. *Poetry, Language, Thought*. Trans. by Alfred Hofstadter. New York: Harper and Row, 1971.
———. *The Question Concerning Technology and Other Essays*. Trans. by William Lovitt. New York: Harper and Row, 1977.
Helmhotz-Phelan, Anna. *The Social Philosophy of William Morris*. Durham: Duke University Press, 1927.
Henderson, Philip. *William Morris*. London: Longman and Green and Co., 1952.
———. *William Morris: His Life, Work and Friends*. London: Andre Deutch Limited, 1986.
Hinton, James. *Labour and Socialism: A History of the British Labour Movement, 1867-1974*. Sussex: Wheatsheaf Books, 1983.
Hobsbawm, E. J. *Industry and Empire*. London: Penguin Books, 1968.
———. *The Age of Capital: 1848-1875*. New York: New American Library, 1975.
Hobson, J. A. *John Ruskin: Social Reformer*. Boston: Dana Estes and Co., 1898.

Horkheimer, Max. *The Eclipse of Reason*. New York: Continuum Publishing, 1974.
Hough, Graham. *The Late Romantics*. London: Methuen, 1947.
Houghton, Walter. *The Victorian Frame of Mind, 1830-1870*. New Haven: Yale University Press, 1957.
Howell, David. *British Workers and the Independent Labour Party, 1888-1906*. Manchester: Manchester University Press, 1983.
Hunt, Lynn. *Politics, Culture, and Class in the French Revolution*. Berkeley: University of California Press, 1984.
Jakubowski, Franz. *Ideology and Superstructure*. London: Allison Busby, 1976.
Jameson, Fredric. *Marxism and Form: Twentieth-century Dialectical Theories of Literature*. Princeton: Princeton University Press, 1971.
———. *The Political Unconscious: Narrative as a Socially Symbolic Act*. Ithaca, NY: Cornell University Press, 1981.
Kaplan, Alice Yaeger. *Reproductions of Banality: Fascism, Literature and French Intellectual Life*. Minneapolis: University of Minnesota Press, 1986.
Knabb, Ken (ed). *The Situationist International Anthology*. Berkeley: Bureau of Public Secrets, 1981.
Kocmanova, Jessie. "The Aesthetic Opinions of William Morris." *Comparative Literature Studies* IV, no. 4 (1967).
Kumar, Krishan. "News From Nowhere: The Renewal of Utopia." *History of Political Thought* XIV, no. 1 (Spring 1993): 133-143.
Laclau, Ernesto. *New Reflections on the Revolution of Our Time*. London: Verso, 1990.
Laclau, Ernesto, and Chantal Mouffe. *Hegemony and Socialist Strategy: Towards a Radical Democratic Politics*. London: Verso, 1985.
Lang, Berel, and Forrest Williams (eds). *Marxism and Art: Writings in Aesthetics and Criticism*. New York: David McKay Co., 1972.
Lentricchia, Frank. *After the New Criticism*. Chicago: University of Chicago Press, 1980.
Lindsay, Jack. *William Morris: A Biography*. New York: Toplinger Publishing Co., 1979.
Loesberg, Jonathan. *Aestheticism and Deconstruction: Pater, Derrida, and De Man*. Princeton: Princeton University Press, 1991.
Lovett, William. *Life and Struggles of William Lovett*. London: Macmillan & Kee, 1967.
Lyotard, Jean-Francois. *The Postmodern Condition: A Report on Knowledge*. Minneapolis: University of Minnesota Press, 1984.
———. *Driftworks*. Trans. by Roger Mckeon. New York: Semiotext(e), 1984.
———. *The Differend: Phrases in Dispute*. Trans. By Georges Van Den Abbeele. Minneapolis: University of Minnesota Press, 1988.
———. *The Libidinal Economy*. Trans. by I. Hamilton Grant. Bloomington: Indiana University Press, 1993.
Lyotard, Jean-Francois, and J. Thebaud. *Just Gaming*. Minneapolis: University of Minnesota Press, 1985.

MacCarthy, Fiona. *William Morris: A Life of Our Time.* New York: Alfred A. Knopf, 1995.
Macdonald, Bradley. "Political Theory and Cultural Criticism: Towards a Theory of Cultural Politics." *History of Political Thought* XI, no. 3 (Autumn 1990).
———. "From the Spectacle to Unitary Urbanism: Reassessing Situationist Theory." *Rethinking Marxism* 8, no. 2 (Summer 1995).
———. "Marx and the Figure of Desire." *Rethinking Marxism* (forthcoming).
Macharey, Pierre, and Etienne Balibar. "Literature as an Ideological Practice: Some Marxist Propositions." *Praxis: A Journal of Cultural Criticism*, no. 5 (1981).
Mackail, J. W. *The Life of William Morris* (2 Vols.). London: Longman and Green and Co., 1922.
Marcuse, Herbert. *One-Dimensional Man: Studies in the Ideology of Advanced Industrial Society.* Boston: Beacon Press, 1964.
———. *Negations: Essays in Critical Theory.* Boston: Beacon Press, 1968.
———. *The Aesthetic Dimension: Towards a Critique of Marxist Aesthetics.* Boston: Beacon Press, 1977.
Marx, Karl. *Early Writings.* Trans. by Rodney Livingston and Gregor Benton. London: Penguin Books, 1975.
———. *Capital: Volume One.* Trans. by Ben Fowkes. New York: Random House, 1977.
———. *Marx: Later Political Writings.* Trans. by T. Carver. Cambridge: Cambridge University Press, 1996.
Marx, Karl, and Friedrich Engels. *The Marx-Engels Reader.* Ed. by R. Tucker. New York: W. W. Norton, 1978.
Megill, Allan. *Prophets of Extremity: Nietzsche, Heidegger, Foucault, Derrida.* Berkeley: University of California Press, 1985.
Meier, Paul. *William Morris: The Marxist Dreamer* (2 Vols.). Atlantic Highlands: Humanities Press, 1978.
Mepham, John, and David Ruben (eds). *Issues in Marxist Philosophy, Volume III: Epistemology, Science, Ideology.* London: Harvester Press, 1979.
Merchant, Carolyn. *Radical Ecology: The Search for a Livable World.* New York: Routledge, 1992.
Millman, Richard. *Britain and the Eastern Question, 1875-1878.* Oxford: Clarendon Press, 1979.
Morris, R. J. *Class and Class Consciusness in the Industrial Revolution, 1780-1850.* London: Macmillan Publishers, 1979.
Morris, William. British Museum Additional Manuscripts 45331-4, May Morris Bequest.
———. British Museum Additional Manuscripts 45891, Hammersmith Socialist Society Papers.
———. The Ashley Library Manuscripts 1218, Folios 1-4.
———. "How I Became a Socialist." *Justice*, June 16, 1894.

———. *The Earthly Paradise* (4 Vols.). London: Longman and Green and Co., 1902.
———. *Collected Works of William Morris* (23 Vols.). Ed. by May Morris. London: Longman and Green and Co., 1914.
———. *Prose and Poetry by William Morris*. Oxford: Oxford University Press, 1920.
———. *William Morris: Artist, Writer, Socialist* (2 Vols.). Ed. by May Morris. London: Basil Blackwell, 1936.
———. *William Morris: Selected Writings and Designs*. Ed. by Asa Briggs. Middlesex: Penguin Books, 1962.
———. *Three Works by William Morris*. Ed. by A. L. Morton. New York: International Publishers, 1968.
———. *The Unpublished Lectures of William Morris*. Ed. by Eugene Lemire. Detroit: Wayne State University Press, 1969.
———. "How Shall We Live Then?" Ed. by Paul Meier. *International Review of Social History* XVI (1971).
———. *The Political Writings of William Morris*. Ed. by A. L. Morton. New York: International Publishers, 1973.
———. *The Collected Letters of William Morris* (Vol. I). Ed. by Norman Kelvin. Princeton: Princeton University Press, 1984.
———. *The Collected Letters of William Morris* (Vol. II). Ed. by Norman Kelvin. Princeton: Princeton University Press, 1987.
William Morris Today. London: Institute For Contemporary Art, 1984.
Morton, A. L. "Morris, Marx and Engels." *The Journal of the William Morris Society* VII, no. 1 (Autumn 1986).
Morton, A. L., and George Tate. *The British Labour Movement*. London: Lawrence and Wishart, 1956.
Naslas, Michael. "Mediaevalism in Morris's Aesthetic Theory." *The Journal of the William Morris Society* V, no. 1 (Summer 1982).
Pepper, David. *Eco-socialism: From Deep Ecology to Social Justice*. London: Routledge, 1993.
Pevsner, Nikolaus. *Pioneers of Modern Design: From William Morris to Walter Gropius*. London: Penguin Books, 1960.
———. *Studies In Art, Architecture and Design: Victorian and After*. Princeton: Princeton University Press, 1968.
Pierson, Stanley. *Marxism and the Origins of British Socialism: The Struggle for a New Consciousness*. Ithaca, NY: Cornell University Press, 1973.
Pocock, J. G. A. *Virtue, Commerce, and History: Essays on Political Thought and History, Chiefly in the Eighteenth Century*. Cambridge: Cambridge University Press, 1985.
Punch, 1850-51.
Quail, John. *The Slow Burning Fuse: The Lost History of the British Anarchists*. London: Paladin Books, 1978.
The Red Republican & The Friend of the People. Intro. by John Saville. London: Merlin Press, 1966.

Reynold's Political Instructor, 1849-1851.
Rose, Gillian. *The Melancholy Science: An Introduction to the Thought of Theodor Adorno*. New York: Columbia University Press, 1978.
Rothstein, Theodore. *From Chartism to Labourism*. London: Lawrence and Wishart, 1983.
Ruskin, John. *Modern Painters* (Vol. II). New York: John Wiley and Sons, 1872.
———. *Fors Clavigera* (4 Vols.). London: George Allen, 1896.
———. *The Works of John Ruskin*, Vol. XII. London: George Allen, 1904.
———. *The Stones of Venice* (2 Vols.). Boston: The Colonial Press, 1912.
———. *The Political Economy of Art, Unto This Last, and Essay on Political Economy*. New York: J. M. Dent and Sons, Ltd., 1968.
———. *The Genius of John Ruskin*. Ed. by John D. Rosenberg. London: Routledge and Kegan Paul, 1979.
———. *The Seven Lamps of Architecture*. New York: Farrar, Straus and Giroux, 1986.
Sambrook, James (ed.). *Pre-Raphaelitism: A Collection of Critical Essays*. Chicago: University of Chicago Press, 1974.
Samuel, Ralph. "British Marxist Historians, 1880-1980: Part One." *New Left Review*, no. 120 (1980).
Shapiro, Michael. "Literary Production as a Politicizing Practice." *Political Theory* 12, no. 3 (August 1984).
Shelley's Prose. Ed. by David Lee Clark. London: Fourth Estate, 1988.
Sherbourne, John Clark. *John Ruskin, or the Ambiguities of Abundance: A Study in Social and Economic Criticism*. Cambridge, MA: Harvard University Press, 1972.
Short, Audrey. "The Great Exhibition of 1851." Doctoral Dissertation in History, University of Cincinnati, 1968.
Skinner, Quentin. *The Foundations of Modern Political Thought, Volume One: The Renaissance*. Cambridge: Cambridge University Press, 1978.
Solomon, Maynard (ed.). *Marxism and Art: Essays Classic and Contemporary*. Detroit: Wayne State University Press, 1979.
Spear, Jeffrey L. *Dreams of an English Eden: Ruskin and his Tradition in Social Criticism*. New York: Columbia University Press, 1984.
Sprinker, Michael. *Imaginary Relations: Aesthetics and Ideology in the Theory of Historical Materialism*. London: Verso Press, 1987.
Stansky, Peter. *William Morris*. Oxford: Oxford University Press, 1983.
———. *Redesigning the World: William Morris, the 1880s, and the Arts and Crafts*. Princeton: Princeton University Press, 1985.
Swinburne, A. C. *Lesbia Brandan*. London: Methuen, 1952.
Thomson, David. *England in the Nineteenth Century*. Middlesex: Penguin Books, 1985.
Thompson, E. P. *The Making of the English Working Class*. New York: Vintage Books, 1966.

――――. *William Morris: Romantic to Revolutionary.* New York: Pantheon, 1976.
――――. *The Poverty of Theory and Other Essays.* New York: Monthly Review Press, 1978.
The Times, London, 1850-51.
Villiers, Brougham, *The Socialist Movement in England.* London: T. Fishcher Unwin, 1908.
Williams, Raymond, *Marxism and Literature.* Oxford: Oxford University Press, 1977.
――――. *Politics and Letters.* London: Verso, 1979.
――――. *Problems in Materialism and Culture.* London: Verso, 1980.
――――. *The Sociology of Culture.* New York: Schocken Books, 1981.
――――. *Culture and Society: 1780-1950.* New York: Columbia University Press, 1983.
Williamson, Audrey, *Artists and Writers in Revolt: The Pre-Raphaelites.* Philadelphia: The Art Alliance Press, 1976.
Wolff, Janet, *The Social Production of Art.* New York: New York University Press, 1984.
Zimmerman, Michael. *Contesting Earth's Future: Radical Ecology and Postmodernity.* Berkeley: University of California Press, 1994.

索 引

Abbott, Mr., 36
Addison, Joseph, 46; *The Spectator*, 46
Adorno, Theodor, 9-11, 13, 14, 15, 17, 86
Aesthetic Movement, xvii, 90-92, 93
aestheticism, xi, xvii, 18, 75, 76, 84, 91, 94, 112, 129, 143
aestheticist position, xv, 2, 3, 12, 14-17, 84, 93, 94, 142, 152, 153
Althusser, Louis, 7-9
Amiens Cathedral, 78, 79, 86
anarchisim, 124, 131, 140, 154, 155
Anderson, Perry, xiv, 9
Anti-Scrape, 101, 102, 126. See also Society for the Protection of Ancient Buildings
Aquinas, St. Thomas. xv
Aristocracy, 28, 29, 45, 46, 50, 80
Aristotle, 5
Arnot, R. Page, 125
arts and crafts movement, xi, 88
"Art and the Beauty of the Earth" (Morris), 113
"Art and the People: A Socialist's Protest against Capitalism Brutality, Addressed to the Working Classes" (Morris), 127
"The Art of the People" (Morris), 108
"Art Under Plutocracy" (Morris), 103, 116, 127
"Art, Wealth and Riches" (Morris), 127
Ashcraft, Richard, 16
The Athenaeum, 101
Aveling, Edward, 131
Aveling-Marx, Eleanor, 131

Balibar, Etienne, 8
Ball, John, 132
Bandiera, 94-95; "Poetry to Be Lived," 94
Baudelaire, Charles, 10
Baudrillard, Jean, 34
Bauhaus movement, 32
beauty, xii, xiv, xvi, xvii, xviii, 18, 35, 38, 44, 46, 49, 50, 59, 63, 66, 67, 75, 76, 78, 79, 81, 82, 84, 85, 88, 89, 91, 92, 93, 94, 95, 96, 101, 104, 105, 106, 107, 108, 110, 111, 112, 113, 117, 123, 129, 141, 142, 143, 144, 145, 152, 153, 155, 156; of gothic architecture, 65; of gothic forms, 60; Typical, 56; Vital, 53-58, 60, 61-62
"The Beauty of Life" (Morris), 107
Beer, M., 132
Beckett, Samuel, 13
Bellamy, Edward, 137
Benjamin, Walter, 33, 34, 37
Bishop of Oxford, 36
Blake, William, 84
Bourdieu, Pierre, aesthetic production, 8; attempt to overcome dualisms, 7; *Distinctions: A Social Critique of the Judgements of Taste*, 8; habitus, 8; field, 7
bourgeoisie, 26, 27, 28, 29, 39, 45, 46, 49, 50, 85, 86, 91. See also middle class
Brecht, Bertolt, 10
Briggs, Asa, 27, 29
Brown, Ford Maddox, 50, 85, 87; "Work," 50
Browning, Robert, 77, 81, 84, 91
Burke, Edmund, 48
Burne-Jones, Edward, 77, 87
Burne-Jones, Georgiana, 114
Burrows, Henry, 115
Byron, Lord, 77, 84

Capital (Marx), 123, 124
capitalism, 9, 11, 15, 25, 26, 27, 29, 34, 37, 38, 43, 44, 48, 50, 57, 64, 67, 82, 83, 84, 111, 113, 129, 132, 135, 136, 137, 138, 139, 144, 155
Carlyle, Thomas, 28, 29, 44, 49-50, 77, 80-81, 82, 83; *Past and Present*, 77, 80
Carpenter, Edward, xi-xii
Casement, William, xiii
Catalogue of the Great Exhibition, 31
"The Charter and Something More" (Harney), 134
Chartism, 26, 27, 28, 31, 35, 36, 58, 80, 133, 134
Chorley, H. F., 88
Christian socialism, 50
Christianity, 62, 81
Cobbett, William, 46, 80, 111; *A History of the Reformation in England and Ireland, 80*; *Political Register*, 46
Cobden, Richard, 27

Cole, Henry, 25, 30-31
Colloquies (Southey), 80
Commonweal, 130, 143, 144
The Communist Manifesto (Marx and Engels), 134
conservatism, 54, 55
Contrasts; or, a Parallel between the Noble Edifices of the Middle Ages and the corresponding Buildings of the Present Day, showing the Present Decay of Taste (Pugin), 81
The Co-operative Magazine, 133
Cooperative Movement, 27
Corn Laws, 27, 29, 30
Corresponding Societies, 46
Crystal Palace, 25, 30-35, 39, 43, 44
Crystal Palace Company, 32
Croyden Resolution, 131
cultural criticism, 5, 8, 17, 45-48, 49, 58
cultural politics, xiii, xv, xvii, 2, 3, 4, 5, 6, 10, 12, 13, 14, 16, 17, 18, 25, 79, 82, 84, 142, 143, 153
Culture and Society: 1750-1950 (Williams), 47-48

Dadaists, 153
decorative arts, xi, xvii, 25, 34, 39, 76, 83, 87, 88, 94, 102, 103, 104, 105, 108, 109, 110, 126
deep ecology, 155
The Defense of Guenevere (Morris), 25, 88, 89
Democratic Federation, xvii, 103, 118, 123, 126, 131
Derrida, Jacques, 2, 14
DF. *See* Democratic Federation
desire, xii, xvi, xvii, 3, 28, 29, 60, 79, 82, 92, 93, 111, 113, 114, 136, 137, 141, 142, 143, 145, 152, 153, 154, 155
Dickens, Charles, 36
Diggers Movement, 132
dignity of labor, 29, 36, 37, 38, 39
discourse on labor, 26, 29, 37, 38
Distinctions: A Social Critique of the Judgements of Taste (Bourdieu), 8
A Dream of John Ball (Morris), 132

Eagleton, Terry, 15, 45-49; *The Function of Criticism: From The Spectator to Post-Structuralism,* 45
The Earthly Paradise (Morris), 88, 89, 90, 92-93, 104, 115
Eastern Question Association, 116
Eckersley, Robyn, 155
The Eclectic Review, 36
eco-anarchism, 155
eco-feminism, 155, 156
eco-Marxism, xvii

eco-socialism, xvii, 152, 155
"The Ends and the Means" (Morris), 138
Engels, Friedrich,134, 135; *The Communist Manifesto,* 134
enjoyment, 35, 38, 39, 47, 50, 56, 58, 60, 62, 88, 92, 106, 142, 144, 154
EQA. *See* Eastern Question Association
equality, 52, 54, 57, 58, 64, 66, 67, 83, 109, 110, 114, 118, 133, 136, 137, 140, 142, 152
Enlightenment, 12, 85
exploitation, 33, 38, 51, 58, 59, 66, 108, 112, 118, 129, 133, 138, 139, 140, 152, 154
Eyck, Van, 111

Fabian Society, 136-137
Fabianism, 136-137
Factory Acts, 77, 133
Faulkner, Charles, 77
feminism, 46
feudalism, 34
Feuerbach, Ludwig, 7
First Reform Bill of 1832, 26, 27
Fors Clavigera (Ruskin), 59
Foucault, Michel, 2, 12, 13
Fourier, Charles, 52, 53, 125
Frankfurt School, 9, 11, 13, 14, 44
freedom, 8, 9, 11, 31, 51, 57, 60, 62, 64, 65, 66, 95, 108, 111, 133
French Revolution, 34
Freudo-Marxists, 154
The Function of Criticism: from The Spectator to Post-Structuralism (Eagleton), 45

The Germ, 85
Glasse, John, 131
Gospel of Work, 28, 29, 50
Gothic architecture, 53, 62, 65, 77, 79, 81, 86, 87, 101
"The Gothic Revival" (Morris), 81
Gothic revival, 81, 82, 87
Gothic Style, 63, 64, 76
Graff, Gerald, 15
Great Exhibition of 1851, xvi, 18, 25, 26, 29, 30-39, 43, 44, 45, 47, 50, 110
Grennan, Margaret, 79
Gropius, Walter, 32

Habermas, Jürgen, 153
Harney, G. Julian, 37-39, 47, 50, 134; "The Charter and Something More," 134
Hauser, Arnold, 7
Hegel, G. W., 16
Heidegger, Martin, 2, 12, 44
High Church Movement, 76

History of Agriculture and Prices (Roger), 80
history of English socialism, 132-135
A History of the Reformation in England and Ireland (Cobbett), 80
Hobson, J. A., 53-54; *John Ruskin: Social Reformer*, 53
Homer, 104
Honour To Labour (Wortley), 36
Hood, Thomas, 35
Hopes and Fears of Art (Morris), 109
"The Hopes of Civilization" (Morris), 133
Horsfall, Thomas, 109
"How I Became a Socialist"(Morris), xii
"How Shall We Live Then?" (Morris), 136, 140, 141
"How We Live and How We Might Live" (Morris), 129
Hunt, Lynn, 34
Hunt, William Holman, 85
Hyndman, H. M., 123, 124, 131

ideology, 6, 7, 9, 15, 33, 38, 46, 47, 104, 106
Independent Labour Party, 131
International Peace Conference, 31

Jameson, Fredric, 5, 15
John Ruskin: Social Reformer (Hobson), 53
Jones, Ernest, 96, 134; "The Painter of Florence," 95
Just Gaming (Lyotard), 3
justice, 3, 4, 16, 51, 95

Kant, Immanuel, 3
Keats, John, 77, 88, 93
Kelmscott Press, 44, 124
Khayati, Mustapha, 153
Kingsley, Charles, 50, 77

labor, 28, 29, 47, 49, 50, 51, 52, 54, 59, 60, 62, 63, 66, 67, 78, 86, 88, 102, 106, 108, 109, 110, 111, 112, 113, 117, 118, 126, 128, 131, 133, 135, 138, 142, 143, 154
labor theory of art, 39, 58, 59, 112, 135
Laing, Samuel, 32
Lane, Joseph, 131
language of class, 27, 38, 39
Lansdowne Association, 36
"The Lesser Arts" (Morris), 75, 80, 105, 109, 110
Levellers, 132
The Life of William Morris (Mackail), xii
"Literary Production as a Politicizing Practice" (Shapiro), 12-14
Locke, John, 47, 132; *Second Treatise on Government*, 132
London Co-operative Society, 133

Love Is Enough (Morris), 84 104
Lovett, William, 36
Ludlow, J. M. 50
Lyotard, Jean-Francois, 13, 18; aesthetic rendering of the nature of justice, 4; emphasis on separate quality of discourses related to art and politics, 3; *Just Gaming*, 3; and language-games, 4, and politics of desire,154

MacCarthy, Fiona, xiii
Macherey, Pierre, 8
Mackail, J. W., xii-xiii, 75, 77, 124-125, 151; *The Life of William Morris*, xii
Mahon, John, 131
The Making of the English Working Class (Thompson), 46
"Making the Best of It" (Morris), 106
Malory, 88; *Morte d'Arthur*, 88
Mann, Thomas, 13
Mapplethorpe, Robert, 1
Marcuse, Herbert, 9-11, 13, 14, 15, 154; "On Hedonism", 154
Marx, Karl, 33, 51, 66, 112, 125, 126, 135, 138, 152; analysis of the factory system and machinery, 51; *Capital*, 123; *The Communist Manifesto*, 134; on differences between animals and humans, 107-108; on division of labor, 102; economic theory of, 136; and Idealism, 7; influence on Morris, 139, 151; on inherent potentialities of human labor, 108; "Preface" to *A Contribution to the Critique of Political Economy*, 6; relation of art to ideology, 6; *Theses on Feuerbach*, 7, 11; understanding of art as ideology, 7
Marxism, 47, 152; classical Marxism, 154; cultural criticism of, 5, 6, 129; as living tradition, xv, xiv, 5, 152-154; neo-romantic approach, 6; Western Marxism, xvii, 6, 9, 151-155
The Master and Servant Act, 115
Maurice, F. D., 50
medievalism, 66, 67, 75, 79, 81, 82, 83, 84, 85
medievalist movement, 77, 79, 80, 81, 82, 111
Megill, Alan, 2, 3
Meier, Paul, 75, 124, 125, 151
Michelangelo, 111
Middle Ages, 76, 78, 79, 80, 81, 82, 83, 87, 89, 94, 108, 110, 111, 113, 128, 132
middle class, 27, 28, 29, 35, 76, 103, 107, 114, 116, 117, 123, 126, 144. *See also* bourgeoisie
Mill, J. S., 123
Millais, John, 85

Milton, John, 114
"Misery and the Way Out" (Morris), 128
Modern Painters (Ruskin), 53-57, 60, 62
More, Sir Thomas, 132; *Utopia*, 132
Morris, William, xi, 39, 44, 45, 47, 53, 66; aesthetic education of, xii, xvi, 76-79, 126; and the Aesthetic Movement, xvii, 91, 92, 93; aesthetic purism of, 130; aesthetic theory of, 35, 38, 103-118; and aestheticism, xi, xvii, 18, 75, 76, 84, 91, 94, 107, 112, 129, 143; aestheticist position of, 18, 93, 94, 103, 142, 152, 153, 155; and anarchism, 124, 131, 140, 155; and Anti-Scrape, xii, 101, 102, 126; "Apology," 90-91; and architecture, xi, 79, 101, 102; on art and everyday life, 106, 107, 111, 143, 152, 153; on art and labor, 108, 114, 115, 117, 118, 138, 143, 144; on art and socialism, 126, 127-132, 136, 142-145; "Art and the Beauty of the Earth," 113; "Art and the People: A Socialist's Protest against Capitalism Brutality, Addressed to the Working Classes," 127; "The Art of the People," 108; "Art Under Plutocracy," 103, 116, 127; "Art, Wealth and Riches," 127; and arts and crafts movement, 108; "The Beauty of Life," 107; and Carlyle, 77, 81; on character of capitalism, 137-139; and *Commonweal*, 130, 143, 144; concept of pleasurable labour, 38, 112-113; conception of socialist life-world, 142-144, 152; contribution to the rethinking of the discipline of history, 111; and cultural politics, xv, 18, 142, 143; on decline of art, 106, 107, 127; and decorative art, xi xvii, 25, 76, 83, 87, 88, 94, 102, 103, 104, 105, 109, 110, 126, 127; *The Defense of Guenevere*, 25, 88, 89; and Democratic Federation, 103, 123, 126, 128, 131; *A Dream of John Ball*, 132; early life of, 75-79; *The Earthly Paradise*, 88, 89, 90, 92-93, 94, 104, 115; and Eastern Question Association, 115, 116; and eco-anarchism, 155; and eco-socialism, 152, 155, 156; "The Ends and the Means," 138; and Gothic architecture, 101; and Gothic revival, 82; "The Gothic Revival," 81; and Great Exhibition of 1851, 25; *Hopes and Fears of Art*, 109; "The Hopes of Civilization," 133; "How I Became a Socialist," xii; "How Shall We Live Then?," 136, 140, 141; "How We Live and How We Might Live," 129; on importance of art in human life, 107; on labor and pleasure, xiii, 38, 110, 111, 112, 113, 118; and labor theory of art, 112; "The Lesser Arts," 75, 80, 105, 109, 110; *Love Is Enough*, 84 104; on machines, 112, 155; "Making the Best of It," 106; and Marx, 107, 108, 112, 123, 124, 125, 126, 134, 136, 138, 139, 151, 152; and Marxism, xiv, xv, xvii, 125, 151, 152, 154; and medievalism, 79-84; and the medievalist movement, 77, 79-84; and Middle Ages, 76, 78, 83, 89, 94, 108, 111; "Misery and the Way Out," 129; and National Liberal League, 115, 116; *News From Nowhere*, 126, 140, 141-143; notion of beauty, xvi, xvii, 18, 75, 76, 79, 84, 88, 93, 94, 95, 101, 104, 110, 112, 143, 144, 152, 153, 155, 156; *The Oxford and Cambridge Magazine*, 77, 78, 85; and Pater, 76, 92, 93; *The Pilgrims of Hope*, 104; on political limitations of poetry, 91; and politics of desire, 154; position on history of English socialism, 132-135; "Preface to Medieval Lore by Robert Steele," 82; and Pre-Raphaelitism, xi, 75, 77, 83, 86, 94, 103, 143; "The Prospects of Architecture in Civilization," 115; "The Revival of Handcrafts," 104; role of aesthetic discourses in developing political position of, xii, xvi, xvii, 75, 103, 104, 109, 113, 125, 126, 132,136, 151, 152; and romanticism, xiv, 75, 79, 83, 93, 141; and Rossetti, 84, 86, 87; and Ruskin, xvi, 44, 52, 77, 78, 79, 81, 102, 111, 112, 127, 134, 152; *Sigurd the Volsung*, 104; "Socialism," 135, 139; and Socialist League, 124, 131; socialist position of, xi, xii, xiii, xvii, xvii, 18, 25, 44, 103, 114, 116, 117, 118, 123-145, 151, 155, 156; socialist strategy of, 130, 131, 137, 140; "The Society of the Future," 140; "Some Hints on Pattern-Designing," 108; "The Story of the Unknown Church," 78; *The Sundering Flood*, 124; and Swinburne, 76, 89, 92; theoretical stature of, 151; Thompson's position on, xi xiii-xiv, 46, 75, 82-84, 88, 93, 104, 125, 128, 130, 151; "Useful Work versus Useless Toil," 129; utopian dimension to, 126, 140, 141; wallpaper designs of, 87; *The Water of the Wondrous Isles*, 124; *The Well at the World's End*, 124; *The Wood Beyond the World*, 124; "The Worker's Share

索 引   253

of Art," 144; and working class, 18, 76, 110, 115, 116, 117, 127, 144
Morris, Marshall, Faulkner, and Company, 87
Morte d'Arthur (Malory), 88

Naslas, Michael, 75
National Endowment for the Arts, 1, 2
National Liberal League, 115, 116
"The Nature of Gothic" (Ruskin), 44, 52, 64
Navigation Acts, 30
NEA. *See* National Endowments for the Arts
Newman, John Henry, 49
News From Nowhere (Morris), 126, 140, 141-143
Nietzsche, Friedrich, 2
NLL. *See* National Liberal League

O'Brien, Bronterre, 28, 58
"On Hedonism" (Marcuse), 154
Owen, Robert, 52, 125, 133
Owenism, 27, 46, 47, 53, 133
The Oxford and Cambridge Magazine, 77, 78, 85

Paine, Thomas, 46; *The Rights of Man*, 46
"The Painter of Florence" (Jones), 96
Past and Present (Carlyle), 77, 80
Pater, Walter, 76, 92-93
Paxton, Joseph, 31, 30, 32
Pepper, David, 155
Pevsner, Nikolaus, 32, 34, 87
Pierson, Stanley, 125
The Pilgrims of Hope (Morris), 104
Place, Francis, 36
Plato, xv, 1, 5; *The Republic*, 1, 5
pleasurable labor, 51, 53, 66, 67, 108, 110, 111, 113, 118
pleasure, xii, xvii, 43, 50, 52, 53, 58, 62, 63, 66, 67, 78, 79, 83, 88, 90, 91, 103, 104, 105, 108, 110, 111, 114, 117, 136, 142, 143, 144, 145, 152, 153, 154, 155
Pocock, J. G. A., 15
"Poetry to Be Lived" (Bandiera), 94
The Political Economy of Art (Ruskin), 60
Political Register, 46
political science, 5, 17
political theory, 5, 15, 16, 17, 45, 60, 63, 124, 125, 133, 151
Poor Man's Guardian, 28
postmodern theory, xv, 2, 3, 5, 6, 12, 142, 153, 154
poststructuralism, 12, 13, 14, 15
"Preface" to *A Contribution to the Critique of Political Economy* (Marx), 6
"Preface to Medieval Lore by Robert Steele" (Morris), 82
Pre-Raphaelite Brotherhood, 85-87

Pre-Raphaelitism, xi, 75, 77, 83, 94, 103, 143, 155
Price, Cormell, 76, 77
Prince Albert, 30. *See also* Prince Consort
Prince Consort, 30, 36. *See also* Price Albert
"The Prospects of Architecture in Civilization" (Morris), 115
Pugin, Augustus, 33, 48, 81; *Contrasts; or, a Parallel between the Noble Edifices of the Middle Ages and the corresponding Buildings of the Present Day, showing the Present Decay of Taste*, 81
Punch, 37

"The Quarry" (Ruskin), 63

radical ecology 155, 156
Radicalism, 133
Raphael, 85
The Red Republican, 51, 134
Reich, Wilhelm, 154
Renaissance, 62, 63, 64, 85, 102, 105, 106
The Republic (Plato), 1, 5
The Rights of Man (Paine), 46
"The Revival of Handcrafts" (Morris), 104
revival of socialism, 27, 123, 132, 134. *See also* socialist revival of 1880s
Reynold's Political Instructor, 51-52
Reynolds, Sir Joshua, 55, 85
Rimbaud, Arthur, 10
Roger, Thorold, 80, 111; *History of Agriculture and Prices*, 80
Romantic Movement, 79, 91, 93
romanticism, xi, xiii, xiv, 1, 2, 47, 75, 124
Rossetti, Christina, 85
Rossetti, Dante Gabirel, 84, 85, 86-87, 91, 117
Rossetti, William Michael, 85
Royal Academy, 55, 85
Ruskin, John, xvi, 33, 35, 43-67, 77, 78, 79, 81, 82, 86, 102, 103, 104, 111, 112, 117, 127; aesthetic issues binding with those of politics, 45; aesthetic theory of, 53-67, 135; and conservativism, 39, 54, 57, 67, 83; contradictory political moments of, 54, 56-57; and the Crystal Palace, 43, 44; *Fors Clavigera*, 59; idea of enjoyable labor, xvii, 50, 53; importance of his cultural criticism, 45; labor theory of art, 39, 58, 59, 112, 135; *Modern Painters*, 53-57, 60, 62; "The Nature of Gothic," 44, 52, 64; *The Political Economy of Art*, 60; "The Quarry," 63; *The Seven Lamps of Architecture*, 43, 55, 58-62, 67; *The Stones of Venice*, 43, 44, 55, 60, 62-67, 77; on strict hierarchy of classes, 53;

on Typical Beauty, 56; *Unto This Last*, 66; on Vital Beauty, 53-58, 60, 61-62

The Saturday Review, 89
Saussure, Ferdinand, 12
Scheu, Andreas, 87, 88, 102, 124, 127
Scott, Gilbert, 81
Scott, Sir Walter, 76
Second Reform Bill of 1867, 26, 111
Second Treatise on Government (Locke), 132
Serrano, Andres, 1
The Seven Lamps of Architecture (Ruskin), 43, 55, 58-62, 67
Shakespeare, William, 114
Shapiro, Michael, 12-13
Shaw, G. B., 1, 104, 138
Shelley, Percy, 77, 84, 91, 93, 94
Sherbourne, John, 57
Sigurd the Volsung (Morris), 104
situationists, 153
Skinner, Quentin, 15, 16
Smiles, Samuel, 50
social ecology, 155
"Socialism" (Morris), 135, 139
Socialist League, 124, 131
socialist revival of 1880s, xi. *See also* revival of socialism
Society for the Protection of Ancient Buildings, 101. *See also* Anti-Scrape
"The Society of the Future" (Morris), 140
"Some Hints on Pattern-Designing" (Morris), 108
Southey, Robert, 80, 111; *Colloquies*, 80
Soviet constructivists, 153
The Spectator, 46
Stansky, Peter, xiii
Steele, Richard, 46; *Tatler*, 46
The Stones of Venice (Ruskin), 43, 44, 55, 60, 62-67, 77
"The Story of the Unknown Church" (Morris), 78
The Sundering Flood (Morris), 124
surplus value, 51, 66, 112, 138, 139
surrealists, 153
Swinburne, A. C. 76, 89, 91, 92

Tatler, 46
Ten Hours Movement, 27
Tennyson, Lord Alfred, 77, 81, 84, 86, 91
Thackerey, William, 36

Theses on Feuerbach (Marx), 7
The Times, 32
Thompson, E. P., xi-xiv. xvii, 46, 75, 81, 82, 83, 84, 88, 93, 104, 125, 128, 130, 151; *The Making of the English Working Class*, 46; *William Morris: Romantic to Revolutionary*, xii, 82
Trade Union Council, 115
Turner, J. W, 49, 55

Unto This Last (Ruskin), 66
"Useful Work versus Useless Toil" (Morris), 129
Utopia (More), 132

Victoria Regia Lily House, 33
Vincent, Henry, 36

The Water of the Wondrous Isles (Morris), 124
Webb, Philip, 87
The Well at the World's End (Morris), 124
Wellmer, Albrecht, 153
Wilde, Oscar, 76, 91
William Morris: Romantic to Revolutionary (Thompson), xii, 82
William Morris Today, xii
Williams, Raymond, 47-48, 55, 85, 86, 113; *Culture and Society: 1750-1950*, 47-48, 53
Williamson, Audrey, 86
Wolff, Janet, 5
The Wood Beyond the World (Morris), 124
Wordsworth, William, 84
"Work" (Brown), 50
work, 28, 29, 50, 52, 58, 59, 60, 63, 64, 76, 78, 80, 82, 83, 86, 87, 89, 102, 104, 107, 109, 110, 111, 112, 116, 118, 124, 129, 136, 138, 139, 141, 144, 153, 155
"The Worker's Share of Art" (Morris), 144
working class, 25, 26, 27, 28, 29, 31, 34, 35, 36, 37, 38, 39, 46, 47, 49, 50, 51, 52, 53, 54, 56, 58, 59, 62, 66, 67, 76, 77, 82, 83, 94, 95, 106, 108, 110, 113, 114, 115, 116, 117, 118, 123, 127, 131, 132, 138, 144
working class aesthetics, 39
Working Classes Central Committee, 36
Working Men's College, 50, 58, 117
Wortley, Lady Emmeline Stuart, 36
Wycliffe, John, 132

图书在版编目(CIP)数据

审美、行动与乌托邦:威廉·莫里斯的政治思想/(美)麦克唐纳著;黄文娟译.
--上海:华东师范大学出版社,2018
 ISBN 978-7-5675-4795-7

Ⅰ.①审… Ⅱ.①麦… ②黄… Ⅲ.①威廉·莫里斯—政治思想—研究
Ⅳ.①D095.614.3

中国版本图书馆 CIP 数据核字(2018)第 054890 号

华东师范大学出版社六点分社
企划人 倪为国

William Morris and the Aesthetic Constitution of Politics
By Bradley J. Macdonald
Copyright © 1999 by Lexington Books
Simplified Chinese Translation Copyright © 2018 by East China Normal University Press Ltd.
Published by agreement with the Rowman & Littlefield Publishing Group through the Chinese Connection Agency, a division of The Yao Enterprises, LLC.
ALL RIGHTS RESERVED.
上海市版权局著作权合同登记 图字:09-2016-359 号

审美、行动与乌托邦

著　　者　(美)麦克唐纳
译　　者　黄文娟
责任编辑　陈哲泓
封面设计　刘怡霖
出版发行　华东师范大学出版社
社　　址　上海市中山北路 3663 号　邮编　200062
网　　址　www.ecnupress.com.cn
电　　话　021-60821666　行政传真　021-62572105
客服电话　021-62865537　门市(邮购)电话　021-62869887
地　　址　上海市中山北路 3663 号华东师范大学校内先锋路口
网　　店　http://hdsdcbs.tmall.com
印刷者　上海盛隆印务有限公司
开　　本　890×1240　1/32
插　　页　2
印　　张　8.25
字　　数　172 千字
版　　次　2018 年 11 月第 1 版
印　　次　2018 年 11 月第 1 次
书　　号　ISBN 978-7-5675-4795-7/D·218
定　　价　48.00 元
出 版 人　王　焰

(如发现本版图书有印订质量问题,请寄本社客服中心调换或电话 021-62865537 联系)